崑乜恩的酷兒影像

丑角登場

白睿文——著

「我就是註定了
永遠邊緣，再邊緣，更邊緣，

與任何神任何神話任何偶像任何主流作對。」

———崔子恩

總序　談中得來

　　二十多年以來，除了學術研究和文學翻譯之外，我的另外一個學術方向就是文化口述歷史。初始的動機是因為我發現我所研究的領域特別缺少這方面的第一手資料。當時除了記者針對某一個具體的文化事件或為了宣傳一部新作品以外，比較有深度而有參考價值的口述資料非常少。但不管是從研究的角度來看或從教學的角度來考量，我總覺得聆聽創作人自己的敘述，是了解其作品最直接而最有洞察力的取徑。當然除了作品本身，這些訪談錄也可以幫我們理解藝術家的成長背景、創作過程，以及他們所處在的歷史脈絡和面臨的特殊挑戰。

　　當我還在哥倫比亞大學攻讀博士學位期間，便已經開始與各界文化人進行對談或訪問。一開始是應美國《柿子》（Persimmon）雜誌社的邀請，他們約稿我訪問資深翻譯家葛浩文（Howard Goldblatt）和中國作家徐曉等人。我後來在紐約經常被邀請替很多大陸和台灣來的作家和導演擔任口譯。跟這些創作人熟了之後，除了口譯我也開始私下約他們談；這樣一個長達二十多年的訪談旅程就開始了。我當時把我跟侯孝賢、賈樟柯等導演的訪談錄刊登在美國各個電影刊物，包括林肯中心電

影社主編的《電影評論》（*Film Comment*）雜誌。後來這些訪談很自然地變成我學術生活中不可缺少的一部分。《光影言語：當代華語片導演訪談錄》是我出版的第一本對談集，該書收集了我跟二十位資深電影人的對談錄。後來又針對侯孝賢導演出了一本長篇訪談錄《煮海時光：侯孝賢的光影記憶》。實際上，從1998年至今，我採訪各界文化人的計畫一直沒有間斷，從導演到作家，又從音樂家到藝術家，一直默默地在做，而且時間久了，就像愚公移山一樣，本來屬於我個人的、一個小小的訪談計畫，漸漸變成一個龐大的文化口述史項目。之前只刊登有小小的一部分內容，它就像冰山的一角，但大部分的口述資料一直未公開曝光，直到現在。

這一套書收錄的內容非常廣泛，從我跟賈樟柯導演的長篇訪談錄到崔子恩導演對中國酷兒電影的紀錄，從中國大陸的獨立電影導演到台灣電影黃金時代的見證人，從電影到文學，從音樂到舞蹈，又從建築到崑曲。希望加在一起，這些採訪可以見證半個多世紀以來的社會和文化轉變。它最終表現的不是一個宏觀的大歷史，而是從不同個人的獨特視角呈現一種眾聲喧嘩，百家爭鳴的文化視野。雖然內容很雜，訪談錄的好處是這個形式平易近人、不加文飾，可以深入淺出，非常直接地呈現創作人的創作初衷和心路歷程。從進行採訪到後來的整理過程中，我始終從各位前輩的創作人身上學到很多，而且每當重看訪談錄總會有新的發現。因為秀威的支持，這些多年以來一直放在抽屜裡的寶貴

的採訪資料終於可以見天明。也希望台灣的讀者可以從這些訪談中獲得一些啟發。

　　生命一直在燃燒中，人一個一個都在離去。我們始終無法抓住，但在有限的人生中，可以盡量保存一些記憶和歷史紀錄留給後人。這一系列就是我為了保存文化記憶出的一份小小的力。是為序。

白睿文

推薦序　說吧，記憶

　　這本書是美國加州大學洛杉磯分校（UCLA）的白睿文（Michael Berry）教授深入訪談中國電影工作者崔子恩的成果結集。這些訪談並非一氣呵成，而是十餘年累積沈澱的成果。在求新求快的網路時代，這本集子反其道而行，慢工出細活，也就顯得特別珍貴。

　　崔子恩的名聲，主要來自於他在文學、在影像刻畫的中國同性戀。這些處在20世紀末、21世紀初的同性戀者，一方面跟著中國改革開放後的經濟快車進入大城市，另一方面卻又跟大都會的價值觀產生摩擦。我在本文特別採用「同性戀」而不是「同志」這個詞，是因為崔子恩在訪談中指出「同志」一詞在中國已經和平取代具有挑釁意味的「同性戀」。既然如此，為了彰顯崔子恩堅持的反骨精神，我在本文採用還沒有被馴服的「同性戀」一詞。

　　崔子恩身兼多種局外人身分：他除了是出櫃的同性戀者，也是遷徙到北京的哈爾濱人，並且見證過文革跟宗教嚴重衝突的（前）天主教徒。用學術術語來說，他剛好體現了「交織性」（intersectionality）：身為（前）教徒，他反而比許多非教徒更能夠擁抱同性戀；身為哈爾濱

人，他發覺家鄉反而尊重多元價值，北京偏偏受限於一元的教條。他在1980年代出版學術體制內的文學論述，在1990年代初期開始發表完全體制外的同性戀題材文學創作，並且從1990年代末期製作同性戀題材的影像創作。在平行時空，白睿文也早在1990年代嶄露頭角：他同時以現代中文文學的英文翻譯以及華語電影的歷史研究聞名學界，也曾經受邀來台灣擔任金馬獎評審。崔子恩和白睿文同樣不只是文本（學術界、文學界、電影界等等的文本）的勤奮生產者，更是走入社群的慷慨參與者：崔子恩在中國同性戀社群的地位資深，是社群的行動者、見證者，也是批評者──他並非一味袒護中國同性戀社群，反而不時勇於提出批判。白睿文參與社群的方式，則是為華語電影社群撰寫多聲道的口述歷史：他長期訪問多位具有指標意義的華語電影從業人士，為他們立傳，因此銘刻足以凝聚社群的文化記憶。

我樂意宣稱：要認識中國同志社群就不能錯過崔子恩的講古，要認識華語電影社群則不能錯過白睿文的觀察。

不過，這本崔子恩和白睿文的訪談錄雖然可貴，卻幾乎不可能在中國出版。倒並不是因為崔子恩不算指標性的華語電影旗手，而是因為崔子恩的指標性就在於他始終鮮明的同性戀旗幟。北京政權不放心同性戀，崔子恩訪談錄自然無法在中國上市。不過，這本訪談錄要在台灣出版，也不容易。難道是因為台灣也不能接受高舉同性戀旗幟的藝術家嗎？當然不是，畢竟今日台灣根本是亞洲同性戀藝文的伸展台。那麼，

難道是因為台灣民眾不能夠接受來自中國的同性戀嗎？也不盡然。眾多中國網路劇、歷史劇、直播主、健身模特兒，早就透過各種電腦網路平台，向台灣民眾兜售直接或間接的同性戀情慾想像。透過商業化包裝的中國同性戀故事，早就在台灣大發利市。問題是，崔子恩其人其作呈現的同性戀文本，偏偏就是沒有經過商業化包裝，甚至刻意反對商業化包裝。崔子恩在訪談中明確表示，他並不希望他的影像提供觀眾淚腺和生殖腺的宣洩機會。為了避免觀眾太輕易達到消費的狂喜，他在作品頻頻祭出俊美裸男之際，卻禁止這些美男子輕易陷入情慾滿足的時刻。簡而言之，既然崔子恩拒絕商業操作，那麼他和他的作品也就不容易獲得台灣市場青睞。

　　白睿文的多種學術工作都有意挽救世人的失憶症。這本訪談錄也具備同樣效用。白睿文和崔子恩並沒有特別強調電腦網路在今日中國同性戀文化扮演的角色，但我發覺他們兩人剛好召回了一個埋藏在昔日的風景：也就是，電腦網路在中國狂飆之前的同性戀生態。他們搶救回來的記憶特別重要，因為今日各國民眾（不管在台灣、中國還是歐美）往往只記得經過電腦網路彙整的中國同性戀景觀，至於沒有被網路收編過的人事物就等於沒有發生。正因為崔子恩的多種著作都創生在中國網路發達之前，也因為他並沒有在網路盛行之後將自己改造成為網路紅人，所以過度仰賴電腦網路的民眾很容易完全遺漏崔子恩曾經交出來的同性戀成績單。

同性戀如同出場的丑角，在說出笑話之餘也說出真言。崔子恩的口述歷史至少讓我重新思考對於天安門事件、中國第五代導演、第六代導演、諾貝爾獎得主劉曉波等人權英雄、姜文等影壇聞人的想法。對我來說，崔子恩的說法與其說是揭發、揭祕，不如說是提供了一種又一種旁觀中國的外野視角，刺激讀者進行辯證性的思考。中國何其複雜，但是我們通常只得到被截斷的中國片段歷史，以及被揀選的某些中國詮釋，因而被迫在一個又一個中國議題上頭做出過度簡化的評斷。因為崔子恩勇於回憶，也因為白睿文勇於遞出麥克風，讀者如我才得以重新看見中國的複雜度。

　　　　　　　　　　　紀大偉，2022年春天，台北木柵指南山下

紀大偉，作家、學者，國立政治大學台灣文學研究所專任副教授。著有《膜》、《酷兒啟示錄》、《晚安巴比倫：網路世代的性慾、異議與政治閱讀》、《同志文學史：台灣的發明》等書。

推薦序 非主流、反霸權的酷兒崔子

　　無論是對華語文學、電影、性別與文化理論還是社會運動，崔子恩都是一個不可忽略的名字。

　　儘管目前在中國當代各種主流歷史書寫始終沒有他的名字，崔子恩的作品屬於當今、屬於未來、屬於世界、屬於全人類。他的性少數和基督徒身分註定了他的作品和思想將在較長的一段時間內持續地不被主流關注。他的作品內容、題材與風格表明了它們將對更多人產生影響，無論語言、文化、性／別身分及信仰。

　　作為中國第一個公開出櫃的同性戀者，崔子恩是中國酷兒運動的親歷者、見證者和奠基人。他是在中國大陸世界最早使用「酷兒」一詞的人之一。他的文學和影像作品都開創了中國酷兒文化的先河。他的生活經歷、文學藝術作品以及行動主義都為「酷兒」一詞增加了新的涵義和社會相關性。在他身上，「酷兒」不再是來自西方的舶來品、一個抽象的理論概念、一種青年亞文化的文化區隔，而是一個國際化的、在地

的、與社會文化緊密相連的、具有實驗性、先鋒性、批判性和充滿生機活力的概念。

作為性少數、基督徒和持異見者，崔子恩的個人和家庭故事是近半世紀中國社會的生動寫照。這些故事見證了社會歷史的變遷以及個體生命的堅韌。這些個體的、孤獨的、被拋到世間的生命因為有了愛、有了對彼此的關懷和有了信仰和追求而綻發出璀璨的光芒。

在任何時候，無論被社會如何對待，崔子恩都沒有放棄對生命的熱愛、對自由的追求、對強權的蔑視和對弱者的關懷。「酷兒」一詞成為這種精神的最好寫照。酷兒既是一種非主流、反霸權的姿態，又是對身體和生命經驗的關注、對個性的張揚和對社會正義的追求。

感謝白睿文做了這些珍貴訪談並將訪談整理和公開發表出來。這是華文世界首部詳細介紹崔子恩作品和思想的著作。我相信本書的出版一定能會對華語文學、電影、性別與文化理論和社會運動的研究起到重要的推動作用。我希望普通讀者也可以藉此機會走進一個具有傳奇色彩的人物的精神世界，從這些訪談文字中獲取靈感、信心和力量。

戲劇由於丑角的出場而變得更有魅力；世界也因為酷兒的存在而變得更加豐富、多彩、值得留戀。感謝崔子！

包宏偉，2022年1月9日於英國諾丁漢

包宏偉博士，英國諾丁漢大學傳媒研究副教授。著有《酷兒同志：後社會主義中國的同性戀身份與同志行動主義》（北歐亞洲研究中心出版社，2018年）和《酷兒中國：後社會主義語境下的同性戀文學與視覺藝術》（勞特里奇出版社，2020年）。

目次

前言　丑角登場

　　在當代中國文化圈中，崔子恩是個多才多藝的奇人，身分眾多，集大學教授、研究者、作家、導演、演員和公共知識分子於一身。從中國古典小說研究到當代先鋒小說的創作，從科幻小說到同志文學，再從紀錄片到酷兒電影，他的作品均有涉獵。自八〇年代末到新世紀以來，他也一直是中國大陸同志運動中非常重要的一分子。在同性戀行為仍被歸類為「非法行為」的年代，崔子恩就一直大膽地往前走，為中國的同志圈開闢新的道路。也許，穿插在崔子恩這麼多作品和行動中，最重要的一個概念就是「自由」。觀看他的電影，閱讀他的小說，聆聽他的講話，便會認識這樣一位隨心所欲，從不被傳統道德、社會型態或社會規範約束的奇人。

　　崔子恩1958年出生在中國哈爾濱，在中國社會科學院研究生院取得文學碩士學位，並曾擔任北京青年電影製片廠一級編劇和北京電影學院電影學系副研究員。憑著他實驗性的文字和大膽的影像風格，崔子恩從九〇年代便開始受到矚目。他創作的文學作品曾是中國先鋒小說的重要代表，而其創作的影像更成為了九〇年代中國地下電影的一面旗幟。崔子恩的文學作品包括小說《偽科幻故事》、《玫瑰床榻》、《三角城的童話》、《桃色嘴唇》等；電影作品包括《舊約》、《夜

景》、《星星相吸惜》、《少年花草黃》等。通過他的文字和影像，崔子恩為中國酷兒電影／文學開闢了一片新的天地。但在藝術創作之外，崔子恩也創作了一系列紀實性作品，比如紀錄中國同權運動的紀錄片《誌同志》和書寫他個人家族史的傳記性作品《北斗有7星》。崔子恩還寫過五部學術著作，分別是《李漁小說論稿》、《青春的悲劇》、《藝術家的宇宙》、《光影記憶》和《第一觀眾》。不僅如此，崔子恩還參與了多部電影的編劇、製片和演員工作。正是如此豐富的創作經驗，使得崔子恩能夠從多重角度思考中國當代文化圈的現狀和變遷。

《丑角登場》是崔子恩的一本小說代表作的書名（其完整標題為：《丑角登場：或曰以性別和體液的名義》），也是他的一部電影的名字。但，也許最大的「丑角」就是崔子恩本人。因為丑角從來都是與眾不同的——他們不受規訓，不受約束，講話和行為充滿了驚喜與即興。儘管他們的動作和話語看似幽默、誇張，但這些行為恰好也可以被當作是折射出社會百態的一面鏡子，讓我們看到人間喜劇中的悲喜交織，體悟人生的真諦。因此，丑角也可以被當作是社會中的一位信使。崔子恩就是這樣的一個丑角，他的作品和人格都充滿幽默、怪誕、智慧和真誠，以及一種不被約束的「獨立」和「自由」的精神。

這本書成型的背後有一個漫長的故事：我初次閱讀崔子恩的作品應該是在1990年代末。後來，我在加州大學聖塔芭芭拉分校任教期間曾多

次邀請崔子恩來校參加放映和座談活動，前後放映了《夜景》、《少年花草黃》、《副歌》、《誌同志》等電影。每場放映總會伴隨著座談活動──我記得當年《副歌》的映後對談有將近三個小時，觀眾聽得津津有味，都不肯散。除了映後的座談，崔導演還到我的班上與學生進行學術交流，我們私下也有幾次一對一的對談。雖然我們的每一場談話都有用錄音機錄下來的習慣，但是當時並沒有很明確的出版意圖，只不過是覺得，也許某一天可以整理成文字，看看有沒有發表的價值。十五年過去了，當新冠疫情籠罩全世界，我終於有時間靜下來，好好整理我跟崔子恩的這段「對談史」。我發現這些文字紀錄裡頭有許多非常寶貴的內容：它們不僅涵蓋了崔子恩對於幾部電影中細節的看法與思考，更重要的是，它們記錄了中國酷兒電影和酷兒文學的狀態、中國獨立／地下電影的早期發展、崔子恩作為導演和作家的個人成長軌跡以及一個獨立藝術家對創作的種種想法與反思。因為崔子恩的特殊身分（藝術家／天主教徒／酷兒），我們也可以通過他的人生故事了解個體在特殊的歷史大背景下如何與社會主義體制產生一次又一次的碰撞。

十五年來，凡事都經歷了許許多多的變化：崔子恩已經不住在北京了，他在2015年搬到了美國佛羅里達州。他現在的大部分時間也不是放在創作上，而是投入到了小孩的教育中。不管是在美國還是在中國，民眾對同性戀議題的許多看法產生了極大改變。在美國，同性戀婚姻於2015年合法化；2020年，作為公開同性戀者的布德賈吉（Pete

Buttigieg）參與了民主黨內美國總統的初選競爭。文化領域內，經過
《斷背山》（*Brokeback Mountain*）、《酷男的異想世界》（*Queer Eye*；
編按：中國譯名為《粉雄救兵》）等多部電影電視劇的熱映與推廣，酷
兒文化漸漸走到美國通俗文化的中心。雖然進步極慢，這二十年以來同
性戀權益在美國還是有了一些明顯的進步。隨著時間的推移，我個人對
同性戀議題的看法也有一些改變和成長。重讀我二十年前問過崔子恩的
一部分問題，我也不得不感到羞煞人也。雖然如此，大部分問題還是被
保留了下來。它們是對歷史的一個紀錄，也是對我和崔導演思想成長的
一個紀錄。

　　雖然這十五年以來美國社會對同性戀似乎更加包容，但在中國大
陸，這依然是一個「敏感」的議題。當然，中國在一些方面還是有了進
步的——比如中國最受歡迎的一位電視主持人金星就是一位變性人。但
自從2015年以來，同性戀在主流文化中的生存空間好像正在不斷萎縮。
一方面，當代中國電影和電視中的同志角色越來越少，政府同時開始
提倡「陽剛式」或「戰狼式」的男性形象；另一方面，曾經轟動一時
的同性戀議題的作品似乎都面臨下架的危險，無法與當代觀眾見面。
想當年，崔子恩的多部作品都是經由相當有影響力的花城出版社出
版。但現在，幾乎沒有任何中國出版社願意出版與酷兒有關的文學作
品，更沒有電影製片公司願意投資同性戀題材的電影。當我跟出版社
討論這個項目的時候，每個人都用同樣的話來答覆：「現在這個類型

的書太敏感。」但崔子恩的創作不只是涉及到同性戀議題，它們在宗教和形式上的實驗性，都使得這些作品在當下的中國政治環境中無法找到自己的位置。就是在這樣的特殊背景之下，我有一種愈來愈強的迫切感，一定要趕快整理一下這些紀錄，一定要出版——需要有人來做見證。

　　本書的訪談跨越了十幾年的時間：2006年（第一章、第二章），2014年（第三章、第四章）和2019年（第五章）。其餘還有一些是在2018年，崔子恩來洛杉磯時，在我家的後院同我討論的新內容（主要是關於崔子恩的成長背景）。2020年，崔子恩親自動筆，花了大量的時間對訪談內容做了增加和補充。也因此，雖然大部分的文字是基於2006、2014、2018、2019年的訪談內容，還是有相當多的片段是崔子恩後來增補進來的，這也就是為什麼本書的章節並未以訪談發生的時間作區隔。我非常感謝崔子恩導演的支持；從個人角度來說，這也算是我跟崔子恩將近二十年交情的一次寶貴紀錄。在疫情期間，崔子恩還特別花了好幾個月的時間來對原來的文稿進行增補，在這個過程中他還添加了許多新的內容來使得本書更加豐富。但必須要承認的是，這些增補也改變了本書的面貌，它不再是一個純粹的對談紀錄，它還有崔子恩回答我提問的「自述」成分。遊走於「口述」和「自述」之間，本書當前所呈現出的面貌能夠讓我們對崔子恩的藝術生涯和創作過程有更深層的了解和反思。特別感謝資深編劇寧岱老師（其編劇作品包括《找樂》、《過年回

家》、《看上去很美》等）跟我們一起討論第六代電影。也謝謝為此書稿擔任錄音轉錄工作的幾位研究生，包括林怡，佟宇軒，鄧卓然；特別感謝我的研究助理UCLA博士候選人侯弋陽。更感謝紀大偉教授、包宏偉教授、劉秀美教授與王德威教授的支持。這一類書在當下中國不好出版，就算在台灣也很難：因此特別感謝秀威出版社的尹懷君和鄭伊庭的支持！

　　十五年磨一劍，丑角終於要登場！

白睿文

2021年12月26日於洛杉磯

《我們是共產主義省略號》・2007年

革命派和民主派同樣害怕我的酷兒色給他們「抹黑」。這讓我想起我的子燕姊姊，因為家庭出身，始終被紅衛兵組織拒絕。把無限尊嚴的個人人權釋放到「社會」，我和子燕姊姊同樣被身分政治所踩踏。

我，崔子恩

成長背景／「同志」的定義／從文學到電影／早期寫作／《男男女女》／
關於第六代／數位拍攝／關於發行／電影與宗教

成長背景

是否可以先請您介紹一下您的成長背景？從您出生到文革爆發的那段是什麼樣的一個狀態？您的家庭情況如何？

我出生的時間被叫做「人民公社」和「大躍進」時代。中國正在與世界為敵，與美國是敵人，日本是老的敵人，全歐洲除開阿爾巴尼亞都是敵人，南韓和台灣更是難解難分的敵人，甚至蘇聯修正主義也是敵人。「反對帝國主義、修正主義和各國反動派」是當時最響亮的政治口號。

公社（Commune）被馬克思（Karl Heinrich Marx）視為共產主義初級階段的廣泛實驗空間。它原本可以寬釋為「公共社區」、「公共社群」，是無政府主義色彩的小群體，擁有自立自政自治品質。但是，到了中國，「公社」前有「人民」公約，後有「大食堂」守衛，又被畝產萬斤糧年產萬噸鋼的躍進式虛幻高潮化，就變態成為被統治階級的激進組織和空間，而且是暗中反對工業社會商業社會，朝向農業社會的。為什麼要朝向農業化呢？因為在世界已經進入工業化時代，中國式的手工農業和牧業就是落後的產業，落後的產業生產貧窮，而拒絕富足。在這個前提下鬧革命，革命才會是安全的、有序的、有政府的、可以強權化

的，或者說是可以任意被操縱的。譬如文化大革命，用「文化」掩飾沒文化反文化，用「大」替換大一統掩藏專制政治，被拖延的「革命」就這樣尾大不掉，失去了性器，還無人知曉（笑）。

我大姊姊崔子燕出生前後中國在搞「三反」、「五反」[1]，我家住在哈爾濱鐵路中心居宅。二姊姊崔子玉出生的時候，在反右（反右派鬥爭，1957—1958），在鐵路中心醫院醫務科擔任管理人員的爸爸崔天祥擔心被打成右派，去哈爾濱醫科大學進修，準備脫政從醫。人民公社大食堂（1958—1960）搞起來之後，我們不能在家裡吃飯，一日三餐都要去大食堂吃，不僅家裡不可以有食物，連媽媽也不許待在家裡專職照顧孩子。我和姊姊一律被送到集體托兒所，我媽媽被迫擁有一個公職，成為食堂營業員。那是1959年，「大躍進」如火如荼，我卻每天從早哭到晚，把眼睛哭爛，因為我生來不信任比家庭更大的群體。要拯救我的眼睛，就必須讓我媽媽王靜梅脫離公職。走南闖北的崔天祥知道在省城之外可以做到這一點。於是我們舉家向北，向著極地的方向搬遷。

「大食堂」和「大煉鋼鐵」行動，是建國前後的土地改革和公私合營的全民貧困化策略的延續。宣講中的均貧富，到了現實中實際是消滅富裕階層，製造全民貧窮。想一想，食不果腹飢寒交迫的人，能像

---

[1] 「三反」（1951年）指「反貪汙、反浪費、反官僚主義」；「五反」（1952年）指「反行賄、反偷稅漏稅、反盜竊國家財產、反偷工減料、反盜竊國家經濟情報」，這是毛澤東以「反腐敗」、「反貪汙」為名義發起的兩場政治運動。

〈國際歌〉（L'Internationle）唱的那樣「起來」革命嗎？骨瘦如柴的人們，比起體魄強健的人們，哪一群更容易統治和驅趕呢？

中國古老的皇權體制，很容易被社會主義繼承下來。社會和社會主義，直接呈現的是國家機器和執政黨力量，公社和居委會則是最為低級的行政層次。它們都虛化了人，或者說是公民，而強化的是權力，集權統治和被統治和次等權利。特權就是這樣被建構成功的。美國式的資本主義，對於中國人來說是完全無法理喻的。聯邦有聯邦的法律、州有州的法律、郡有郡的法律、社區有社區的法律、家庭有家庭的法律、個人有個人的法律／法權、公司有公司的法律、學校有學校的法律，法權與法權之間沒有大小等級，同樣不可侵犯，這對中國人──對講中文的人──來說，太不可思議了。所以，不僅僅是不可能走資本主義道路，而且要反對資本主義路線，中國建國以來一直反美，人權、文化、政治、經濟各種體制性的鴻溝。

全民的人民公社化之後，公社被繼續狹窄化，以至於後來被專門用為農村生產小隊和生產大隊之上的一個行政級別與地理範圍。譬如我下鄉插隊的地方叫秦家公社，原本它是火車站名，是一些自然村落群集的小社區中心。有了公社建制後，中國社會中央集權行政分層才真正完成。

我覺得中國堅定不移建立與維繫社會主義體系的方式，是用假裝務實的區域／家庭概念，涵蓋並抹殺了個人／公民，再用理想主義化的公

社，涵蓋和成功驅離了社群／小眾／小群及其法權。公民和社群這個現象這個詞和涵義，被擠壓在社會和居委會／社區／社區之間，在中國始終受到警惕和排擠。因為它以人和人群為主體。所以，在中國，公民社會（Civil Society）才會一直遙遙無期。

我家搬到綏化縣以後，媽媽成功不做上班族，全民的大食堂運動也隨著所謂「三年自然災害」[2]而渙散。那是我妹妹出生的六〇年代。我的眼疾雖然好了，但媽媽又開始經常不在家，她要下農民的地裡面去揀收割以後殘留下來的一些食物，像稻子、小麥和蔬菜，以補充家裡的食物短缺。這個時候城市居民實行食物配給制，買糧食要用糧票、買肉要用肉票、買食用油要用油票。我們每一個人的食物都有國家統一標準的定量分配。現在看來，這是一種集權國家策略，國家權力以物質貧乏做成堅固的監牢，把我們像牛羊一樣圈集起來，通過管理物理上的羊群效應，不給我們留有獨立的身體空間，藉著削弱身體的慾望來管控精神剝奪思想。

中國有「重男輕女」的觀念。我先不吃自己的那份，我的兩個姊姊會把她們的份額，再分一點給我，媽媽也分一點給我。這樣，我最小，卻成為家裡吃得最多的人（笑）。這部分我是聽家裡人講的，自己沒有

---

2 「大躍進」（1958—1960）是毛澤東發動的社會運動，全民大煉鋼鐵和人民公社化是其具體行動。它直接導致「三年自然災害」的發生（又稱「三年大饑荒」、「三年困難時期」，1959—1961）。

上：王靜梅和崔天祥
下：崔子恩與大姊、二姊

記憶。我聽了以後，既奇怪又慚愧。我怎麼會過了這樣的一段生活！長大以後，我是家裡工作收入最高的那個。因為愧疚，我會不停地資助我的親人。這可能是想彌補「創傷記憶」（笑）。

再接下來，就是所謂的六〇年代初的食品匱乏，官方的說法是「三年自然災害」。當時的中國，工人農民和和解放軍是社會的骨幹力量，我父親卻是一個知識分子，是一個外科主任醫師。這種情況對我們家裡面造成一種很特別的影響：一方面就是有一點優越感，因為在家裡面是有書可以讀的，受的教育比較好。另外一方面，我們這些人、這些孩子，在社會上是被別人欺負的，因為沒有力量、沒有武力，也沒有政治上的主流背景。我的童年生活在一個相當矛盾的狀態裡。

社會被牽引到手工農業化形態之後，我們城市人的特權被突顯出來，這令我們驕傲，有優越感。我們的家庭有固定收入，儘管微薄。而大多數農村家庭，不僅沒有固定收入，而且要上交所有的勞動所得的大部分，叫做「交公糧」。我家搬到海倫縣的時候，住在糧庫路的東邊，每到秋冬季節，糧庫路上就排滿了交公糧的馬車牛車驢車，車上滿載金燦燦的玉米和大豆。沒有手推車和人力車，它們太小，顯然是拉不足份額的。農民要把收穫的糧食上繳到城裡，供應城市居民，換回很少的現金。我媽媽總會感嘆：那點錢根本不夠他們一年花。那時候的人民幣真是像黃金一樣金貴。政府很會控制印鈔。我們小學生中流傳的是，中國只有一個印鈔廠，印鈔工藝複雜，成本太高，國家講求「多快好省」，

在錢上講求的是「省」，少造幣，就少鋪張浪費（笑）。

所以，「工人階級是領導階級」。在貧窮與貧窮的分野裡，每個月收入不足五十元的工人階級，比年收入不足五十元的農民階級，簡直就是天上地下。那是六〇年代。七〇年代，1976年我下鄉插隊，當過一年半的農民，1977年我一直勞動到秋收才被姊姊崔子燕接回家複習參加「高考」[3]。那年的工分，年終結算成八十七元人民幣，還有兩袋五十斤重的大米，不到崔天祥一個月的工資（笑）。

我的鄰居有百分之一不到的國家幹部，每月薪水超過一百元。我爸爸是外科醫師，算在幹部行列，薪水一百零八。其餘大多數是鐵路工人，月收入三十元左右，而且都是成年男性單職工，成年女性沒有工作機會。那時候沒有優生優育、沒有計畫生育，一般家庭都是三到五個孩子，也有七到十個的，有的還是三代人擠住在一起，收入遠遠抵不過開支。於是，逼著職工從單位裡偷能賣廢鐵的設備，逼著鐵路員工的孩子拆下鐵路零件賣廢鐵換錢（笑）。鐵路事故不少是這樣發生的。我爸爸就更忙，經常半夜三更被傳喚員叫走，去處理意外事故造成的重傷患──他們很多都很終身肢體傷殘。我一聽到爸爸與媽媽講述鐵路事故的傷患，就用被子蒙住頭。後來考大學，堅決拒絕爸爸的建議，不進醫學院，不當醫生。其實，我的數理化成績很好，成績一直是全年級第一

---

[3] 即中國「普通高等院校招生考試」，文革十年停止正式招生，1977年恢復，崔子恩是恢復大學考試制度後的第一屆大學生。

名，報考理科會進更好的大學。

　　城鄉差別幹群差別工農差別，建國以來一直沉重地壓迫著中國人，農民農村出身的壓在最底層，底層的底層，包括異性戀同性戀中農村出生的都要地位更低。農民工，打工子弟，是1987年之後現代化中國對1949、1958、1967農業化中國的繼續。

　　細數起來，中國的政治運動真是一個接著一個，一個小的接著一個大的，大的裡面還套著無數個小的，很是波粒雙態（wave-particle duality）（笑）。

　　很快就有一個新的運動讓我父親趕上了，這個運動叫「六二六」[4]。城市裡的醫生要到農村去，做赤腳醫生。於是，我們就跟隨我爸爸的工作調動，鐵路沿線一路向北，一直搬家，向著更加寒冷的方向遷移。我們家的房子也是從大一點的日式房子搬到小一點的日式房子，然後搬到完全社會主義式的紅磚房。

這整個階段維持了多長時間？

　　一直持續著，一直到我作為「知青」[5]插隊，到我成年都是這樣

---

[4]　1965年6月26日，毛澤東指示，要把醫療衛生工作的重點放到農村去。

[5]　1955毛澤東提出「知識青年到農村去，接受貧下中農的再教育」（1956—1979），最初是一些城市中學、高中、大學畢業生自願「響應偉大領袖號召」選擇定居農村，文革後期，

的。隔幾年家裡都要搬一次家。後來有一點搬不動了，我們越長越大。父親再調動到更北部的縣城，我們就不跟著去了。他會每一個星期坐十幾個小時綠皮火車回一次家。我們去火車站接他。他會攜帶著大大的行李，裡面裝滿醫院分發的生活物資和患者家屬贈送給他的食物。他是一個技術流醫生，被他治癒的病人很多，有人用禮物表示感謝。我很少送人禮物，覺得麻煩且沒必要，也因為小時候送我們禮物的都是患者或者患者家屬（笑）。

在現在錢權一體時代，我這種人必須無勢，也無錢。在很多人已經富起來的九〇年代，我無車無房，只有一台腳踏車，依然窮得像個孩子（笑）。1996年5月7號我爸爸崔天祥去世，8號火化，在王府井教堂舉行黑彌撒，骨灰送到北京西北旺天主教陵園之後，我們全家人總計只有一千元錢，我們把它平均分配，每個人兩百，那將是我5月份的全部生活開支。

您家是天主教徒，在當時的歷史背景之下，信天主教的家庭應該是不多的。您家信天主教是什麼樣的一個情況？是偷偷地去拜和祈禱嗎？

晚上，我媽媽把燈關掉以後，一個人對著一面空空的牆做禱告。

政府強制組織所有畢業生到農村「插隊落戶」。這就是歷時很久、影響深遠的「上山下鄉」運動。

當時就想，為什麼不可以跟媽媽一起做禱告？家裡對這事情特別諱莫如深，不能討論，只有媽媽悄悄地去做。偶爾翻東西的時候，我翻開過一本《聖經》（ *Holy Bible* ），裡面有一幅用葦膜紙覆蓋的耶穌畫像，很漂亮。我媽媽發現以後，就把它藏起來。從那以後，我們再也沒有看到那本《聖經》，也不知道它去了哪裡。那個時候唯一的「聖經」是《毛澤東選集》、《毛主席語錄》（笑）。

我爸爸媽媽都出生在信仰天主教的家庭。媽媽家富有，爸爸家貧窮。但是我爸爸崔天祥是天生學霸，長得黑長得帥，跑得快，小學時代就是縣級百米比賽的冠軍。我爸爸一直到七十歲去世，都皮膚緊繃不鬆懈。我有學霸這部分DNA，學校的課本課程都是一目瞭然，之後在教室裡人群中，悄悄讀課外書，或者想落天外，或者寫作自己的作品。但是我也失落了跑得快長得帥這部分DNA，遺傳了媽媽的天然捲髮潔白皮膚，還有跑不快（笑）。

我媽媽上的是天主教會辦的教會學校，主老師是瑞士神父，葉神父。她的理想人生是當修女，從來沒有準備好成為妻子，也沒有準備好成為母親。到了九十歲，她還經常在懺悔，是不是做母親做得不合格。我爸爸會日語，小學老師是日本人，姓大岩。爸爸從來不敢說起，他在日占期的鐵路系統當過日語翻譯。我出生之後，他一直在聽英語電台，自學英語。

崔天祥一直追求個人價值的實現，王靜梅一直尋求上帝價值在她身

上的體現。他們其實內心都很充實，給我們孩子的精神留白就很廣闊。儘管如此，我還是不滿足，我羨慕街上流浪的孤兒，我把他們看成自由自在的修辭。

崔天祥除去與我分享死生體驗，分享他的「有限物欲」哲學，從來不給我任何教條。他從不過問我的課業、我的友誼、我的一切，彷彿我生下來就未來無限光明。他偶爾會撫觸一下我的後背，給我難得的體溫。他帶我去他能夠帶我去的遠遠近近所有的地方，當然是沿著他工作的鐵路沿線，還安排過一次遠及廣州的長途旅行，儘管沒有成功。他和王靜梅，都不固守一城一地。我把自己看成「火車一族」（笑）。

我從崔天祥身上繼得或者習得熱愛生命，愛世間，擅於學習，對宇宙星空萬事萬物充滿激情，對瞬息明滅的事物滿懷感悟。從王靜梅身上，我習得了乾淨整潔，包括精神的輕微潔癖，甚至是蔑視物質和物理生命。抓緊生命和含笑放手生命，是我最初就掌握的生命學。

您自己的是什麼時候開始有意識地去信教？

那是「改革開放」[6]以後。北京的一些教堂開始開放對公眾。哈爾

6　1978年鄧小平提出「對內改革，對外開放」，1992年被確立為基本國策。

濱的教堂一直保持一種半開放的狀態，但我一直沒有怎麼進去。在哈爾濱讀大學的時候，我一頭扎在圖書館裡，主要閱讀的是中國古代的文本，它們可以讓我遠離生長的大躍進人民公社文革遺留在身體上的嘈雜。除去喜歡和不喜歡的同學和老師，我幾乎可以脫離現實在生活，所以相當長的一段時間裡不需要觸碰信仰，生與死亡的終極追問只在文字和頭腦裡，貌似遠離了生命。當我讀到尼采（Friedrich Wilhelm Nietzsche）的時候，《聖經》才重新回到我的視野裡。那已經是八〇年代，我的文化真正成年的時代。

此前，我閱讀和探討儒釋道的時間比較多，那方面的中文讀物也很多，譬如《心經》、《金剛經》、《道德經》、《論語》。原以為我的精神渴求可以在這些典籍中獲得滋養。但是沒有。它們的很多思想空間，遊走在私宅和廊廟、國與家、思與辯、文字與修辭。譬如「道可道」、「名可名」，譬如修身齊家治國平天下。《心經》講的「寂滅」與「無無」，完全是人類本體的，是純語言的，用人的深度內觀，替代萬態生命的生命體和生命感，也可以說是自大狂式的悲涼，以至於無視宇宙萬物的存在。所以，儒家很容易有失敗感，因為它依託於君主和廟堂，野心勃勃「平天下」，要一統全地球；道家很容易小文人式逃避，而又躲避不及，因為人的慾望無止無盡，連逃避的慾望強弱都與權勢的運作曲度有關；佛說的慈悲，很容易通過群體對生命的研究不足和對死亡的恐懼過剩而通俗化。

八〇年代開始，我間歇性地去北京的各個教堂，參觀或者參與彌撒，也與一些神職人員交往，我爸爸崔天祥和大姊姊崔子燕都是接受的天主教臨終洗禮，骨灰也存放在天主教陵園。

　　我主動參與教會活動也是一種表態，認同一個朝向天國的群體，而不是朝向滾滾俗世紅塵。中國的教會一直受到政府打壓，地下化或者半地下化。包括耶誕節的娛樂和商務工作也會被壓制。

　　當然，我也會給自己獨立於傳統教會的空間。研讀《聖經》之後，我選擇保留《福音書》[7]作為我的信仰藍本，其餘只作為參考文獻。我還自創了「因子及子及聖子之名」的十字架祈禱手符註釋，雖然目前只有包括我在內的兩個人採用它。我幾乎不傳教，除去有人向我尋求上帝的訊息。

　　當我遇到卡爾維諾（Italo Calvino）、沙特（Jean-Paul Sartre；編按：中國譯名為薩特）、佛洛伊德（Sigmund Freud）、榮格（Carl Gustav Jung）、傅柯（Michel Foucault；編按：中國譯名為福柯）、德希達（Jacques Derrida；編按：中國譯名為德里達）、羅蘭‧巴特（Roland Barthes），遇到霍金（Stephen William Hawking），遇到《福音書》裡的耶穌，我才遇到了天堂。對我媽媽來說，天堂的模樣與教堂的穹頂有關。對崔天祥來講，天堂與可以旅行到的遠方與宇宙星空

---

[7]　《新約》（*The New Testament*）前四章，包含〈馬太福音〉（Matthew）、〈馬可福音〉（Mark）、〈路加福音〉（Luke）和〈約翰福音〉（John）。

有關。對我來說，天堂就是無窮無盡的時間和空間，不論我在與不在，不論我以生的姿態還是死亡的姿態，天堂不是人和人類單獨獨有的，不是占領式的。

在您的成長背景裡，一個非常重要的歷史事件就是「文革」的爆發。等到中國開始鬧文化大革命，您大概八歲左右，那是什麼樣的一個經驗？您對文革這一段歷史還保留哪一些記憶？

我上小學那一年，文化大革命開始，我高中畢業那一年，就是文化大革命結束。恰好我趕上那個十年。

文革的民間模式五花八門，「開會」是最頻繁而討厭的。每天各種大會小會，沒完沒了無止無休。那些組織會議和發表演說的大人們，個個趾高氣揚又都文化粗略，說話顛三倒四，念「紅寶書」（《毛主席語錄》）都磕磕絆絆。我總是會為他們害羞，以至於我日後喜歡的人，都永遠是年輕人，有少年感，不能超過二十五歲，超齡即朽（笑）。

文革是儀式感和符號化很強大的全民的一個運動。每天天濛濛亮，所有的人都要起床聚到街道上，手捧紅寶書《毛主席語錄》，胸佩毛澤東像章，衝著東方，太陽升起的方向，高唱〈東方紅〉，之後高呼「敬祝偉大領袖毛主席萬壽無疆」。晚上日落之前，要重複同樣的聚集，歌曲改為〈大海航行靠舵手〉。從中央革委會到省到市縣到街道到委到

組，層次分明，骨幹顯赫，管理森嚴，沒有人可以逃避。只有我的爸爸經常很幸運，他在手術台上做手術，沒法把他扯下來參加每日例行的政治活動（笑）。

這就是著名的「早請示晚彙報」。

每天我都觀察鄰居們，看他們，覺得他們很可憐。他們中的很多人穿著打了補丁的舊衣服，沒有襪子穿，鞋子尤其慘不忍睹，掛著泥漿，露著腳趾。孩子們永遠睡不醒。陰天下雨的時候，場面就更像戰亂年代，逃難的人們，還得行列整齊地聚在一起「誦經」。僅僅因為上有中央下有耀武揚威演技拙劣的革委會小組長（笑）。我的媽媽無論如何也不會讓我們穿打補丁的衣服，就算鞋子不是皮鞋，也是她挑燈縫製的布鞋棉鞋，不會讓我們受冷受凍。我的憐憫，依靠的是媽媽的勤勞和千方百計的保護。

我上小學沒幾天，就遇到一場中學紅衛兵返回小學母校批鬥女校長的批判大會。那是在全校最大的一間教室裡，被批鬥的女校長樣子有點堅決，梳直的頭髮，灰白但是很乾淨整齊。那些以前她教過的紅衛兵顯然不知道如何恨她，躍躍欲試之後就是虛張聲勢，因為結群而相互鼓舞，要動用武力才能把批判大會推向高潮。我在人潮中不斷地後退、後退，直到退到最後，被人群擋住，看不到講台上殘酷的畫面。從此以後，如果可以選擇，我永遠選擇坐在教室的最後一排，電影院最後一排，教堂最後一排。

那之後不久，紅衛兵勢力擴大，少先隊就被取締，紅衛兵把小學生作為後備力量，收編為紅小兵。

所以您當時算是紅小兵，沒有趕上紅衛兵？

　　紅衛兵也分兩個時代，元紅衛兵時代是1966／1967持續到紅衛兵全國大串聯、毛澤東接見紅衛兵、上山下鄉運動開始，後紅衛兵時代是共青團恢復對學生組織的統治權，也就是我上初中的1972年，那時候的紅衛兵已經是形式化了，不搞打砸搶不搞大批判，沒有大遊行大串聯，就是我們這些長大了的紅小兵，被元紅衛兵視為小屁孩。

　　我的大姊姊崔子燕比我大五歲，是可以當元紅衛兵的年齡。那些紅衛兵不讓我姊姊加入，實際上是一種性的挑逗和性權力的變態滿足：因為崔子燕很漂亮，家庭比他們富裕，出生在時髦都市，被芭蕾舞學校挑中過（我爸爸沒有同意她去），學業優異，如果沒有紅衛兵組織，他們永遠也沒有機會超過她，更不可能壓迫她。

　　布爾什維克一直成功地閹割了革命的真相：對禁欲的反叛。性的激情與衝動，對性自由的追求，性狂歡，才是革命的另外一面。但是，五四以來的新文化運動，為了避免反性禁欲的古老文明的鎮壓，一直戴著假仁假義的新文化假面批判封建的假仁假義，以新的正人君子的假面批判舊的正人君子，造就了正義和光明正大的假相。在文革早期階段，這

些都完完整整地體現在紅衛兵身上。

一個叫WP的小個子紅衛兵領袖，黃昏的時候經常帶著幾個嘍囉來我家門外，戴著耀眼的紅袖標，如同公雞的雞冠。藉口是發展姊姊成為組織成員。我們從小天黑必須歸家不許走出家門半步。他們的青春荷爾蒙沒有機會，永遠不許崔子燕加入紅衛兵，就是作為對她的家庭和她本身的政治懲罰。

整個文革期間，我的父母都因為家庭出身不是貧下中農而受到各種層面程度的迫害。崔天祥原本是每天陽光拂面的暖男，一直在逃向邊緣和邊遠的地區，一直在自我貶低，但是終究還是被打成「走資本主義道路的技術權威」，剝奪行醫權，罰去打掃醫院公共廁所。那個時期，他幾乎瘋了，經常與我媽媽大吵大鬧，要拿刀自殺，要臥軌自殺。有過不止一個深夜，我和姊姊打著手電筒，去漫長的鐵路邊尋找他，懵懵懂懂間，我不知道找到的會是一個活著的人還是一具屍體。

奇特的是，我沒有像姊姊一樣受到牽連。小學到高中，我一直很「紅」，從少先隊到少先隊被取締改組成紅小兵，到初中階段的後紅衛兵時代的紅衛兵，到共青團和學生會恢復，我每一次都被選中第一批加入，之後擔任學生身分上最大的那個「幹部」，譬如紅小兵大隊長、學生會主席、團委副書記。我第一篇發表為鉛字的文章，是通過鐵路長途電話，一字一句包括每一個標點符號讀給《前進列車報》編輯的。它的標題是〈做繼續革命的新一代〉。那是在我高中畢業之前。繼續革命，

革誰的命呢，我一無所知（笑）。

幸虧有星指引，就在我要繼續革命的時候，DY同學改寫了我的生命方向。那是一個寒冷的秋夜，學校裡只有我和他，一同在擔任護校的輪值任務，我緊縮在黑夜裡，他則高大而寧靜，摟緊我，在校園裡巡邏。之後我們一起躺在課桌拼成的床鋪上，我嗅到了荷爾蒙的氣息，迷幻而美妙。轉眼就是高中畢業，我回顧小學五年、初中二年、高中二年的優秀學生／學生幹部時光，一片蒼白，唯有DY的氣息穿透那種無助和蒼茫。我意識到，我將會切斷與權力及權力中心的所有紐帶，選擇身體愉悅。

我的文革後遺症就是「仇權勢」，厭惡任何趨炎附勢，把任何大小官僚都看成那種溜鬚拍馬、內心空虛，職業能力粗鄙的人。當然，要想與他們劃清界限，就是自己不當任何官僚，哪怕是有人提議我接續他系主任這樣的偏專業職務。我參與創辦的北京酷兒影展實行輪值主席制度，儘管如此，我也沒有做過輪值主席，僅僅因為「主席」是一個涉嫌官僚的名詞。某些時地，我的話語權已經太大，需要野生動物般的警覺，不讓它遮蓋其他人的聲音。當然，我身邊也有不僅當主席，而且把持電影節所有環節的，既是管財務又是策展人，既是每一場的學術主持又是核心發言人，既是，又是，哈哈哈。

我很高興自己對於集體權力的態度，成年前與後，判若兩人（笑）。

當時很多小孩是聽雷鋒、王傑、董存瑞的故事長大。這些烈士和軍人都是那個年代的「超級英雄」。您小時候也會崇拜紅衛兵和那些烈士和英雄，將來想當兵、想當軍人嗎？

　　會偶爾羨慕一下當兵的人，因為軍裝是工農兵服裝裡最漂亮的。家裡人對我的這個小偏愛很遲鈍，王靜梅沉浸在童年少年的教會經驗教堂體驗中，崔天祥沉湎於手術技術的精進上，完全無視或者說無暇顧及工農兵文化和符號對我們的影響。

　　我的家似乎永遠是外來戶，像一個獨立王國，沒有祖輩親人，沒有姑叔姨舅堂哥表姊，所有的外來影響都來自鄰居同學和朋友。所以，當我被崇尚軍裝的時髦風氣鼓動的時候，我的軟式軍帽和軍用挎包，也只能來自於鄰人的饋贈。

　　我自己從來沒有想過自己成為工農兵的人，也害怕成為被炸死被槍打死的英雄。我連速度滑冰（編按：即競速滑冰）的冰刀都害怕，同學ZN用冰刀做出刺殺我的動作，我都會哭很久，那時候我也在大學（笑）。

　　其實我最想要的從學齡前就很想要的，是一枝自來水鋼筆，真金筆尖兒的那種（笑）。

是文人的範式吧。

　　有一點（笑）。我爸爸給病人開處方，用的是沾水鋼筆，他有兩支純金筆尖的金筆，一支名字叫英雄100，另外一支叫派克。爸爸的簽名和書法永遠都是那麼考究而又龍飛鳳舞。他用拉丁文開處方，我問過他，誰會認識他的天書，他說，藥房的藥劑師。這些都對我影響至深。

　　崔天祥一直有文學寫作的計畫，我也一直很期待，因為他十分會講故事，我們大約一年有機會聽他講一段故事，一部《魯賓遜漂流記》（Robinson Crusoe；編按：中國譯名為《魯賓孫漂流記》）講了好幾年，以至於我每天都在問他，星期五後來怎麼樣了？崔天祥後來怎麼樣了呢？一直也沒有正式開始他的寫作，他的醫生生涯也匆匆結束在他六十歲腦血管生病那一年。

　　崔天祥拖拽著故事的巨大彈性。它壓迫著我成為一個作者，趕快寫作，寫作自己想要分享的人與事、時間與空間、心內與體內、天上與地下。還有他的金筆，等不及他送給我，我已經成長為一個完全不戀物的前行者。他把金筆都送我的時候，我也不用它，我用普通的鋼筆寫錦繡文章（笑）。

　　對紅衛兵，我一直保持警覺與批判，更不用說崇拜。我感覺，甚至我的一生都在與紅衛兵作對（笑）。

　　我眼看著紅衛兵一代人，和「革委會」的一代人，代表著未成年

人和成年人，瘋狂地批鬥、打倒，自己耀武揚威，讓別人忍氣吞聲惶惶不可終日。後來他們遍布各種官僚和半官僚或者假群眾體系，包括作家協會，所以我不入作協；包括電影家協會，我不入影協；包括文聯，所以我不入文聯；包括少數黨派無黨派，我也不是少數黨派無黨派。有時候，我故意標榜自己是天主教徒，沒有哪個紅衛兵會以此為榮。

紅衛兵出身的第五代導演，從來沒有從「紅色敘事」醒悟過來，他們沉醉於大遊行大口號大場面大激情。《黃土地》、《紅高粱》是「翻身道情」般的前革命狂歡。《霸王別姬》的文革戲，是對真實文革的懷舊複製。我十分不喜歡《陽光燦爛的日子》，充斥著紅小兵對紅衛兵的盲目崇拜，那是姜文和我很多同齡人身上有的，未經完全發洩的破壞慾望，被浪漫化、特權化的慾望。我也批評《藍風箏》，不僅女演員的表演虛假，田壯壯的分鏡頭方式也完全沒有對劇作的認識，只是一味地張貼標語，每一個鏡頭都像文革貼標語口號，也像後來的滿大街張貼小廣告（笑）。《藍風箏》是北京電影製片廠產品，它被製片廠官方審查通過，劇本階段也獲得電影局審查通過。它們能夠通過嚴格的電影審查制度的層層審查，也反向證明我的批評不是一己之見（笑）。[8]

紅衛兵出身的作家們，譬如張承志，倒沒有像電影圈第五代們那麼

8　雖然《藍風箏》在劇本階段通過審查，後來在中國未能夠發行而遭禁。而且因為這部電影，田壯壯有十年無法在中國拍電影。

公然美化紅衛兵化的文革。他們有更多的機會閱讀和反思，而第五代們幾乎是不讀書的一代人，因為他們在文革中早已養成不讀書的習慣，所以他們幾乎沒有人可以自編自導，更不可能自我闡釋。要闡釋電影，古典現代後現代都得讀遍，他們那麼好大喜功，怎麼可能有那樣的耐心和能力。

　　等第五代在電影學院從院長到系主任把控全部權力的時候，我就成為他們重點防控的人物。他們織了一張大網，把有真才實學的過濾在網外，以便學生們無法觸及真正的電影語言／真相／文化，以便他們更加容易地把78班[9]塑造成電影神話。當然，他們是勝利者。在中國乃至全人類，結黨營私的人打擊單一個人的人，永遠會勝利，而且不止一次（笑）。

　　除了您家裡的天主教背景，另一個特殊情況是您的性傾向，也是您跟很多別的小孩不一樣的一個地方。您最初是在什麼樣的情況之下開始意識到您與別的小孩不同？

　　我很小的時候我就知道我自己更加喜歡男生、喜歡自己所謂的同

---

[9]　北京電影學院本科1978級，被俗稱為78班，有陳凱歌、田壯壯、張藝謀們。中國大學依照入學年份劃分年級，北京電影學院學生人數少，一度把年級與班級混稱，1985級之後這種混用逐漸被放棄。

性，幾乎是先天就知道，而且一直覺得人們的性別定位，喜歡男生還是女生的探討方向很粗糙可笑，我天生就覺得這很可笑，甚至很可憐（笑），包括我的媽媽，但是不包括我爸爸，崔天祥從來不對性別、對我喜歡誰、是否會結婚有後代，發表任何意見。

我很小的時候，我的外表在中國人的定義裡面像女生，像女孩子。我走在街上，經常人都會看我，然後有的人就會說：「這個小男孩長得真漂亮！」然後就會摸我。也有人會說：「這是一個假的女孩！」「假姑娘」是我的第一個外號。總會一群很粗野的孩子跟著我，有的比我大有的比我小，有男生也有女生。經常上學放學的路上，獨自去買糧食的路上，與夥伴去看小動物的路上，都要經歷這些（笑）。當然，中國的小動物是很稀少的，連麻雀都被捕食了。

您自己的認同感在那個時候是怎麼樣？是覺得自己「像個女孩子」，還是自己就覺得跟別人不一樣，但是不知道怎麼不一樣？因為那個時候中國沒有一個公開的「同性戀」概念，在整個媒體裡頭是看不到同性戀的形象的。不像現在在美國或很多西方國家，年輕人如果他是同性戀，他在電視、在電影、在很多明星的身上都可以找到認同的對象。但是中國在那個年代絕對沒有這種可以認同的對象，您是否很感到被孤立起來了？

沒有，也沒有覺得孤立，我只是覺得我不認同那些男生，我也不認同女生。反正跟他們不一樣，我本來就與他們不一樣。

　　在那之前，我剛剛會分辨世間事物的時候，還不能獨自走出家門之前，我早就認為自己是一個性別模糊的人，也許是一個真的女孩。我被裝扮成男孩，上帝把我裝扮得很好，不是雙性器官。我喜歡暴露一點破綻，譬如桃色嘴唇，以便引起我喜歡的男孩的關注。當然，這也要付出相應的代價，就是那些同樣關注到這一點的人們會產生異議，欺辱打壓是他們簡單粗暴、來得快的方式，無論我是一個孩子還是成為出類拔萃的藝術家（笑）。

　　這個祕密細節是這樣的：我是王靜梅懷胎十一個月生下來的，出生體重5.25公斤──十斤有半。我認為我原本是個女胎，遲生的那一個月變性為男嬰，因為我媽媽祈禱，要生個男孩。有時候，祈禱就是這麼給力（笑）。

就算媒體上沒有認同的對象，在日常生活裡也沒有可以認同的形象？

　　也有也沒有。我其實不分同性戀異性戀雙性戀，任何戀我都喜歡而欣慰。學齡前我有過對鄰居LB的初戀，小學四年級也有過對女同學SX的初戀，初中的初次性經驗是與男同學LY，之後才基本確認自己更喜

歡與男生在一起，因為更舒適，不緊張。

在人與人的身體關係上，我始終持有鬆懈的態度，譬如有人性飢渴，需要我滿足他，我就滿足他。學齡前，在鐵路工人公共浴池，就有一個老工人藉口為男孩子搓背而器官接觸我們，其他男孩遇到他，就一哄而散，丟下我，我倒不覺得他侵犯了我，只是覺得他可憐，應該有人不那麼大驚小怪，給他一些機會（笑）。後來我的朋友甄里（同志NGO活動家）在LGBT社區倡導年輕gay免費服務老gay，等他們老了，再獲得新的年輕gay的「奉獻」，我就很支持他的理念，當我還是一個孩子的時候就已經懂得並且做過了，儘管遭到了同齡人的團體恥笑（笑）。

我也一直擁有非凡的自我跨越的才能，當然，這是一個不為人知的祕密，也像是一門獨門絕技。身邊有人想做手術改變性別，我總是覺得不必要那麼麻煩，在頭腦中腸腦中按下一顆按鈕，不就馬上可以擁有女生的器官，擁有女生的全部快感嗎，而且是立即，一秒都不用等待（笑）。所以，我的男朋友都是直男，因為他們知道我是不折不扣的女生（笑）。不過小的時候，這種才能開發得還不夠深入，經常還是會參照身邊的一些現象，譬如家裡人在說，某個菜店的男售貨員喜歡織毛衣，說話嬌滴滴，把自己當女生，我就會暗暗吃驚，擔心他們發現了關於我的祕密（笑）。

小時候給您影響比較大的文學作品有哪些？

小學二年級的時候，我從大姊姊那裡獲得她借閱的《紅樓夢》，大愛至今。那時我總會想，賈寶玉跟秦鍾的關係、跟柳湘蓮的關係，還有與蔣玉菡的關係，不是普通的朋友。還有，我覺得他其實很喜歡賈芸，甚至他也不討厭薛蟠。當然，我還是最珍惜寶黛戀，它讓我流下無數的眼淚。你不知道，我小的時候有多麼喜歡哭，一哭就是四、五個小時，經常持續幾個月，我媽媽為此深受折磨。《紅樓夢》是一部酷兒作品（笑）。賈寶玉是雙性戀者。能說出「女兒是水做的骨肉，男子是泥做的骨肉，我見了女兒便清爽，見了男子便覺濁臭逼人」，不是非常超前的女性主義者嗎？

在拍電影之前，您先是一個文學家。您是什麼時候開始創作？是八〇年代吧？

最初是要代表小學生去工人大會發言，我大姊姊崔子燕和二姊姊崔子玉一起研究著替我寫發言稿，我去宣讀，效果很好，之後我就效仿她們的文風自己寫發言稿。學齡前我就在尋找自己的生命與世界溝通交流以及持續的物理方式。我嘗試過吹笛子、吹黑管，但是氣息不足。我拉小提琴很多年，但是我手小，手指不夠修長。我歌唱，但是總用超八度

唱，唱破了嗓子。我想做演員，但是不太會背誦別人編好的台詞，除非我自己臨場現編。所以後來我給導演朋友演角色，譬如程裕蘇，譬如寧瀛，他們都給我特殊的權力，台詞由我自己編。

那私下寫的文學作品，是寫小說嗎？

開始有意識文學寫作的時候，是寫詩、寫戲劇、寫散文，寫了好久，但是那些東西沒有拿出來發表。寫了真是很久……

什麼時候開始寫？

小學四年級的時候開始寫，從來沒有停過。大學畢業我被分配到佳木斯大學教授中國古典文學課程，那時候開始發表各種散文和詩歌，還自己印刷過一本詩集，但是我知道自己不是一個詩人，我的情懷很恆定，思緒比較哲學，關注世界的方式依賴於時間、地點、人物細節和戲劇，比較敘事，我知道我的方向在小說和戲劇上。我的閱讀趣味也一直偏嚴肅和探索，很多被視為文藝得不行不行的作家作品，對我來說是通俗文學。

那早期寫的那些作品跟後來處理的題材應該是不一樣？

小時候寫的那些東西，受時代風氣影響很大，有集體主義精神，個性色彩還被時代的大霧沉埋著。記得第一個中篇小說叫〈助手〉，那時候我是學校共青團委員會的副書記，正書記是一份有薪水的成人專職工作。我的學生骨幹身分影響著我的寫作。如果繼續沿著這條寫作路線走下去，我應該與高中時期同樣愛好寫作和演講的同學WC一樣，成為共產黨宣傳部幹部，也許現在深櫃卻主管電影審查（笑）。

　　沒有被紅色意識形態徹底異化，甚至是一夜驚醒，得力於DY的身體磁場、家庭的信仰，和我內在的跨性別認知，也得力於我高中畢業立即從城市下放到農村之時，遠離權力中心，不擔任任何形式的一官半職。講一個插曲。我的高中同學只有我一個人進入大學，DY他們都留在當地。他們走著鐵路普通員工的黑白片道路，彩色的故事是情色的：同班男L同學與他的「共青團培養對象」（加入共青團和加入共產黨都要有已經在團在黨的成員作為「介紹人」）Z同學結婚生子，Z同學與DY同學成了婚外性伴侶，L不答應，混戰一團，滿城風雨。我聽到這個故事的時候，暗暗為Z高興，知道她的大眼睛飄來飄去，挑對了人，某種意義上，她替我實踐了性的完滿度。有了Z同學做我的替身，我很欣慰（笑）。

　　高中畢業時刻的驀然回首和瞬息醒悟，使我嗅覺格外靈敏。憑藉這種靈敏度，我始終與大學時期大部分同學保持疏離，他們中的很多人有

政工幹部文宣幹部的氣味，深入骨髓。與我友好的同班同學都是詩人氣質的，HP成了詩人，LY則三十歲剛過就腦瘤離世了。

　　我幾乎不參加懷舊的同學聚會，導致我與小學、中學、高中、大學的同學全部失聯。剩餘保持聯絡的只有幾位研究生院同學，LM，她在芝加哥大學當教授。還有一個，魯羊[10]一直留在文學的道路上，他的小說和詩都寫得比我好。1994年，我與好友胡炳榴導演[11]沿著長江行走，為新片做田野調查，我把終點設在南京，為的是借道去見魯羊，這對我來說是絕無僅有的戀舊行動。我與胡炳榴分別於長江邊上，場景和氣氛都像極了李白的詩。

電影什麼時候開始進入您的視野？

　　在研究生畢業之前倒是沒有太多想過做影像。因為我一直看到的電影都挺通俗的，無法召喚我。研究生同學CY除去帶我吃美食，還把我帶向了電影之路。八〇年代中期，北京電影資料館開始放映歐洲電影，CY帶我去看。他是班長，買集體票就帶全班去看。幾乎沒有台詞的《人類創世》（*La Guerre du Feu*，1981；編按：中國譯名為《火種》、

---

[10]　魯羊（1963—），詩人，小說家，主要作品《九三年的後半夜》、《鳴指》、《我仍然無法深知》等。

[11]　胡炳榴（1940—2012），電影導演，主要作品包括《鄉情》、《鄉音》、《安居》。

《火之戰》），尚—賈克•阿諾（Jean Jacques Annaud，編按：中國譯名為讓—雅克•阿諾）導演的，讓我對電影語言刮目相看，以前我狹隘地認為只有文學才擁有語言。為了紀念這部影片，我給班上最性感的男生起外號「老火」，以至於我們現在已經不提他的名與姓，直呼「老火」（笑）。

那之後，就是英格瑪•伯格曼（Ingmar Bergman）占據了我世界。CY知道我喜歡上電影，還專門帶我去電影資料館宿舍找他的好朋友XH，XH本科畢業就開始研究電影了。

再之後呐，我畢業分配有三條路可以選擇，一是留在中國社會科學院研究生院當學報編輯，二是去中國作家協會主辦的魯迅文學院當教師，三是北京電影學院。作為鋼軌上的家族成員，我已經預感到人生軌道的變道。

上帝保佑，一畢業我就投身電影海洋了。該出生的時候我遲滯在母腹裡，為自己幻化出性別的無窮性；該遠離政治強大覆蓋與誘導的時候，身體被DY喚醒；該走文學之路的時候，主流意識形態已經無法控制我；當文學作為一種專業即將窄化我的時刻，電影及時出現搶斷了我。很多條路可以走，很多性向可以選擇和轉換，這才是幸運。我的道路，一直遠長而寬廣。這是，反意志的勝利（笑）。

您前面講到小時候，其他小朋友會欺負您，那後來等年紀大一點，

這種情況還是一直持續下去嗎？

　　會，一直都有。我剛才沒有說的一面就是：一直有樣貌猥瑣的人欺負我，也一直有高大英俊的人救援我。我的目光有一種訴說的能力，能瞬間呼求到身前身後的守護者，也總有守護者在近旁。一直都是這樣，無論我多大年齡、無論我走到哪裡都這樣，一些人堅決支援我，如果有人欺負我，他們就去打他們，就有人批評我，就會有人去反批評（笑）。譬如像崔子燕，她要飛前飛後地保護我，得名「小厲害精」；譬如JCY，他在一年三班，是全年級個子最高大的，我在六班，全年級同學都知道他主動成為我的保護神，如果他知道哪個小瘈三欺負我，就會晃晃蕩蕩地去教訓他們，警告他們不許有下一次。

對待這種爭議會影響到您嗎？您會看嗎？或者對外面的這些聲音無所謂？

　　我瞭解，我十分瞭解。有的時候，會想一下：「我怎麼老是什麼事情都要別人爭議？」（笑）

　　我媽媽一直認為我是高風險的人。也許在漩渦中是我的生命屬性。這就是命運，也是使命，其實我不喜歡漩渦中心，我喜歡觀察漩渦。

　　我為什麼反權勢反到骨子裡，其中有自我反思，也有不想高於那些

每天都在支持著保護著我的日常英雄。我不允許自己攀爬到一個官僚的位置上，去奴役那些英雄般閃閃發光的人物。他們都曾經蔑視權貴，扶助貧弱，我不能成為他們的另一方。

不被權力馴化，不被規訓，其實要消耗掉我很多精力與才能。不過我不介意，我不想建立金字塔，更不想成為塔尖兒上的大鳥或者小鳥。

「同志」的定義

在國外「同性戀」有很多不同的名稱，有homosexual、gay、lesbian等等，另外也有一些帶著貶義的名稱。我想一般中國人都知道除了「同性戀」，這十幾年以來，大概最常用的一個名稱就是「同志」。「同志」這個詞很有趣，本來是政治色彩非常濃的一個詞語，然後在十幾年前，同性戀團體把它挪過來用。但這樣做，它好像在某一種意義上把反政治化跟性別融為一體？這個詞語的轉化和演變很有意思。不知道您能不能講講「同志」這個詞背後的含義，最早是應該是台灣開始用……

2001年12月，中國第一個有關性取向的電視節目播出，就是湖南衛視的《有話好說：走近同性戀》。李銀河最重要的著作是《同性戀亞

文化》。[12]中國大陸媒介使用「同性戀」的頻率遠遠高於「同志」，因為它與「異性戀」相對應，容易產生反傳統文化的效應。1930和1940年代，潘光旦的著作中使用的是同性戀，他不會料想到共產黨會與他翻譯靄理士（Henry Havelock Ellis）使用的同性戀成為後世的連體語詞。

在香港，九〇年代初，創辦同性戀電影節的群體裡，有人與戲劇導演林奕華[13]一起發起使用「同志」來替換「同性戀」。後來這個詞流行到台灣，然後就迴流到中國大陸。我猜香港人選擇使用同志的時候，是有模糊或者明晰的年齡主體的。共產黨鬧革命依靠的是年輕力壯的男性群體，香港同志電影節最初幾屆的主要影片也是以年輕貌美男同性戀為主的，如果要說年齡大的要加「老」同志，要說女生就說女同志，與共產黨執政前四十年差不多。而且，我總能嗅到香港使用它的商業氣息，借政治而商業的精明。

「同志」這個詞與「共產黨」一樣來自於日文漢字。但是大多數中國人以為它是俄語的譯詞。當時中國除去國產電影，可以看的都是社會主義陣營國家的影片，以蘇聯、朝鮮和阿爾巴尼亞三個國家為最。蘇聯影片中，人與人經常互稱「同志」，這影響了中國五〇年代、六〇年代

---

[12] 李銀河（1952—），中國社會學家、性學專家、社會活動家。著作包括《他們的世界：中國男同性戀群落透視》、《同性戀亞文化》、《李銀河文集》（10冊）等書。

[13] 林奕華（Edward Lam，1959—），香港戲劇家，舞台劇、電影、電視導演，作家。著作包括《惡之華麗》、《等待香港》等。香港同志影展發起人之一。

和七〇年代。它變成一個中國人互相打招呼的文明方式。能夠大膽稱呼對方為同志的人，常常有一種揚眉吐氣的氣質，大多數中國人其實很受氣，所以使用起來大多數情形下顯得彆彆扭扭外來生硬，或者扭扭捏捏反而突顯不自信（笑）。

文革之後，這個詞大家就開始慢慢不用，開始用「師傅」，稱呼工人的那一種「師傅」。現在大家流行稱呼「老師」，這也反證出「同志」的尊稱性，甚至特權性。

2001年崔子恩（左二）參加湖南衛視電視訪談節目《有話好說》

在大概九〇年代以後，「同志」運用為「同性戀」的意思開始越來越普遍，甚至很多人都不敢再用傳統的「同志」來稱呼朋友。因為這個詞的意思已經完全改變了……

　　還沒有，差不多1995年左右吧，中國才開始經常用這個詞，最初只是同性戀圈子會用，而這個詞也差不多是同性戀自己在交談稱「同志」。大陸開始用「同志」這個詞的時候完全不是出於驕傲，反而是因為迴避，因為羞恥於出口說「同性戀」。同志們在一起，如果要談談同性戀的話就會說「那個什麼、什麼……」，那麼後來有了「同志」這個詞，就用「同志」這個詞，可以在公眾場合掩護自己。

　　現在的情況是，直用「同性戀」這個詞的挑戰意義反而比「同志」這個詞多。有一些人喜歡用「同志」，有一些人喜歡用「同性戀」，但是共產黨執政之後那樣的驕傲感、特權感、假裝親密熟識感，始終沒有，倒是有一點地下黨時期共產黨員祕密會面時接頭暗號的感覺（笑）。

　　我個人沒有那麼喜歡使用「同志」這個用語。我出生就被這個詞地毯式狂轟濫炸，好不容易脫險，又被「天主」覆蓋。我就盡量用耶穌用基督，幸虧關於神有很多稱呼。同時又被「老師」轟炸。住在電影學院七號樓，我離家回家，路上電梯上走廊上總是有成串的「老師」呼聲，熱情而飽滿，揮之不去。搬到郊區去，被「老師」放過，是我的

當務之急。

　　我喜歡直呼其名，親密的就稱呼暱稱或者簡稱，或者起個外號。我喜歡有變化的稱呼，沒有就給他一個新命名，用膩了再編一個。有人做編劇，給影片命名給人物命名是個難題，對我則恰恰相反，我對流淌著的滾熱糖漿般的命名，充滿喜悅（笑）。

從文學到電影

　　您在中國當代文化界裡跨越了許多不同領域：編劇、小說、導演、演員、等等。但是最早您應該是學文學的吧。您是什麼時候從文學研究走到創作？這是什麼樣的一個過程？然後從文學創作到電影創作，又是怎麼樣的一個過程？

　　我做學術研究是因為我在中國社會科學院讀學位，那個時候受的訓練都是學術方面的訓練，所謂「義理」所謂「考據」都要會。我的碩士剛剛畢業，我的碩士論文就正式出版成書了，是《李漁小說論稿》，出版社是頗有學術地位的中國社會科學出版社。這在當時絕無僅有，也一下子給了我很高的學術研究起點。現在我來美國，這裡的漢學家還記得那本書，有時也會有人把我現在的寫作與影像與李漁聯繫在一起提問。

　　我讀學士和碩士學位的年代，文革剛剛結束，用文學表達是社會的

主流方式，而文學研究更是高入殿堂。我在殿堂的頂層結構裡，卻一直三心二意，畢業後投身電影業，也算是走了旁門左路。

不過，我到電影學院教書，如果一直當教授，倒也需要學術這種方式。有一段時間，我做電影的時候是用學術路線來工作。譬如觀看所有可以看到的電影；譬如做電影文本研究，做電影哲學研究，做社會理論研究。但是我一直警覺學術上的這種腔調。學術的體制，跟政府的體制特別特別接近，跟官腔、跟政府新聞聯播式的高貴演講，與滔滔不絕的「一言堂」，這個方式很像。所以我一邊搞學術一邊反學術，有時候「創作」就是最直接的不務正業表現。

我開始創作的時候，恰好我生活有了一次轉變：1991年底，電影學院把我文學系編劇教研室的講師職務撤職，調任到青年電影製片廠做職業編劇，不讓我講課。那時候我的第一部長篇小說《桃色嘴唇》已經寫到一半。這段史實有點複雜和曲折，我還從來沒有來得及梳理。

其實這次撤職與調任對我來說，可以說是恰逢其時：我原本就是計劃做十年所謂的學術，而且我的思想不可能達到傅柯、德希達的高度，有一年講了十一門課，當教師也把我當傷了。我做夢都是赤裸裸登上講台，要開口卻腦心空空，半句話都講不出來。

之後，我開始了最純粹的十年小說寫作，1991年寫到2001年。那十年，我每天夜裡1點起床開始寫作小說，一直寫到下午1點，之後午睡，再用下午的殘餘時間寫賺稿費的文字——給報刊雜誌寫影評、文評、藝

評，也寫不署名的舞台劇，還有商業性的電影劇本。那個十年，我專心致志心無旁騖，是勤奮的勞模，宇宙第一。

　　這個時候我寫了十幾本小說，也沒有想著出版，後來開始尋求出版的過程也挺戲劇性。再接下來，有了ＤＶ，2001年，我又開始從事影像的創作。比起學術，我覺得文學和影像更加自由主義……（笑）

　　這個「十年計畫」很有意思。是自然地呈現出來，然後回頭一看發現：「我寫了十年的理論，後來寫十年小說、也拍十年電影」？還是本來就有這樣一個意圖？

　　本來有這樣一個意圖。我上大學的時候就有一個意圖，當然不一定是十年，差不多七、八年，八、九年，十年，這樣的一個時間週期，不斷變化工作重心，最終走到創作，無論是文學還是戲劇還是影像，都是我有能力駕馭的。沒有那麼嚴格一定是十年。

　　您前面提到在北京電影學院教書，您在那裡教了幾年的書，後來……

　　我一直在電影學院工作，但是我總共教書才教過三年半，其他時間是閒著，也可以說是有薪水的自由職業者（笑）。

1987年我到電影學院的時候，全學院沒有任何一個博士學位的人，碩士學位的人不超過十個，我是其中一個，加上演講是我的童子功，我的講課表演或者說是獨人戲劇很受歡迎。很多學生成了我的好朋友，84級85級86級87級88級89級90級91級92級93級95級96級97級98級99級2000級2001級03級04級05級（笑）。他們都生命波濤洶湧，但都作品豐富，我也一樣（笑）。八〇年代的時候電影學院只有一棟樓，辦公室教室集體宿舍都在裡面，我也住在裡面，學生不超過百人，平均三個教師帶一個學生，大家彼此的故事都瞭解，甚至包括器官大小，做愛時間長短體液的甜酸苦辣（笑）。

頭三年，後來公開了性取向之後就不讓您教了？

　　這一段不是三言兩語可以簡述的。1989年是個結點。大一統國家，好像沒人能繞過各種政治結點，你現在開啟的是潘朵拉盒子（笑）。

　　5月春暖花開，天安門廣場開始聚集開始絕食，夜大班有人進了高自聯（編按：即北京高校學生自治聯合會），表演系的兩個女生去絕食，我的帥哥好友HT（他後來為林黛玉的扮演者出家為僧，被稱為現實中的「寶玉」）帶著很多膠片去拍攝，XF帶著電影劇組去慰問絕食學生，都沒有打動我。好不容易從一個接著一個的政治運動中脫身，既不相信政治和群眾運動，又正在享受「為藝術而藝術」的時光，我抱定

主意不去廣場，哪怕我最喜歡的幾個男生都日日夜夜在那裡（笑）。每天聽去廣場的學生回來講廣場的狀況，我也認為，那不過是一種荷爾蒙狂歡。

促使我離開書齋參加遊行和去廣場的，是高編班的JH。他給第五代導演寫出過一部所謂著名影片，趾高氣昂來電影學院上學，號稱沒人能教他，但是聽了我的課，他認證我夠教授資格（笑）。他找到我，問我，其他大學都有教授參加學生隊伍，電影學院為什麼沒有？我認為這不是一個學術問題，行動就能解決，於是就參加了他們的隊伍，從北三環一直遊行到天安門廣場。導演系攝影系的幾個帥哥走在我身邊，又是春陽又是自由的街頭，我被他們迷得傻傻的，到了大會堂後門才看到一個紙棺材，墨水塗黑的那種作品，上面還寫著「小平你好」之類的文字，被放到後門台階最上方，在夕陽下很醒目。那是我參與過的最大型裝置藝術現場。據說是因為它停靠在那裡，澈底激怒了當局，導致軍隊進北京。我當時就有悲劇的預感，不過也就是一瞬息，因為身邊的帥哥們都在意氣風發。

也是那次遊行，使我和學院書記SY、導演系的兩個教師同時上了後來的黑名單。

六四之後，清肅開始了。有日本友人掩護我去了東京，本來要借道日本來美國，一時管道不通暢。SY暫時沒有被整肅，我以為清肅風頭已經過去，就在1990年聖誕節那一天回到了北京。我不知道的是，這次

清肅用的是另外一個方式：由清華大學派遣來一個新的黨委書記，舊的書記被迫退休，之後沒有多久就病逝了。她一直待我很好，請准許我藉此機會紀念她一下。

　　人世間有很多時空巧合。因為沒有空房子可以給我住，我住進了外國專家公寓，在小劇場的旁邊，我的家很快成為很多後世明星聚會的地方。因為高級編劇班帶得好，我又被指派擔任91級編劇本科班的主任教師，我也進一步成了某些同事羨慕嫉妒恨的對象（笑）。戲劇的高潮就這樣繼續累加，天使都無法阻止（笑）。

　　我讀本科的時候，最好的三個朋友都是年幼喪母。我不是有當孤兒、當流浪兒的情結嗎？在他們身邊，我可以感受到林黛玉一樣的悲傷，還可以體現姊妹般母親般的多重價值（笑）。91級新生中有一個L同學勾起我這種久違的「姊愛」（笑）。他很小父母離婚，母親把他和妹妹丟給他爸爸，他爸爸把他和妹妹被放在一個八平米的小平房裡，又結了五次婚。

　　在一次夜半長談之後，他留宿在我家，之後的一個星期他都沒有表示要回自己的家，他不想繼續住在八平米終日不見陽光的小屋子裡。可是我並沒有做好與人同居的準備。我很快領教了孤兒糾結無望的沉淪性格，真的是與我這種父慈母愛家庭的孩子南轅北轍。

　　一個道具改變了故事的方向。他弄丟我家唯一一把鑰匙，我不得不砸碎門上的玻璃才能回家，迫使我向他提出離開。因為把他當孤兒看，

我就請暑期留住學校的X同學收留了他。X同學那時候與我走得很近，去紫竹花園公園看張元[14]《北京雜種》的戶外首映，我都會帶著他。儘管我知道我們的價值觀不一樣。譬如，他以為我是所謂「名人」，出入坐專車，或至少也是計程車，沒想到電影散場還要與我一起等公共汽車，哈哈哈，哈哈哈。當時的系主任，經常住在他的宿舍。我知道那位H同事深櫃，以妻子和兒子為掩護，但是我不知道X同學對他的真實態度。後來我才知道，他想擺脫H，不得其道。

秋季開學之後，L同學與高年級的H明星發生了一次肢體衝突，依照學校新生試讀三個月的規定，他將會被退學。我正在全力投入編劇課教學，立志把91級每一個人的大師基因喚醒（笑）。責任與樂趣，還有迅速燃燒的智慧能量、一天比一天被掏空的學術儲備，讓我對日常世界完全喪失了敏感，包括L同學是否會被退學。那時候，我第一次沉浸在嘔心瀝血的自我震撼中（笑）。

這期間，老系主任試圖把他的編劇課教程大綱（既沒有出版也沒有經過教授團隊討論，我甚至從來不知道它的存在）定位成劇作課法典，遭到我堅決抵制。我瞬間從他的「寵兒」變成了「棄兒」。

突然有一天，我被系裡通知去留學生公寓全封閉居住，不得與任何人保持往來。這就是傳說中的軟禁，傳說一刻變現實（笑）。不過我

---

[14] 張元（1963—）北京電影學院畢業，中國第六代導演。其作品包括《媽媽》、《北京雜種》、《東宮西宮》、《瘋狂英語》等。

當初還是雲裡霧裡，直到被帶到保衛科、門被反鎖，正規武器拍在桌上的金屬爆響，才驚醒了我對人類的天真無知。退伍軍人S一反常態，厲聲叫我的名字，讓我「坦白交代」，「新帳老帳一起算」，「老帳」是指我參與八九學運。這種鏡頭裡，連冰刀都能嚇哭的我，當然是立即淚奔（笑）。我一哭就是幾個小時，兒時的流淚才能，導致當天的審訊泡湯。S武官居然拿出他做居委會主任老婆經常纏著我給我介紹「媳婦」這種令我嘔吐的情節懷柔我，居然還說他知道他家老二是我朋友──他二兒子有點土帥，經常與我一起打籃球，還借防守機會抱我用下體蹭我（笑）。還有，他居然會寫字，居然是他笨拙而執著地在印刷好的審訊紀錄冊上做筆錄。我全然傻了，他能記下什麼呢？我如果開口說話，錦心繡口，他該如何醜化我的語言呢？

　　悲劇初見端倪就更進一步荒誕化了。剛剛天黑，系裡一個W黨員打開房門，唯唯諾諾地宣稱是組織派他來陪睡（笑）。他就坐到我對面的單人床上，告訴我，不能鎖門，組織上不許我鎖門，萬一我自殺他可以隨時叫人。天吶，我自殺？他說：「你哭，要自殺。」我只能笑了，而且是大笑。第二天早上我聲明，不用他來陪。我沒想到，這算踢走他，證明他沒有魅力。我是電影業帥哥試金石，但是不包含老黨員吧（笑）。多年後，他當上我所在系的系主任，悄悄給了我一年的工作評估不合格，導致我永遠少一年薪資增值，算是報了一箭之仇（笑）。

　　軟禁第二個晚上，陪睡的換成H同事。我嚇得沒敢脫衣服，儘管我

知道讓他無法自拔喜歡的是瘦弱長髮的，不是我這類型（笑）。我藉口熱，敞開房門，這也沒有阻擋他半夜發出的大呼嚕（笑）。那時候，我還把自己當成未成年小女孩，那樣的長夜，怎能熬過去？趁他大睡，我逃出S武官弟弟把守的門崗，潛回專家公寓，把寫了一半的《桃色嘴唇》手稿轉移到TH和YQ手裡。TH那時是文91的班長。我那時候怕被抄家，文稿被毀。

第二天，我就乖乖地簽署了「不自殺」保證書。審訊正式開始了。依然只有我和山東S武官，他既是主審又是書記員，軟硬兼施，讓我面對面見識了半老一代革命者文化不高手段卻無窮無盡的深層黨性。當然，我也能近距離認識直男壓抑的對廣場性愛、對同性關係的納粹式滿足。我需要「交代」的是入職以來所有的罪行。雖然我是在紅衛兵打砸搶、文革逼供信的環境中長大的，但是自己被「揪鬥」還是第一次。只要我停止流淚開始講話，我的擅於表達立即就成了風暴的縫隙。我沒有想到，一旦我進入他小學寫作水準的紀錄文字，就會萬劫不復。

與此同時，在審訊室外不遠處，學生會們已經偵破出事件引爆人──告密者L同學、主謀者X同學。他們舉報我的目的是轉移學校注意力，保住L的學籍。X為什麼參與主謀，當時無人知曉。是多年之後，我才從他前妻那裡得知：他在我身上做過很多魅力試驗，都失敗了，他也一直恨H同事，認為從他那裡得到的遠比失去的多。他想藉著打倒一個明晃晃的gay來打倒另一個深櫃的gay。他們的密謀、舉報和層

層打倒的遊戲，玩得真是足夠花俏，深得紅衛兵真傳，甚至有所超越（笑）。

不過時代變了，電影學院大家庭是沒有祕密可言的。為我打抱不平的學生們得知真相後，立即行動起來，L和X成了過街老鼠。L嚇得躲回八平米的家。X躲到校外，無處可去，半夜才敢溜回學生宿舍。與我最要好的兩個朋友ZZ和CC去宿舍圍堵L，L不在，ZZ揮拳打碎了門上方的玻璃，不料碎玻璃卻劃開了他的手臂主動脈，一路鮮血湧流。他被送進了北醫三院輸血搶救，險些死去。

事態在迅速變化。學院擔心另一場學運爆發，像六四發生於北大一樣。領銜簽署抗議書的學生被連夜叫去保衛科訓話，迫使他讓同學們中止聯名抗議。院黨委會草草決定：撤銷我的講師職務，降級工資一級，搬離專家公寓，「發配」青年電影製片廠，罪名是「強行與學生發生不正當關係，煽動學生鬧事」；給予ZZ和CC大過處分，罪名是「故意破壞公物」；L留級一年，與其他人的暴力衝突的事件被成功掩蓋。

風捲殘雲。1991年的最後一個月，新來的書記W已經成功把院長沈嵩生排擠得無人問津，各個部門布滿了他從外校調遣過來的兵力，「黨校時代」開啟。

熱血青年們不想「回到解放前」。新年舞會上，他們讓書記和我同台領獎，頒發給我的是毛絨羊，給他的是一瓶二鍋頭，意味著他「很二」，很sb（編按：即「傻屄」，髒話，現拼音首字母的組合已成中國

網路用語，表達藐視的意味）的意思。他屁顛屁顛地上台領獎，還以為學生們很歡迎他（笑）。電影學院大換血，當然要以電影收場。主持放映的同事在學期最後一場放映片單上排映的是彼得・威爾（Peter Lindsay Weir）的《春風化雨》（*Dead Poets Society*，1989；編按：中國譯名為《死亡詩社》）。那時候我已經搬出學院，住在郊外朱辛莊一套三居室的空房子裡。我被呼喚回學院大放映廳。羅賓・威廉斯（Robin Williams）最後一次離開教室的時候，學生們一個接著一個站上課桌為他送行。身邊的學生們與我一起飆淚。影片放映結束，燈光亮起，全體起立鼓掌，為影片，為影片中的人物，也有不少人為我。我的面前被讓出一個通道，我在他們的目送和掌聲中離去。

十年以後，書記W在下台之前突然黨性渙散、人性發現：我被院內人事調動，調入了新成立的電影學系。很多人以為我被解封了。但是，我很快又遭封殺。我一上講台就講中國的地下電影、世界的同性戀電影……

被封殺的原因就是因為您上課教這些「敏感」內容吧？但學校有沒有把理由公開說出來……？

也不完全是，其實是經歷了我個人的「死亡詩社」，也經歷了我父親崔天祥的病逝，經歷了我個人基督意識的覺醒，我已經不再認同電

影作為藝術的觀點，對培養菁英電影藝術家毫無興趣。那時候，我的朋友不再局限在電影明星和菁英圈子，我有更多的朋友來自業餘影像，來自低成本或者零成本影像。我自己也是投身其中，既編、導、演，也做影展策展人。我到處傳播獨立電影理念，是要讓電影的行動力量釋放出來，讓影像成為社會進步人權保障的一種行動。在這方面，我認同紐約大學（NYU）張真（Zhen Zhang）教授提出的「行動主義影像」概念。我的這些授課，與當時學院培養電影大師同時兼顧商業類型目標背道而馳。

電影學院權力中心在各種明爭暗鬥中，落到「78班」手裡，從院長副院長到各系系主任研究生部主任科研處主任，清一色由他們擔任。院長在我「當紅」的時候，曾經企圖與我經營他的一己私慾，被我拒絕，如今得勢便「私仇公報」，指令各個系，我的講課費需以外聘教授劃撥，嚇得各系科紛紛下架了我極受歡迎的課程。這樣的絕殺，澈底地斷送了我驚世駭俗的講課生涯（笑）。我擁有高級職稱，他們就使用文革期間打壓階級敵人的手段，獨一無二地對我實行「正高職稱副高職務」。

ZM策劃「北京電影學院紀錄片六十年展映」的時候，大膽選了我的《誌同志》作為閉幕放映，但是影展手冊裡我的導演簡介是一整頁空白。我從來沒有問過ZM這是為什麼。我們心照不宣，只要影片能放映，就是最大的勝利！這就是迫害，和反迫害。我甚至為那一整頁乾乾

淨淨的空白而感到驕傲。影片放映的時候，觀眾爆滿，映後Q&A，我每回應完一個問題，都會得到熱烈的掌聲，人們像是短暫地回到了自由時代。

當然，也不只是電影學院害怕我講課，我在很多大學的黑名單上，中央美術學院、北京大學，都不准許我去做講座。有的講座海報都已經張貼出去，又被撕下來。這幾年我只好跑到美國的大學來放映和講座，譬如你這次邀請我來加州大學。

這還就是「打入冷宮」，其實是帝王術，文革後一度不得不暗箱操作，「八九學運」以後，藉著「反動亂」的名義，公開化和全民化了。

我對媒體說過，整個中國就是一個大大的櫃子，每個人都要躲在櫃子裡，同性戀不敢出櫃，反對者不敢公開反對者身分，甚至老幹部，哪怕位及中央，也要染黑了頭髮假裝年輕人，不敢出櫃承認自己已經老大不小。中國也是一個大大的冷宮，隨處隨時有人被拋落進來，包括皇帝本人。

早期寫作

很多人以為您的編劇生涯是從1999年《男男女女》開始，其實您老早就1991年、1992年就寫了《烈火恩怨》。

這是1990年寫，當年就拍了，只是到1992年才開始公映。那是一部類型片。一旦不藝術的時候，我使用筆名子虛，子虛烏有（笑）。

還有《火車火車你快開》。這是您寫的頭兩個劇本？

不是。我最早完成的電影劇本是《長長的遊戲》，關於自己童年記憶的，發表在《電影文學》雜誌上。我最開始寫的劇本都是發表在刊物上，《火車火車你快開》也是，1992年發表，也是這本刊物，之後就投入拍攝了。

當時我剛剛被整肅，一夜之間好像驚動了全中國的影視圈。天津的、廣州的、新疆的、四川的、珠海的，紛紛邀請我去采風寫劇本或者做文學顧問，包括八一電影製片廠和中央電視台。我再一次成為英雄們拯救的落難美人（笑）。

我還在軟禁期間，王新軍導演就來留學生公寓與我簽署編劇協議，關於「十二木卡姆」[15]的《阿曼尼薩罕》電影和電視劇雙體例劇本。春節之後，我們就一路向西，直到塔克拉瑪干沙漠。在新疆，我所到之處總有人圍繞著我。有人要把孩子送給我，有人追到我住的酒店來要給我

---

15 「十二木卡姆」（uyghr on ikki muqam），維吾爾族古典音樂，匯集歌、詩、樂、舞、唱、奏於一體，包括拉克、且比亞特、木下維萊克等共十二個木卡姆，樵夫家庭出身的女性音樂家阿曼尼薩罕被視為集大成者，她生活在16世紀，成為王妃之後而被正史記載。

成打兒的現金。在新疆，我像太陽一樣擁有光輝（笑）。劇本就是在這種節日氣氛中完成的。後來天山電影製片廠無錢拍攝電影，只有天津電視台完成了電視劇的拍攝。

《火車火車你快開》拍攝是在《阿曼尼薩罕》之後，我參與了兒童演員的遴選，並沒有去拍攝現場。影片完成，是作為上下集電視劇在四川電視台播放的。導演沈曉華現在已經移居美國，2020年秋天張真教授在NYU做「崔子恩電影馬拉松」活動，我和他在紐約見過面。

那在小說、評論和劇本之間，您如何縱橫這些不同的媒介？就是從文學敘述再轉到電影語言的角度來構思一個故事，這是怎麼樣的樣的一個過程？

我在讀研究生的時候，1985年開始給中央廣播電台寫《紅樓夢》的廣播劇，研究生我是1984級。導演是王芝芙，她自己寫幾集，其餘都是我寫她導。1987年她的丈夫王扶林導演電視劇版本的《紅樓夢》，就是受廣播劇的啟發，配音演員還是用的廣播劇原班人馬。

進入電影學院，我教課並不是教理論課，而是教編劇課。編劇對我來說像是我胎生的語言，有點駕輕就熟。加上我每天駐紮在電影資料庫看片，每天看五、六部，真是看瘋了（笑）。影像語言貌似是外在於身體的，當它與文學的、戲劇的敘事能源融合之後，就會發現它也內在於

身體，一觸即發。

　　早期參與《阿曼尼薩汗》、《紅樓夢》廣播劇版等作品的編劇工作
之後，後來有一段時間就不寫劇本，就寫小說？

　　也寫電影劇本，好幾部發表在上海的《電影・電視・文學》刊物
上，沒有拍，譬如我自己很喜歡的《歲月》。也參與過好幾部電視劇的
寫作。有連續五年，我都跑廣東和珠海。先是接受胡炳榴導演的邀請從
中篇小說改編《民謠》，劇本完成以後並沒有機會投拍。之後是廣東電
視台的製片人董智勇邀請我去貧窮的清遠縣采風，寫作過一部留守兒童
的劇本，還在廣州為張元寫過一部電影劇本和電視劇，電視劇只進行到
剛要開案的階段就停工了，都沒有拍。我也與王小帥[16]合作過一部很棒
的同性戀片，一個真實的跨國同性戀故事，他認識真實的人物，我寫出
的劇本叫《萬歲，萬歲》，可是到現在他也不敢動手拍。他的《二弟》
也是我與他一起去山東半島完成的。2003年我寫了《蔓延》的劇本，導
演是何建軍，已經完成，在鹿特丹首映的。
　　我借去廣州寫劇本的時機，帶上寫好小說手稿，闖進《花城》雜誌

16　王小帥（1966—）中國第六代導演，北京電影學院畢業。電影作品包括《冬春的日子》、
　　《極度寒冷》、《十七歲的單車》、《二弟》、《青紅》、《日照重慶》、《地久天
　　長》等。

社，見到了當時的主編范若丁，林宋瑜做了我的責任編輯，發表了我的第一個短篇〈受到監禁的鑭和鎂〉，1995年；之後是第一個中篇〈拋核桃的極限〉，1996年。從那之後，我的小說一直得以在《花城》發表，一直到2002年，連續七、八年。花城出版社也成了我最穩固的出版基地。不過，他們始終不敢出版《桃色嘴唇》，小林半開玩笑地說，那會讓她「失業」。

您的小說大半都跟同性戀題材有直接的關係，所以找到出版公司，或是找到您的讀者群，一開始應該是很艱難吧？

對，很漫長的一個過程。我的所有小說都是用原稿紙寫的，沒有底稿，只有原稿。每寫完一部作品，我就會帶著唯一一份原稿闖到出版社去找編輯。那些出版社編輯和我都是素不相識。想想我當年，可真是勇敢而大膽，不僅不懼陌生的、掌控作品生殺大權的出版人，而且居然不怕弄丟原稿（笑）。

第一個長篇《桃色嘴唇》1994年就寫好了。寫好以後，轉過十幾家出版社。初審二審編輯都很喜歡、都會說很好，甚至有人說「這是中國最好的小說」。評論家王幹興奮地寫了評論，像是發現了新大陸。他想把小說發表在在《鐘山》刊物上，被社長撤下。人民文學出版社已經與我簽訂出版合同，趕上社長生病，換上來的新社長又「槍斃」了它。王

幹後來在《南方文壇》上發表文章說：沒有推出這本小說讓他感到心灰意冷。

您寫《桃色嘴唇》那本小說的時候，按照中國的法律同性戀還列為一種精神病……

既是被列為精神病，在刑法上也被「流氓罪」覆蓋而視為非法。1997年才取消刑法上的流氓罪。就是在1997年，《桃色嘴唇》於香港出版了繁體字版。《莽原》雜誌主編、作家張宇從「好作品主義」的立場，在1999年第1期節選出版了這部沉埋日久的「好作品」的「潔本」（笑）。無刪節版在大陸出版是2003年，珠海出版社推出「崔子恩文學作品集」，共有四部，三部長篇，一部中短篇合集，《桃色嘴唇》夾帶其中（笑）。這部小說的法文版也由伽利瑪律出版社出版了。

「崔子恩文學作品集」原來計劃是五卷本，還有一部《公廁白金寶典》，沒有通過審查，據說是因為出版社的人不想讓他們的孩子讀到這本書，看來是「少兒不宜」（笑）。不過，這部正在翻譯成英文，由加州大學聖克魯茲分校（UCSC）的羅麗莎（Lisa Rofel）和波士頓大學的劉奕德（Petrus Liu）主持。

因為您書中涉及到許多「敏感內容」，您出書是什麼樣的一個流

程？比方說《玫瑰床榻》這樣的一本小說的審查過程怎麼樣？

出版有三審：一個是編輯要看；後來是二審，就是他們的室主任要看完了；再終審，他們的社長要終極審查。雖然新聞出版總署對出版社有主導政權，但是出版社自己擁有終審權，包括音像出版社，出版總署如果禁止某些已經出版的著作，只能採取追加禁止的「追殺」方式。這與電影審查終審權在電影局在廣播電視部不同。所以，中國的「禁書」與「禁片」並不是同一種禁，不僅管道不同，也不是同一個禁止法則，儘管被禁止的內容條款大同小異，無非是反黨反社會反人類。酷兒性是非黨性的，但是可能主要是反人類（笑）。

這樣，如果一家出版社拒絕了，我自己再找另外一家出版社就是，不像電影，被槍斃就永無翻身機會。我的很多DV作品也是借出版社機制，得以繞過電影審查，在大陸出版DVD版本，譬如《舊約》、《丑角登場》、《夜景》、《哎呀呀，去哺乳》。電影學院職工宿舍樓下隱藏著一家音像店，販售過我的DVD，電影學院的男學生買到之後，就逢人便說：「走呀，去餵奶！」《哎呀呀，去哺乳》講的是男生應該學習女生，把陰莖轉化為哺乳器官，成為合格的哺乳動物（笑）。

那像這樣的一本，您託了幾家出版公司？

這本不曲折，這本比較順利地出版，是因為先在雜誌上作為實驗文學發表，之後再用「實驗文本」的名義，甚至也不提文學，把它和《丑角登場》混雜在另外幾個藝術家的符號性圖書裡，我的身分也「跨性」，遊走在作家和藝術家之間。

所以可以在實驗文學名義之下受到保護？

　　對，大的文學版圖上被放在先鋒文學這個範疇裡面。那個時候叫「蒙混過關」，把我算做先鋒文學作家。我身上很強的先鋒性，是與酷兒性同體的。我自認為比先鋒更先鋒（笑）。想想當時，林宋瑜和花城出版社真的是十分機智聰明，如此模糊定位，不僅僅是作品體裁，而且包括作者身分，才可以成功避免出版總署的「追殺」。包括那兩本書的封面設計，也是交給裝置藝術家劉韡來完成的。不過，他用什麼材料拼貼出現在的封面圖片，至今為謎（笑）。

　　不過，與我同系列的其他作家／藝術家因為交稿慢了一步，我的作品出版之後，這個系列就被出版署點名封殺了。

　　有一段時間，中國很注重純文學、先鋒文學、實驗文本，當時有一些先鋒文學的作家格外受尊重。我是越走越先鋒，以至於先鋒得超越了先鋒的尖界，加上我的文學所出身，正統文學界就沒人敢碰我，怕沾腥也怕露怯（笑）。倒是一些年輕學生不怕這些，把我作為學位論文寫作

對象。

　　真是難為了那些寫我拿學位的莘莘學子。我的《偽科幻故事》和《紅桃A吹響號角》更像天書，至今無法讀解，包括我自己。它幾乎不是寫出來，而是天上掉下來的，算是我留給地球的恩尼格瑪密碼（ENIGMA，編按：二戰時期納粹德國使用的密碼機）吧。不過，出版簡體字版的時候，我還是請我最喜歡的作家紀大偉寫了序言，他當時在UCLA讀博士。我認為他的《膜》是現當代華文最好作品，沒有之二。我相信他能懂我。

　　日本的文學評論家白水紀子把我視為最好的中國作家，排名前三（笑）。除去編輯，我可能還是有文學知音的。不過，我還是認為自己不屬於這個世界，不僅僅是文學。我專門寫過一篇文章，〈只因為地球不是我家鄉〉。有讀者罵我：「TMD（編按：即「他媽的」），我看宇宙也不是你家鄉。」

　　另外，您出了那麼多不同的題材，在不同的媒介工作，又編劇、又寫小說、又拍電影。如果您想到一個新的故事，是什麼樣的因素讓您決定這個故事最適合寫成劇本，還是拍成電影，還是寫成小說？

　　沒有什麼強制性的預設。就是看這個時間段落我主要是在做什麼，比如我是在做影像，那我就要考慮我是不是能實現我這個創作構想；如

果不能實現，那我就把它先保留下來，再想一個我可以做影像的東西。如果這個階段如果主要是做小說的話，我就一定用小說的方法去做。我寫小說，就是因為它們無法拍出電影；我寫劇本，基本像是分鏡頭劇本，一邊寫一邊在幻覺中完成一部電影。所以，很多時候劇本是否投拍、是否上映，我都沒有那麼關心。這也有個後遺症，就是自己做了導演之後，每次參加自己作品的放映會，我都無法留在現場與觀眾一起觀看，我去散步，等待參加Q&A，又不能遲到，候場的時間就會覺得有點漫長。

您覺得自己最善於用哪一種媒介來表達思想和創作理念？是否有一種媒介使用起來更舒服？還是各有各的好處？

我會覺得文學不需要那麼多的外在的條件，不需要「資本」的制約（笑），所以文學做起來會更加自由。當然影像我也找到了一種自由。加州藝術學院教授Berenice Reynaud就說過，我比阿莫多瓦（Pedro Almodóvar Caballero，編按：中國譯名阿爾莫多瓦）更自由自在，因為我不用把每一部作品都拍成「傑作」（笑）。

電影的自由跟文學的自由還是不太一樣。文學的自由，自由起來是無窮無盡的。我可以花兩年或者更長時間全力以赴全神貫注寫一本書。這個成本很高，但是這個成本是我自己可以把握的。如果花兩年的時間

來拍一部電影的話，這個成本就太高太高了，我就把握不了那個成本。

另外，影像與文學跟社會體制的關係不太一樣。文學可能更個人化，或者說，在個人化的能量更大，思想上和語言上不被社會體制所制約。電影除去地下、獨立之外，群體性更強，因此更加依賴體制或者體系，包括大師級的藝術電影，譬如塔可夫斯基（Andrei Tarkovsky），也包括我最愛的伯格曼等等，他們要和所處的社會體制合作得好，才可以有很多的錢去拍一部片子，才可以很大範圍地推廣他們的影片，也會有龐大的生活體系去支撐他們的電影流通，譬如柏林、坎城（編按：中國譯名為戛納）、威尼斯三大電影節，譬如奧斯卡。有些時候，影像跟體制的合作比文學密切。

《男男女女》

《男男女女》這部電影是1999年拍的，這個可以說是中國同志電影的一個里程碑吧！之前幾乎沒有這題材的電影。

只有張元的《東宮西宮》……

但是我一直覺得《東宮西宮》講得更多的是關於權力的關係，而不是同性戀。它等於借用同性戀來講述權力。所以從一個角度來看，《男

男女女》也可以歸類上中國同性戀電影的第一部吧？

《舊約》在德國柏林電影節上首映時，有一位台灣影評人、紀錄片影展策展人可能去過現場看片，她寫文章嘲諷有人把《舊約》說成第一部同性戀者編導的影片，她覺得「第一」已經很多次了，是個噱頭。考察歷史最初的源頭，總有一些風險吧。加州大學聖地牙哥分校（UCSD）的畢克偉（Paul G. Pickowicz）教授寫過一篇〈從姚文元到崔子恩：電影、歷史、記憶〉（From Yao Wenyuan to Cui Zi'en: Film, History, Memory），估計那位影評人讀到才會意識到在一個長期政治封鎖的地方，第一是真的很多很多，而且彌足珍貴。

無論如何《男男女女》總算是中國大陸最早拍攝的酷兒電影之一。當時您除了擔任編劇之外還參與整個電影的製作過程，還有扮演角色。當初您已經意識到這部電影對整個同志圈子的重要性嗎？會以為這是一種「突破」嗎？或是一種「行動」？還是只是拍個片子而已？

雖然這是一部用膠片拍攝的影片，但是開始得很匆促，不像其他影片那樣籌備很久，所以沒來得及想那麼多。因為這個電影完整地用我的劇本拍，包括每一個鏡頭的分切，所以我希望影片映照出中國真實面貌。《東宮西宮》是製作性、戲劇性很強大的。它集中了當時最好的

電影資源，也是寧岱[17]編劇的代表作。《男男女女》沒有那樣的製片背景，當然，作為張元的同屆同學，劉冰鑒[18]是有超越《東宮西宮》動機的（笑）。

因為低成本，也許可以借機會潛入中國另外一種現實層面。在影像樣式風格上，我想它有一點寫實主義、有一點偏紀錄片；在社會性上面，我想它應該是尖銳的，批判很深那種。

譬如說小博那個人物，剛剛進城打工，對性取向茫然無知，工作和身體基本處於被操控的狀態，隨波逐流中，甚至不知道自己還有主動選擇喜歡或者不喜歡的權力。在中國有很多人是這樣，被動地捲到一個現實裡去，包括入群搶劫，集體吸大麻、吸海洛因，可能也是被人家放什麼東西在菸裡面，結果他吸了之後就上癮了。小博有一點是這樣被捲進同性關係的狀況，並不是說他選擇做同性戀，而是其他人先把他做了同性的性對象。這是探討同性戀理念無法覆蓋的社會細部。

楊青扮演的那個女老闆可能就是生活裡面，她跟男人的關係不好，她撞到有喜歡她的女人，自然就跟那個女人走，所以我是這樣按照現實生活的軌跡來追尋這些人物和情節。

---

17 寧岱（1958—）北京電影學院文學系劇本創作碩士。電影編劇，電影作品包括：《找樂》、《兒子》、《過年回家》、《夏日暖洋洋》、《看上去很美》（獲得金馬影展最佳改編劇本獎）等。

18 劉冰鑒（1963—）中國導演、編劇、製作人。畢業於北京電影學院。電影作品有《男男女女》、《哭泣的女人》、《春花開》、《背面》和《定軍山》。

王浩成在一篇網路影評中說：

　　看崔子恩編劇和出演的電影《男男女女》中出現了三對同性
戀行為，每一種所代表的含義都不同。骯髒的街道和居住環境，
不帶一點修飾的言行舉止，提醒我們市井的人間和平庸的生活。
闖入別人家暴打一頓，要走該屬於自己的錢，暗示著法律的缺
失，買賣之間在不停地討價還價，其實在說明著潛規則是人與人
之間最主要的社交特徵。這也說明著兩對「夫婦」中，第一對離
婚那麼簡單，第二對分手那麼乾脆。

　　這三起同性戀行為所發生的世界，是一個毫無傳統文化修
飾的世界，就像兩對「夫婦」（傳統的沒孩子，非傳統的是同
性戀）的剔除文化傳統約束一樣。這也是說，以上同性戀行為是
沒有傳統文化可以遵循的。既沒有刻意修飾得古老，也沒有刻意
修飾得現代（按說在北京這兩樣因素都具備）。在這個故事中，
同性戀行為既沒有《藍宇》中浪漫的男人間的「義」，也沒有西
方同志電影中的所謂出櫃。在他們的世界中，時間所帶來的歷史
感是沒有的，意識形態也是消解的，人與人之間只有那點肉體和
精神上的需求，卻沒有強權下的互相吞噬的宿命色彩。既讓人悲
憫，又讓人感動。

我跟張元和寧岱一直是很好朋友。我看過《東宮西宮》的小說版本《似水柔情》，還有劇場版本，我都很喜歡。裡面多有深刻的社會學的調查和思想，人物間的戲劇張力也很足。同是寧岱編劇的，還有《兒子》我十分喜歡。後來我有機會與張元合作劇本《裂雪》，是在《過年回家》之後。張元看完我的大綱，淚流滿面。後來投資人被關進海南監獄，影片沒有拍攝。

　　其實《東宮西宮》是張元跟王小波合作的，而王小波和李銀河就是國內第一本同性戀的社會調查《他們的世界》的作者。所以電影也融合了王小波的這一部分……

　　我在珠海寫劇本的時候在書店偶遇《他們的世界》，它剛剛出版，我沒有想到會在書店裡買到這樣的著作，我驚呆了（笑），讀下來也很震撼。當時沒想到日後會成為李銀河的好朋友，也沒有想到他們會在文學和電影方面與張元一起對同性戀文化開掘得那麼深。

　　《東宮西宮》還有一種夢幻的感覺，好像不是特別真實。比如除了那幾個演員之外，看不到其他的演員——就像個舞台劇。但《男男女女》走了完全不同的一個路線。所以《男男女女》從最早的構思到後來拍攝出來的電影完全不一樣吧。

完全一樣。因為什麼呢？是因為我進組的時候，導演劉冰鑒是要我做一個演員，扮演一個反串藝人，每次登台都唱〈走進新時代〉。那個劇本戲劇性很強，是一部用八年時間寫成的網路小說的改編。

　　我不是天生反骨嗎？我討厭聽歌頌當時政府主席的〈走進新時代〉那樣的歌兒，更不用說要我去唱。我說「這個劇本我不演」。劉冰鑒是我課上的學生，一向很信任我。他說：「你覺得不好，那就一定是不好。那怎麼辦？」我說：「新寫一個唄。」已經建組，攝影師是徐軍，我的好朋友，攝影機和收音器材和錄音師楊江都已經到位，離拍攝只有三天的時間。

　　我回家就連夜開始寫新的劇本，取名《燦爛公廁》，寫的時候就按著分鏡頭劇本寫，便於導演拿過劇本就可以拍攝。

　　當時我正在困惑為什麼女廁所不建設得比男廁所大一倍，因為女生上廁所需要的時間比較長。我還聽甄里講過很多他們在釣魚台、在人民大學、在清華大學荷花池畔各種公廁內外的故事，一直覺得有一種光輝從公廁裡綻放。於是，我就讓歸歸──諧音龜龜，龜頭的龜，烏龜的龜（笑）──主辦了「國際紅星廣播電台」，專門播送公廁廣告和節目，以公廁裡隱祕的慾望反省國際共產主義革命；讓他的同居男友沖沖成為一個公廁文學家，創辦一本地下刊物，充斥著公廁文學、短語、廣告、雜文，甚至文化研究論文，叫做《燦爛公廁》。圍繞公廁空間，我後來

拍攝過《公廁正方反方》，寫作過小說《公廁白金寶典》。影片完成之後，劉冰鑒怕《燦爛公廁》觸怒電影局，悄悄改名《男男女女》。一部地下電影，還要怕政府，可見中國人的恐懼有多深。之後我改成《男男男女女女》，可以任意組合拆解，男男，男女，女女，或者就是男男男女女女，一種文字變奏，語義變節。

《男男女女》劇情梗概

暖冬，小博由外省來北京打工，遭遇了三種色彩紛異的故事。

服裝店女老闆青姐喜歡他，讓他住進家中。她與丈夫大康的關係冷淡，卻熱心地把小博介紹給好友阿夢認識，期望他們能夠成為戀人。但是，結果出人意表：阿夢發現小博不喜歡她。青姐也決定離開丈夫，搬到阿夢那裡與她同居。

在青姐家裡，大康企圖強暴小博。小博反抗成功，不得不辭去工作，來到同鄉沖沖的家中借宿。

沖沖是自命的公廁文學一級作家，每天進出各種公廁蒐集廁所內的汙言穢語。小博來到時，他正在創辦《燦爛公廁》雜誌。與他同居的同性朋友歸歸自辦了一個電台節目，叫做「公廁時空」。他的聽眾原本只有一個：沖沖。小博出現後，吸引了沖沖的注意力。在一個早晨，歸歸

發現沖沖與小博睡到了同一張床上。歸歸收拾行裝離開沖沖的家。小博
從睡夢中醒來，聽到的是歸歸通過電話進行的最後一次播音：「親愛的
聽眾同志們，這裡是國際紅星廣播電台……」

在中國《男男女女》都沒有公開發行過？

　　沒有，連DVD都沒有發行——香港有DVD——但是有過半合法的
非商業公映。那是2001年，我和楊洋和張江南（當時的北京大學學生電
影社團副主席和主席）在北大創辦「中國同性戀電影節」，《男男男女
女女》是第二場放映，《東宮西宮》是開幕放映，《舊約》是第四場；
包括《藍宇》，等於是中國同性戀電影集體首映，所以有三十多家國際
國內媒體熱烈報導。那是一個轟動性的國際大事（笑）。電影節被政府
中途封閉，張江南退學，我再上黑名單，行蹤和電話被長期監聽，以至
於我去參加任何活動都要關閉電話。
　　雖然我們拍攝的是地下電影，但是編導攝錄美演員的中國人身分卻
無法地下化，也無法國際化（笑）。「鹿特丹七君子」事件[19]也說明，

19　「鹿特丹七君子」事件：1994年廣電部下令「關於不得支持協助張元等人拍攝影視片及後
　　期加工的通知」，因為張元、寧岱、王小帥等七個人未經廣電部允許私自參加鹿特丹電

影片是地下運行，人員卻是被電影局「地上」統治著，「七君子」之類的媒體命名，也體現著中國電影大一統的格局，無論地上還是地下。所以才會有《男男男女女女》在盧卡諾影展（Festival del film Locarno，編按：中國譯名為洛迦諾影展）獲獎，劇組被電影局罰款一萬元的事件發生。影片沒有送審，等於說不認領電影局這個大家長，但是電影局卻用盡手段證明自己是大家長，像不像一種強姦？

關於第六代

前面提到張元。像張元、王小帥、賈璋柯等當時被稱為「第六代」的地下導演，他們在九〇年代末拍片子都是有很多困境吧——要面對的困難來自許多不同的方向——但是您的情況恐怕比他們更困難一些，因為處理的題材都涉及到當時的兩個禁區：同性戀和基督教，我想處理這兩個主題的電影會更加受到關注吧？

你這是一刀切開兩顆中國電影的大洋蔥，一顆是獨立與非獨立電影，一顆是酷兒電影，層層都刺眼睛。

張元、寧岱、婁燁[20]和王小帥都是我「藝術家概論」課上的學生，

影節。

[20] 婁燁（1965—）編劇、導演。1989年畢業於北京電影學院，經常被稱為「第六代」的代

而且是成績優秀的學生。這層所謂的師生關係，讓我清晰地了解他們走入地下的政治經濟文化以及個人動因。

首先，你會發現中國電影與中國社會一樣，是家長制的。這比知道電影是審查制的更重要。中國電影人被某些御用文人分成第一代到第六代，這很像六世同堂（笑）。據我所知，世界電影史的時序梳理，是很難用家族式的代際作為尺度的，但是中國能，而且看上去很奏效（笑）。沒有哪個國家或者語區用代際劃分來討論電影歷史。中國的「代」，不是時間年代，而主要是家族世代。中國電影是個革命大家庭，當然不包括台灣電影、香港電影以及新加坡、馬來西亞華語電影。關起國門搞代際劃分，入代的就是得到了「大家長」的肯定，得到了小紅花（笑）。

張元他們從參加藝術考試，到成為電影學院學生、拍學生作品，再到畢業參與電影工作，整個過程恰好經歷未成年到成年，從學生到成熟的「師傅」，或者說，從孩子變成家長。可是，孩童期他們有一道傷口，無法痊癒，成年期又遭遇更成年的「祖輩」的壓制。

傷口就是「二四制」[21]，現在難得被記起，對於我卻是觀察中國電

表人物之一。電影作品包括《週末情人》、《蘇州河》、《頤和園》、《春風沉醉的夜晚》、《推拿》、《蘭心大劇院》等。

[21] 「二四制」是北京電影學院的一次改制試驗，僅僅在1985級試行過一次，隨後被放棄。中國大學體制，原本有大學專科二年制和大學本科四年制的分立，這是在招生錄取階段決定的。本科院校和專科院校的分別和評級也十分嚴格。大部分本科院校不許招收專科

影體制的第一個視角。1987年初夏,我分配到電影學院任教,住在學生集體宿舍(當時的學生實行住宿免費制)。正要搬離宿舍的,就是被「二四制」給「二」出去的人,每個系都有,差不多「二」出去三分之一,其餘的三分之二繼續讀,直到四年本科畢業。所謂的「二四制」就是當時的院系主任們突發奇想,把按照本科招收上來的學生,在學業過半的時候攔腰切斷,以二年制專科畢業的方式趕走那些他們認為「不合格」學生。

我住在七樓,大部分幸運地「四」下來的學生已經放假回家,剩餘在宿舍的大部分是在倉促找工作或者正在辦理離校手續的「二」學生。一夜之間,他們就成了我的朋友。這是我認識的第一批電影學院學生,其中包括《男男男女女女》的攝影師XJ《頤和園》的攝影師HQ。凌亂的宿舍。倉促而年輕的身影。隨時消失的歌聲。我剛剛畢業、學位傍身、住進來。他們則剛剛被迫畢業、失去學位、離去或者將要離去,而且是被迫離去。這些都足以形成感人的電影一般的氣氛。當時我就十分疑惑,為什麼那麼勤勉、那麼帥、那麼美好的人被「二」了呢?

住在我上鋪的是導演系ZD。他被「二」的原因是「目無尊長」。目無尊長的主要表現是他從入學就高昂著頭顱,走過任何地方都目中無人,包括遇到系裡教授和主任。其實,他是高度近視(笑)。他日後導

學生,專科院校不許招收本科學生。「二四制」將本科生在就讀中途大批量改制為專科生,在中國絕無僅有。

演了同性戀主題的紀錄片《蝴蝶》，我還多有出力。影片完成後一直被
雪藏，因為他使用的是計畫生育委員會的錢。倒是這部影片攝影師杜海
濱拍攝的後續作品《人面桃花》得以在全球放映。2000年前後，ZD給我
看小說《神木》，準備改編電影。等我帶著《舊約》參加柏林影展的時
候，這篇小說已經被李楊拍攝成《盲井》，在柏林首映，那是2002年。
被「二」出去的編導專業的學生，命運大抵如此，很多工作容易夭折。

　　等我第一次登上講台，那些「四」下來的學生坐滿教室，他們就
是幾乎所有所謂「第六代」影人，張元、寧岱、王小帥、路學長[22]、婁
燁、張健[23]、張錫貴[24]、劉冰鑒。一天之間，他們成了我的好朋友。張元
直截去掉「恩」稱呼我為「崔子」，這個命名很快流行開來，直到現
在。課餘飯間，我總會想起那些離去的「二」同學。寧岱會用她委婉的
聲線告訴我他們在一起的故事，還有一些年輕教師，從一年級開始認識
他們的，也八卦了很多他們的故事。寧岱的畢業劇本《校園夢幻曲》就
有這些段落的真實再現。他們畢業的時候，青年電影製片廠與張暖忻[25]
導演合作，要拍一部學生的畢業劇本，嘗試跨越代際跨越師生。她猶豫

22　路學長（1964—2014）中國導演，其作品有《長大成人》、《非常夏日》、《卡拉是條
　　狗》。
23　張健，中國電影攝影師，作品包括《媽媽》、《東宮西宮》、《洗澡》等。
24　張錫貴，中國電影攝影師，作品包括《北京，你早》、《長大成人》、《回家過年》等。
25　張暖忻（1940—1995），中國電影導演，主要導演作品有《沙鷗》、《北京，你早》、
　　《青春祭》等作品。

著，在寧岱和唐大年的畢業劇本中二選一，最後選了唐大年的，後來拍出《北京，你早》。她是我好朋友，我曾經給她做過幾個月的副導演。她生前，我最後一次見她，是在101路公共汽車上，我們一起從西四站上車，沿著平安大街向東，她回家，我去魯迅文學院講課。我們拉著固定環站了一路，聊了一路。那是恰恰她拍攝《北京，你早》的場景。對我來說，她是消隱到那個電影場景中的。影片中的幾個主要演員，都是我的朋友，他們後來的命運都很多悲劇性，令我感慨。她去世以後，我才想明白，她如果拍攝寧岱的劇本，就要觸碰二四制，觸碰系裡學院裡的各種權力關係，那不是她的性格，她在工作夥伴中間，始終保持溫暖中和的氣度。

　　畢業時間是1989年夏天，「六四」之後，「四」下來的學生再次經歷大考，叫做何去何從。留校任教是當時最佳出路，但是後來所謂第六代們沒有一個人被選中，統統被「踢」，與當年被「二」差不多。85級那些留校任教的人，後來成了78級對電影學院進行集體統治之後，另外一層集團上位者，分享著第五代不得不交出的權力春藥。「第六代」們曾經以為已經幸運地逃脫棄子的命運，但是並沒有。其實在拍攝和評價畢業作品的時候，這種被遺棄感已經很強烈。我直接在唐大年的劇組工作過，做演員，全部是夜景戲，膠片拍攝，製片和技術工作瑣碎而龐雜，工作人員當然是零酬金，但是車輛、交通、吃飯等製片費用都是一筆不小的開銷。影片沖洗剪輯完成，「六四」剛剛落潮。那也是我第一

次演出，在唐大年的畢業作品裡扮演一個深夜不睡覺玩手指到處閒逛被一群不良少年追逐的怪咖（笑）。

那一年，要評選出一部影片送選美國的學生奧斯卡。張元、寧岱、張健、王小帥等人夜半闖到我在郊區朱辛莊的家。他們從遙遠的城裡來，鬱結著對父權結構強大的不滿，起因是他們的畢業影片沒有入選美國的「學生奧斯卡」，唯一入選的是胡雪楊的《童年往事》。他們這一次是親身體會到被第四代電影人拋棄，如同那些被「二」出去的同學。在我家徒四壁、空空蕩蕩的房間裡，我們聽崔健、跳舞、喝啤酒、流淚，也有人離群去做愛。因為張元和寧岱，後來我有幾次機會與崔健同場，我們相互看看，並不打招呼。拍《夏日暖洋洋》的時候，我與他都是同一場大戲的演員。我們還是對望一下或者幾下，沒有打招呼。我自幼養成的個性，是從來不主動與名流名媛打招呼（笑）。他有紅色的血液，總是穿著文革時代的綠軍裝，而我的血液是紫色，總是穿得花枝招展。直到有一天，他拍了《藍色骨頭》，我才覺得我們的顏色交叉了（笑）。

85級畢業以後，我去了東京，回國後看的第一部電影就是張元的黑白片《媽媽》。之後，就是看到還在學院讀攝影系的劉杰[26]每天騎著一輛三輪板車進出學院，他告訴我，他正在與王小帥一起拍攝《冬春的日

---

[26] 劉杰（1968—）攝影師，導演，攝影作品包括《冬春的日子》、《十七歲的單車》等。導演作品包括《馬背上的法庭》、《透析》、《碧羅雪山》、《寶貝兒》等。

子》。每次遇見他早出晚歸，他都會不緊不慢地講一點拍攝的進度和狀況。有一天，他告訴我，他們弄丟了兩大盤拍好的生膠片（未經洗印的電影膠片），王小帥為此病倒了。有一年我在中央美院放映《丑角登場》，恰好遇到王小帥與《冬春的日子》的兩位主演。那時候，他已經與我最喜歡的好朋友賈宏生[27]一起完成了《極度寒冷》，還有成本拉高的《十七歲的單車》。

我清晰地目睹了地下電影孕育、出生、成長、轉段落為獨立電影的全部歷史過程和細節，我的觀察和體驗是：二四制、畢業作品評選誰去奧斯卡、畢業時誰是尖子生誰留校、八九天安門廣場的政治歷史定位與官方定性，層層加碼，讓張元王小帥們認識到必須告別所投身的革命電影大家庭，不再被那些不靠譜的電影家長們決定命運。圍在喜怒無常、說變臉就變臉、說改制度就改制度的電影教授／電影官員身邊，只有兩種命運：棄兒，或者寵兒，而且寵兒隨時可能被拋棄成為棄兒。通過獨立的工作，哪怕被認為是「地下」，他們都是自我解放了。在極權世界，人只能自我救贖。

顯然，這種告別也是暫時的，近幾年他們又紛紛回歸體制，拍攝可以在國內院線上映的電影。我能理解。自我放逐和思鄉，常常是並存的，何況還有資本的介入。一會兒我們就會觸及這個議題。

27　賈宏生（1967—2010），電影和戲劇演員，主要電影作品有《北京，你早》、《蘇州河》、《昨天》，主演舞台劇《蜘蛛女之吻》、《失明的城市》。

如果您需要對「第六代」做出評價或小結，您是怎麼看？

「二四制」是第四代發起的、敲碎中國電影整體化的第一重錘（笑）。

第五代幾乎占盡國內電影資源，不留給年輕的電影人任何縫隙，也是主動地斷絕傳承，儘管他們的風光讓很多年輕影人羨慕。

地下電影切斷了中國電影的代際關聯，與第四代、第五代之後中斷除了脈際關係。被學術圈試圖以「第六代」強行領養的時候，張元等人就表示出堅決的抵制、不認同。

由地下到獨立，是中國電影由逃逸進而獲得自由的過程。獨立電影的蓬勃發展和酷兒電影的妖嬈舞動，更是廢除電影家長制之後的新生樣態。

學術圈巧言令色使用「第六代」把地下／獨立電影生拉硬拽為革命家庭的親生孩子，那些聰明的學者顯然是飽受黨的光輝照耀，製造和緊緊抓住「第六代」概念不放手，是無孩家長的焦慮症候。

我在《音樂與表演》（南京藝術學院學報）主持「中國地下電影」專欄那兩年，已經做過完全的否定。中國電影不存在第六代。張元直接拒絕「第六代」標籤。賈樟柯好像接收這個代際定位，不過他希望沒有第七代。

雖然我與張元們同被中國電影的家長制制約和折磨，但是強度和扭矩有所不同。我進入電影業是通過進電影學院當老師，等於是一入行就在家長行列裡，甚至有著學生可以尋求慰藉的乳頭（笑）。我的年齡雖然與張元們差不多，但是我的同事是司徒兆敦[28]、謝飛[29]、張暖忻這些第四代電影人。我可能比張元們更容易遭遇「平等」，也更容易對等地、批判性地觀察第四代和第五代的工作。尤其是觀察《本命年》、《大閱兵》、《邊走邊唱》、《霸王別姬》中被壓抑的基情，觀察《青春祭》馮遠征對畫框外同性情慾的號召，觀察張藝謀虐戀式的直男視角，觀看田壯壯難以放棄的革命家族影像血脈，我就會格外敏感到，中國電影的代際更迭，終結於第五代。

　　張元和寧岱在《兒子》中表現得相當澈底：一旦孩子獨立成人，瘋掉的就是父親（笑）。

是否可以談談您和這些不同背景的電影人的不同態度和關係？

　　我進入電影業是通過高等教育的社會主義畢業分配制，社會主義

[28]　司徒兆敦（1938—），中國影視教育家，導演，北京電影學院教授。影視作品包括《竹》、《青山夕照》、《父子婚事》等。著作包括《影視導演基礎》、《中國紀錄片創作前瞻》等。

[29]　謝飛（1942—），中國導演，北京電影學院教授。電影作品包括《湘女蕭蕭》、《本命年》、《香魂女》、《黑駿馬》等。

就意味著反資本主義，若以資本主義價值觀進行衡量的話，就是零成本入圈，甚至是被資助入圈，因為我讀研究生之前在大學任教，所以讀書是帶薪的。張元他們不同，高考要參加兩次，第一次是藝考，有筆試有面試，必須從家鄉所在地去學校所在地。張元是從連雲港來北京，王小帥是從貴州來北京，婁燁是從上海來北京，賈樟柯是從山西汾陽來北京。隨著第五代成功和執政，紅衛兵式的做大做空策略，使電影「藝考」[30]成為一個產業鏈，有培訓、有家長陪同、有組團、有領隊、有親友地陪，或者有酒店服務。何況，不是一定能夠考取，不是一次就能考取；有的考生連續考幾年，最長的是連續七年。入學之後，學費不菲，還要拍作業，同學中會有星二代、富二代、官三代，還有同學本身就是明星，很多教授也是開口閉口房子豪車，把電影藝術和電影資本混為一談。

　　這樣的官本／星本／資本的牽制和誘惑，這種生長環境，使他們更加懂得電影與頂流社會的關係。所以，他們可以從低成本電影開始，但是不滿足於低成本。中等或者中等以上的成本，要求回收、要求在院線公映，同時這也能擴大名聲、升高地位、滿足成功欲，而且他們都可以結婚，有異性戀的模範形象，不會因為性生活的模式被切斷資本的源泉。

---

[30] 「藝考」，中國大陸藝術院校藝術專業課考試，一般分為筆試和面試兩個階段，表演專業全程面試。

可以說，我的電影慾望更加簡單，不受電影權勢鼓動，與官方與資本大佬相互漠視、相互蔑視，我因此可以胡作非為。但是，走出地下時期的地下電影人則要重新背負起官僚和暴發戶資本家的雙重壓力。也有的人，骨子裡就根植著做電影皇帝衣錦還鄉的成功符碼。

但是在題材方面，您所拍的片子有一些特殊的難度吧。

從題材的角度，我比他們有難度，有難度的就是我的作品處理的宗教的問題、信仰的問題、性別的問題、性取向的問題，也包括我的表達方式是相對前衛的，這種影像的表達方式，會給電影語言帶來挑戰，我不能用經典的流派做樣板，必須找到自己的語言，一旦語言創新力枯竭，也就無法繼續工作。

數位拍攝

您是從2001年開始用數位器材拍電影。當時您應該算是第一批用數位創作的中國導演吧。用數位拍片是為了做另外一個路線？您選擇數位就是因為方便、便宜，或從藝術方面是否有其他的考量？一開始用數位拍片會遇到這種質感的問題嗎？

我開始當導演的時候，已經有digital（數位），成本可以更加低廉，既不用理睬官僚，也不用跟有錢的人打交道，等於不用與官商勾結的人打交道。是時間幫我跨過了膠片這道坎（笑）。沒有拍膠片、洗印膠片、運輸膠片、拷貝完成放映這些的阻攔環節，我已經可以輕裝前進了。而且有過之前的地下電影編劇、參演和影評的經驗，我可以把拍攝的必需品縮減到少之又少，只要有一台DV、有幾個人就行。

　　張元他們在學生時代拍片子，已經懂得在以膠片為工具的工作中以最低成本作最大限度的自我表達，當DV出現的時候他們也沒有那麼急迫更換媒介；儘管他們都已經開始使用DV拍攝一些紀錄片、短片，在他們認為主要的作品製作上，還是沿用膠片。90級攝影系的冀力為了紀念膠片的消亡，還準備好專門要去拍一部「最後的膠片電影」《我們的從前》，由當時大學二年級的徐靜蕾主演的，因為他要給自己的孩子留下「膠片的氣息」。結果，他緊趕慢趕也沒追上膠片衰亡的速度：河北保定的樂凱膠片停產了。劇組已經建立，他只能用digital betacam拍，那是1995年，並不古老的年份（笑）。六年以後，膠片還是苟延殘喘沒有死透，他就抓住機會用超16 mm趕快拍了一部「最後的膠片電影」《黑8》，2001年，這也許是大陸最後一部用膠片拍攝的紀錄片。不過，他必須用柯達膠片，國產的樂凱牌膠片是真的死透澈了（笑）。

　　學徒電影的時期用膠片，成師之後也要用膠片，這也是電影業的一種思鄉病。我不僅完全沒有這種膠片思鄉，而且從來都覺得膠片是個累

贅，嫌棄它麻煩。與我同樣想法的有羅鋼，他是演員，主演過《一半是火焰，一半是海水》，一度很紅（笑）。我們經常坐在一起看電影，他經常會期待，假如有一天，每一個人頭腦中心靈中的「夢幻像」可以直接呈現在銀幕上，會比我們看到的任何一部偉大的電影都精彩。我同意，完全，所以我們是好朋友，很多年，不僅僅因為他頂級帥（笑）。

我完全不戀物，包括剔除digital，我期待的是「心腦電影」成像。用佛洛伊德的理論，這也是對父、對崔天祥的一種背向，是對他瑞士金錶的有意蔑視（笑）。真的，世界上沒有任何我離不開的「物」，只因為地球不是我家鄉（笑）。

從某一個角度看，拍數位也應該可以給您更大的自由度吧？

我想找到一種自由寫作的一個方法，湊巧digital這個東西可以讓我的影像很接近我的自由寫作。我差不多每次開始拍，都會拍兩到三部、或是四部，只要我一開始準備要拍。這像極了我的小說寫作方式，桌子上累放著不同高度的稿紙方堆，每一堆是一部小說，寫作進程交錯推進，一部完成，還有下一部下兩部下三部等在同一個平台上。國內有一個評論的人說我是一個「影像壓抑症」患者，說我過往的影像表達慾望被深刻地壓制，一旦找到缺口，就瘋狂地拍、發洩性地拍（笑）。他雖

然與我住在同一棟多層公寓，但是並不瞭解我的多部頭齊頭並進的文學寫作方式，所謂的平行蒙太奇。他只是從產量上開展他的理論炫技（笑）。

　　我比較不太喜歡優質電影的方法，所謂拍得特別好的、畫面特別美的、特別精緻，我也不太喜歡拍那樣的影像；我喜歡看，不喜歡自己去拍（笑）。所以我的影像語言有點故意粗糙的感覺，因為我的文字過於精緻經典（笑）。還有，我用DV拍攝，如果追求精美，就是反擰現代科技，我不是技術專家，甚至是技術盲，為什麼要去用新鮮的、剛剛出爐的DV去拍出「膠片感」呢？如果用我現在的思想、用我現在的這個時代做背景，我要表達的東西是跟別人不一樣，對我來講，膠片是個異物、他者，外在於我，至少比DV更遠離我的身與心。我知道的全是膠片的悲劇。譬如，有一個五〇年代電影學院的畢業生，跟組拍了一輩子電影，但是從來沒有機會進入核心部門，沒有權力觸碰膠片，當他臨終的時候，臨終願望就是能夠親手觸碰一下電影膠片，注意，不是可以拍照片的那種小盒膠片，而是大盒的，至少可以拍攝四分鐘長度的偉大膠片。用古人的影像材料，我覺得會跟我會有很大的衝突。我希望能夠用我自己的影像方法，這種影像方法就是有比較強的挑戰性，有刮傷的這種感覺，而不是看上去很光滑，完美無損。因為中國人做影像大多是效法歐美，他們選擇歐洲的、美洲的美麗風景，那麼好看的、那麼透澈的光線。

但是因為在中國不是這樣的一個社會，我不希望我虛構出來一個社會，光線特別特別美，風景也特別特別美，構圖也特別特別美，因為有的時候我覺得躁亂的中國本身是一個完全沒有構圖的社會，也沒有純粹的、有層次感的聲音，更沒有天籟，所以我就希望我的作品能夠還原一些這樣的實感，不去刻意修剪，不僅不用膠片，也不用高清，不用5.1聲音系統，很少使用音樂，一旦使用音樂也是用作曲家張薦的電子音樂。

我這樣做就遇到很大的挑戰和抵制，無論是哪個方面。從政府的意識形態來講，會壓迫我的思想；從傳統電影的姿態，從觀眾、從評論都會對我這種想法、做法有一些偏見，他們會覺得你是不會做電影；有的人會從專業角色來講，你不會做電影，你的電影是爛的電影、垃圾的電影。也會有各種各樣的東西環繞著我，不僅有政府的壓力，有民間影像的這種壓力，其實也有國際影展的一些壓力，應該就是西方傳教士的一種結果，影展也希望在中國的電影上面也看到西方的影子，而在我的影片裡面比較難看到這一些。電影節政治，使一些選片人對我的顛覆性採取很謹慎的態度。

關於發行

等到您的電影拍完了以後，您電影的發行情況怎麼樣？能不能簡單

地介紹一下您整個電影的國內和海外發行狀態？

　　最開始我的作品就是在國際影展亮相，第一站是韓國，之後是加拿大，之後是歐洲和美國。在國內放映最開始是在小型的地下電影節、民間影展上面。朱日坤[31]主持的「現象放映」我參與得比較多。那是一種沒有固定場地，沒有專業放映設備和空間的遊民式、流動式放映，譬如在電影學院北部、元大都遺址公園土城上的「黃亭子50號」酒吧，偶爾可以去西單圖書大廈和中華世紀壇這樣的高大上地方。

　　實踐社和楊子選了我的《公廁正方反方》、《MASS》參加在電影學院舉行的「第一屆獨立影像展」，但是並沒有敢真的放映。他們知道我是敏感人物，也怕影片的社會批判性太強，給影展惹來麻煩。儘管如此，影展也還是被腰斬，被逐出電影學院，最後的放映是在朝陽公園汽車影院完成的。

　　朱日坤把放映活動穩定到宋莊做成北京獨立影展和北京紀錄片交流週，還有張獻民[32]在南京創辦中國獨立影像節之後，我的影片開始可以在相對固定、相對專業的小型放映廳裡放映。

---

[31]　朱日坤（1976—），獨立電影策展人、獨立電影學校創始人、紀錄片導演。導演作品包括《查房》、《檔案》和《海妖》等。

[32]　張獻民（1963—），北京電影學院文學系教授、策展人、獨立電影評論家。著作包括《看不見的影像》、《一個人的影像》等。出演過電影《巫山雲雨》、《頤和園》等。

《MASS》，2001年

相對於國內放映，我每部影片都會進入國際影展，都會在不少的影展上放。作為「鋼軌上的人民」，我得以跟隨放映的足跡走遍世界，我爸爸崔天祥沒有完全做到的，我的影片做到了（笑）。而且，似乎在歐美我的影片比在中國放映更多，更引發討論，在國內比較少能夠討論得起來（笑）。我對放映一直提不起興趣，只對討論有興趣，時間久了，我對國內的放映活動就越來越淡漠。我開始期待影片像小說那樣，寫好了就丟出去，我完全不知道誰在讀它或者冷落它。

　　到了2003年的時候，我和朱日坤開始想把我的影片讓國內更多的觀眾看到，他幫我做了口袋版VCD，一袋兩張，A面和B面，故意寄賣到北大附近的盜版碟小店，於是很快就被盜版，被無限複製，那正是我們想要的（笑）。這種發行不以賺錢為目的，還要配上成本人工，僅僅為了讓人可以找到片源、可以盜版它，現在想想，真是太可笑了（笑）。

　　這樣做了《丑角登場》和《舊約》，那是2003年的時候。後來，他也出版了我另外一些影片的DVD。

政府不會干涉這些DVD的發行？

　　後來干涉了，剛開始沒有干涉。剛開始他們也弄不清楚這事什麼來由，而且政府各個部門之間又有權力劃分的版圖，俗稱「分蛋糕」，音像出版這一塊蛋糕是屬於文化部，廣電部不能碰，這反而保護了獨立電

影的DVD出版（笑）。

　　朱日坤做的VCD很快有了社會效力，到2004年，春秋院線的LJ看到這些地下電影的潛力，就與我們正式簽約，買到出版權，利用音像出版社經營艱難又有終審權的機會，從不同的音像出版社買來版號，把我們的影片一律包裝成三級片賣（笑）。他這樣在國內出版我的作品，從2004年開始，一直到2008年年初，差不多有十部。

　　當我的影片在美國出版DVD的時候，發行公司在外包裝上也是用的情色路線。位於紐約的水熊（MKS Video, Inc.）使用的封面封底圖片與設計，都是亞洲美少年加情色構造。我讀到過一篇英文文章，專門討論水熊公司的包裝與我對資本主義的態度。那時候我生活在後社會主義國家，其實不懂資本主義，當然也不懂得反對資本主義，以及反資本主義會不會走回到社會主義老路上去。我當然不喜歡走老路，也不認為共產主義是未來之路，至於批判資本主義，暫時還不是我的長項（笑）。

　　因為我發現大概這一年半、兩年以來（大約2005年），好多過去被禁了十年、八年、九年的片子突然都出現了DVD，像什麼《大鴻米店》，甚至李翰祥早期被禁掉的片子又開始發行，這個是因為什麼樣的理由？

　　《大鴻米店》不太一樣。《大鴻米店》是一個地上的電影，它是一

個體制內的電影，然後它得到體制的許可、得到放映的機會，放映了一次還是兩天，完了之後就被停下來了。它在影院放映之前已經跟音像出版商簽合同，已經簽了那種「連帶發行」的合同，影片在影院的放映被封殺，但是它的音像出版依然是完全合法的，而且封殺本身就是一種宣傳，免費的、由政府出面配合的大炒作，音像出版商得到這樣一個大好機會，所以就馬上出版（笑）。這部影片的導演也是在文革中暴打自己老師的紅衛兵，他前一段時間要公開道歉，受到當年老師的公開拒絕。那牽扯出文革反思和如何評價紅衛兵一代的巨大歷史議題。李翰祥的片子也不太一樣，因為它是港台片，有專門的港台電影引進政策。

像《趙先生》也剛剛開始發行。

《趙先生》是地下電影。呂樂[33]是我好朋友。在他擁有現在這個博士女友之前，他的全部影片資料都放在我這裡保存。我在《音樂與表演》開設「中國地下電影」專欄和在《城市畫報》開設「光影唇齒間」影評專欄時，都專門寫過關於呂樂的文章。相比於《趙先生》，我更喜歡他的《小說》，也叫《詩意的年代》。我的那兩個專欄，學習傅柯的

《知識的考古》（*L'Archéologie du Savoir*），還索隱出最早的獨立紀錄片《大樹鄉》加以評論。導演郝志強是為數不多為了拍攝獨立影片丟掉工作的人。他畢業時間要早於張元和王小帥。

《鬼子來了》也原來禁了，現在開始發行。

是，它開始都是盜版，不是正版。

許多DVD也在一種很曖昧的狀態下發行。甚至一些大的連鎖店或網路平台，如卓越網和噹噹網，都可以買到這些「禁片」，有一部分應該還算是盜版吧？

應該是盜版。我不知道它現在是不是已經有了音像出版社的正版，最開始是一個盜版。因為是拿到拍攝許可證的，估計藉助這個可以找到正式音像出品方。不過我不看姜文。我從文化多元的哈爾濱來，受不了單一的、皇權的、官府氣息，或者假痞真順從的「北京市民文化」。相關的文本我一概不碰。偶爾看過有王志文演出的，因為我喜歡他，他是我朋友。我也喜歡夏雨，但是《陽光燦爛的日子》我完全持有政治批判的立場。張元拍《看上去很美》我也不看全片，只看寧元元出場的片段，因為我喜歡元元，她是寧岱的女兒（笑）。

有一個有趣的現象，電影學院的師生買碟大多挑歐美作品買，國產片買的不多，我個人幾乎一部都沒有買過，包括獨立電影——因為出版DVD之前我都看過，我一度是中國獨立電影的國際中間站，鹿特丹、盧加諾（編按：中國譯名為洛迦諾）、威尼斯、柏林、維也納等很多國際影展選片人都曾經通過我聯絡導演。

電影與宗教

　　前面您也提到《舊約》這個片子，其實就算現在（2005年）在美國，同性戀跟教會之間還是有衝突，在國外這也是挺熱門的話題，不管是同性戀的婚姻、還是同性戀的牧師等等，幾乎每天都在美國的新聞裡可以看到這方面的爭議。剛好您這個片子裡頭把同性戀跟很濃的宗教色彩放一起，有很多宗教的神像在電影裡頭出現了。您家庭的背景是天主教，能不能談談這種背景在您電影裡頭扮演的角色，包括您運用的一些宗教的意象和神像？

　　我曾經半開玩笑地說過，新中國面對三大舶來文化，一是基督教，一是同性戀，一是馬克思主義，前兩者都成禁忌，唯有第三者成為統治思想（笑）。基督教在中國的遭遇跟西方完全不一樣，歐洲有過政教合一的歷史，至今，歐洲、北美洲、南美洲，信仰基督教、天主教的人口

依然是大多數。新中國是一個沒有宗教自由的國家。舊中國，基督教、天主教教會也是帝王制的附屬品。你看北京的天主教堂，分列在南北東西，中心點還是紫禁城，是皇宮，還是洋大人做侍衛，守護帝王的南北東西方位（笑）。即便如此，無產階級專政也不會放過它，它是「封資修」占全的，既是封建帝王的幫凶，是資本主義的基石，又是修正主義者顛覆紅色革命成果的巨大禍根。

1949年前後「土地改革運動」[34]，包含了教會地產和財產充公以及驅逐西方神職人員，教堂歸國家，保留下來的神父和修道院人員歸宗教局管理，還有一些社會主義陣營國家的神職人員沒有被驅逐，給我授洗的就是一位波蘭神父。

五〇年代、六〇年代，哈爾濱的天主教、東正教教堂還可以公開開放。文革前一直都不存在，都已經被消滅掉了，無論任何信仰都不存在，只有共產黨的信仰。到了文革，有的教堂被關閉，有的被紅衛兵占用。文革結束以後，愛國教會成立，教產開始索回。也就是在這個時候，中國的基督教系統開始分成兩股：一股是政府來統治、宗教局任命神職人員；那另外一股力量就是來自於對梵蒂岡的直接認同，就是地下

---

[34] 「土地改革運動」是1950年6月《中華人民共和國土地改革法》頒布後，由毛澤東等其他的高層領導主導的大型土地改革。把三億多無地或少地的農民無償分得約七億畝土地。是中華人民共和國建國後實行的重要政策。在其過程中有無數的「地主」或「地主階級」受到批判和壓迫，導致一百萬到五百萬人非正常死亡。

教會，認同傳統的信仰方式，而不是被黨領導的方式，認為信仰是獨立的。這就出現了地下教會和地上教會的分別，地下教會的神職人員隨時可能被安全域抓起來，一直持續到現在。由於我舅父是地下教會的會長，我媽媽也是親地下教會的，我認識的幾位神父，都蹲過監獄，身體落下不同的監獄後遺症。我拍電影的地下的狀況，與地下教會是同樣的社會位置，不同的是，拍地下電影的人，不用因為拍地下電影而進監獄。

在中國社會，教會一直是被邊緣化的，尤其基督教，一直是被共產黨特別警惕的一種信仰。他們認為基督教的信仰完全可以造成一種國家分裂的局面，所以基督教的發展一直受到很嚴格的限制，尤其地下的教會的活動，警察不斷去抓、不斷去驅散，包括耶誕節彌撒。在我的家庭，大家的信仰是通過地下教會的方式來實現的。信佛教、道教、伊斯蘭教、本土宗教的信仰，就會好很多。中國有回民參加過抗日戰爭，所以中國政府把回民和他們所信仰的宗教也本土化了。有一部五〇年代末的電影《回民支隊》，講的故事是回民入黨。但是，中國歷史上還沒有任何一個基督徒入黨的典範，若果有一天有人說崔子恩入黨了，一定是天下最大的笑話（笑）。我和你共同認識的一個電影學者，她就是黨員，在電影學院講課很受歡迎，但是學生們不太認為與她對等，因為她是黨員，有組織做強大後盾（笑）。年輕人對黨員有一種刻板印象，就像在美國，基督教和天主教容易存在那種刻板印象一樣。

《舊約》劇情梗概

雅歌Song of Solomon 2001

　　小博住在男友大薦家裡。未與大薦商議，他把與他有過一夜情的小剛帶回家裡，目的是照應身染愛滋的小剛。起初，大薦不明情況，一心想趕走小剛，得知他感染愛滋後，決定把房子送給小博，自己遷出。小剛病重後，小博無力支付昂貴的醫藥費，想把房子賣掉。房子沒有賣掉，倒是有女性有錢人想買他的身體。為了給小剛治病，他走上了出賣肉身的不歸路。

箴言Proverb 1991

　　小浩苦戀大宇多年，始終未得如願。正當他與肖雅發展為戀人的時候，已婚的大宇來到他的身邊，聲稱與妻子娜娜離了婚。小浩立即趕走肖雅，與大宇同居起來。此後不久，小浩發現大宇並未與娜娜離婚，便把他軟禁在家，還騙來娜娜，要他們簽署離婚協定。大宇與小浩舉行了婚禮。他們的行為直接導致小浩被工作單位開除。小浩失業之後，大宇把他帶到娜娜身邊，開始了三人同居的日子。

詩篇Psalm 1981

　　小博剛剛把同性情人正陽接到家中，就被嫂嫂青姊發現隱情。哥哥和嫂子哺育小博長大成人，如今，他們用家長制的方式逼迫小博離開正

陽，去與一直暗戀他的女生小翠結婚。小博不從之時，哥哥嫂嫂雙雙以
自殺相逼。小博成親後，生下一子，爾後病逝。

　　而就是因為宗教被壓下來才可以由共產主義來代替宗教在社會上扮
演的位置。

　　共產主義本身就是一尊神。對很多中國人來說，要尋找一個比黨
還至高無尚的東西，其實無處找尋。共產黨樹立的是黨的威權，如果我
能夠找到政治威權之外不同的力量，就是破除威權。我希望能夠傳遞一
些訊息，就是這個世界不只是有政權，還有高於人間權威的上帝，或者
說，人類世界之上有一個自然上帝，有一個宇宙上帝，不只是有錢和共
產黨（笑）。

　　借用珍・康萍（Jane Campion，編按：中國譯名為坎培恩）《我桌
旁的天使》（*An Angel at My Table*），我要說，個人的上帝並不是高高
在天上的，也不是莊嚴在教堂的，祂就伴隨在我們的身邊，枕畔桌邊路
上夢中，與我們的身心時時處處同在。上帝並不屬於教會。祂引導我們
跨越了政黨／國家，跨越族群／階級，超越智慧／物性，把權力直接賦

予每一個人。從這種意義上講，神權即人權。

　　因為缺乏民主，在中國，民主是另外一尊神，或者說是一個激動人心的神話。

　　把神權看作人權，我就會期待現實版本的人權／神權社會，就會相信民權民主的社會系統。但是在中國，我接觸過的有些民主派既纖弱又自我潔癖，或者說有理想，但是並不真正認識民主和人權。

　　在中國社會科學院讀研究生的時候，劉曉波[35]隻身一人來研究生院與社科院博士生群公開論辯，我們這些碩士生大多支援他，與他一樣批評李澤厚的那些博士生。因為論辯是在學生食堂兼講堂兼週末舞廳的空間舉行，之後甚至有人在那裡貼上了「博士豬真丟醜」的小條幅。《零八憲章》發起的時候，我得到電影學院同事發來的徵求簽名信，出於對憲政理念的期待、對劉曉波個人的好感，還有社科院研究生院時期最帥的同學劉軍寧[36]已經簽名，高冷的我，一向獨立不羈的我，從不相信群體的我，也一時衝動簽署了名字，而且還自作多情地在名字之後加上

---

[35] 劉曉波（1955—2017），中國文學評論家、社會與人權活動家、作家。2010年諾貝爾和平獎得主。著作包括《選擇的批判：與李澤厚對話》、《審美與人的自由》、《末日倖存者的獨白》等。因為發起《零八憲章》2008年被拘留，後來判刑十一年。2017年6月保外就醫，在不久之後因癌症而病逝。

[36] 劉軍寧（1961—），政治學者，著有《共和‧民主‧憲政──自由主義思想研究》、《權力現象》、《保守主義》。

「酷兒作家」，以為可以民主和憲政主張增添一抹彩虹亮色（笑）。

　　但是，世間敘事總是曲折往覆的。最終公布的303個簽署人裡並沒有我。不得不說，我被憲章群「小小地驚呆半秒鐘」。我相信被篩下的不只我一個人。我也相信其餘「落選」的人也與我一樣，不是為了被認領，不是在尋找新的組織。挑挑揀揀保留下來的簽名人，幾乎都是貌似沒有任何汙點的、偉光正（偉大光榮正確的縮寫）的、直人的、精緻利己的教授菁英，都在自我或者被塑造成文化英雄的途中。

　　當然，還是我的上帝愛我，不讓我誤入歧途，不讓我超越反集體主義底線。

　　憲章群如果是一個社團或者NGO，就應該列出「准入原則」；如果不是，是一種社會運動，就應該解除閉鎖性，最少也要開始學習開放性。而我認識到的民主，恰好是開放至少是有限開放的。我依然親近任何真正的民主派，但是遠離潔癖主義先行的各類菁英／偽菁英，無論來自教會還是學院。

　　革命派和民主派同樣害怕我的酷兒色給他們「抹黑」。這讓我想起我的子燕姊姊，因為家庭出身，始終被紅衛兵組織拒絕。把無限尊嚴的個人人權釋放到「社會」，我和子燕姊姊同樣被身分政治所踩踏。

　　當時，我還只是出於推想，認為是我公開的性取向觸發了憲章派血統性的性潔癖。我的這種推測後來在洛杉磯得到了印證。前幾年，UCLA的ZH邀請我來參與一個博士生主持的酷兒活動，放映我的影

片，參與他們每週一次的文化研討會。那時候王丹在UCLA做訪問學者，他也受邀參與了活動，並且成為我的好朋友。活動期間他打電話給劉曉波，希望劉支援我和中國的酷兒工作，被委婉謝絕了。我認為有他自身難保的原因，也有中國主流民主派一直沿襲著革命派的偉光正傳統，要樹立無性的、不涉性的純潔形象。他們根本沒有做好任何迎接真正民主社會——有女性平權，有LGBT平權，有低文化階級平權的民主社會。之後，王丹還是很熱情地把劉曉波的010開頭的座機電話號碼給了我，不過我從來沒有想過要撥打那個電話。

我只能說，中國革命派與民主派，同樣秉持著異性戀立場，男性／男權擁有絕對的主導性。中國民主這尊神，也是一尊男神，只不過是初級中產階級／菁英主義而已，與蘇維埃革命所樹立起來的那尊無產階級神同一性別（笑）。

當然，我能夠理解，中國的民主和自由，並沒有「博愛」作為基石，缺乏基督教鄰人之愛的普通而日常的生活場景，也沒有女性平權和黑人平權歷史和文本，僅僅依憑幾次殘留著紅衛兵和天安門色彩的學生運動經驗，抵達民主自由的理念生活彼岸，路程還很艱難而遙遠。

中國的「無神」與專政建立起來的革命之神，初級中產階級與文化菁英樹立起來的民主之神，在新經濟／新極權的社會裡，完全敗在了資訊化、數據化卑微的物欲之下。一個小神靜悄悄地誕生了，那就是學術和學院（笑）。

文學學術化了、學院派了，前所未有。電影學術化了、學院派了，前所未有。藝術學術化了、學院派了，前所未有。體育學術化了、學院派了，前所未有。包括幼兒保育，也學術化了、學院派了，前所未有（笑）。於是，我又得忙著反菁英化反學院派。我就是註定了永遠邊緣，再邊緣，更邊緣，與任何神任何神話任何偶像任何主流作對。

北斗有7星（崔子恩全家合影）

總要有一個群體先出櫃，異性戀不如同性戀，
同性戀可以輸出LGBTQ多元範式，而異性戀不
能。同性戀出櫃才會逼出異性戀出櫃，不是嗎？
異性戀也需要出櫃，出櫃之後才會晾曬出一男一
女一夫一妻二元模式有多麼蹩腳（笑）。

跨越與衝撞

走進夜景／混雜與跨越／從《少年花草黃》到《副歌》／「出櫃」與「反出櫃」

走進夜景

《夜景》是很特別的片子，不只是因為拍攝的題材（同性戀男妓）在中國電影裡從來沒有出現過，而且有點打破紀錄片和劇情片的界線。能否先介紹《夜景》的拍攝背景？

它開始拍攝是在2003年的冬天，現場拍攝時間是我所有影片裡面最長的一部，主要的時間是花在為紀錄片的人物發展出另外的敘事與非敘事。

主要拍攝場景是北京一個地下的為男同性戀提供性服務的酒吧，叫漁吧，主要是訪問在酒吧裡面工作的那些Money Boy（編按：中國稱為男同性戀提供性服務的男妓為Money Boy）。另外一個段落就是拍攝對中國的同性戀解放運動有影響力的運動家和學者。那些在中國的十多年同性戀解放歷史上起了重要作用的人物都在我的影片出現，包括李銀河、張北川、萬延海、甄里，還有愛滋關懷委員會成員，他們在裡面理性地討論Money Boy的社會身分和地位以及性工作者平權。

影片的第三個部分是虛構的劇情，由真實世界中的男妓扮演他們理想的生活：進電影學院，將來當明星（笑）。這部分由另外一個攝影師來拍攝，以求影像語言的分別。但是攝影機還是同一台，身體同一，呼

吸不同。這要傳達的是電影機器與幕後幕前的微妙關係。

　　我的紀錄部分完成之後，就聘請出鏡的一些Money Boy來演大學生，零片酬，以示明星夢也許比做性工作（笑）。我想結構出一種對照，一種是現在的生活，另外一種生活是理想或者說是虛構的生活。很多年輕人的生活，就是上學、讀書，對於大多數男妓來說，由於社會階級低下，反而必須通過虛構才能實現。真實的生活是他們不能上學，而且是做了社會最低賤的職業。

　　同時，我也請我其他的影片一直給我扮演角色的演員到漁吧裡來，用偽紀錄片的方法，讓他們混跡於Money Boy中間，接受攝影機的訪問。其實，攝影師和我，與他們都是老朋友（笑）。我要以此探討一下紀錄片和劇情片的限制到底在哪裡。

　　影片放映的時候，有的人會看得出來哪個是演員，因為他們看過我以前的影片，那也的人會完全看錯，說：「這個是真的，那個是假的……那個是真的，這個是假的……」猜一猜，在中國，誰是真的男妓誰是假的男妓（笑）？

《夜景》劇情梗概

　　這是一部將劇情片、紀錄片、專題採訪、節目主持等影像模式打碎並重構的新型影片。羊羊在讀大學。他意外地發現自己的父親是一個同性戀者。他開始追蹤父親，並且搧了與他父親相好的小勇一記耳光。他有所不知的是，父親經營著一家地下鴨店，他也不會想到，自己也會與一個男孩一見鍾情。更不會想到，那個男孩會是一個鴨子。羊羊帶領同性戀人好斌來到自己上學的學校。兩個人關系日益親密。但是，他意外發現了好斌的少爺身份，十分絕望。之后，他放浪形骸，與隨便遇見的人發生一夜情。來自山東小城的男妓小斌說，作男妓的經歷會給自己的人生留下抹不去的陰影。他愛上了另一個花心的男妓，還用菸頭在自己的手臂燙上傷疤，以示警醒。羊羊的父親在主持一場演出，男妓們紛紛登台獻藝，其中就有被羊羊所深愛的好斌。

　　因為這算是非官方的一個拍攝計畫，拍攝的過程會遇到什麼樣的困難？

　　先說相對容易取景的部分，兩所大學，一個是北京電影學院，一

個是中國戲曲學院。我住在電影學院後門的學院公寓樓，我帶帥哥回家是常態，不帶帥哥才是非常態，所以我經常在校園裡取景拍我的影片，譬如《哎呀呀，去哺乳》裡大濱和文文呼喊「世界末日就要到了」的運動場主席台。所以，當我帶著幾個Money Boy入圈學院操場和教室的時候，沒有人會發現和探究他們的隱祕身分。其實這種身分越界是十分有趣而值得探討的。有一些當紅或者過氣的歌手、一些奧運會冠軍亞軍、一些富人、一些渴慕美色難以自拔的人，都會喜歡出入電影學院。當我在這裡拍攝的時候，路過的人都會自動給我讓開空間，或者停止腳步，以求給我最好的收音效果。我在電影學院是個名聲顯著的好老師，當我帶著一群帥哥拍攝的時候，總有人以為我在拍一部偉大的金棕櫚影片（笑）。所以，我也會隨時拉一個過路的學生來，讓他們說「我恨男人所以我把身體賣給他們」（笑）。讓我感動的是，幾位真實的Money Boy在電影學院裡，並沒有把自己認同於這些表演系的未來明星，而是把目光投給了那些帥保安。

中國戲曲學院是個梗，梗的是《霸王別姬》裡的源於戲曲的同性愛與死。三個戲曲學院的學生，扮演Money Boy，在校園裡暢通無阻所向披靡地對著不在場的客人討價還價，對著世界討價還價，然後學習美國青年，號稱自己是「垮掉的一代」（Beat Generation）（笑）。他們在撕開被第五代故意符號化的變裝秀。不是只有穿上戲裝才可以涉足同性戀世界。

我把「專家圓桌」隨機地設在街頭、小餐館、愛滋病預防辦公室，以祛魅（Disenchantment）「專家」身分。比起站街的娼妓，專家才應該是街頭的人。所以，他們的話語也是斷斷續續，南轅北轍。這不是貶抑，而是把他們從學術會議桌上解放出來。尋求解放的，不只是地位低下的人。我也想藉助這些空間和人物，透視那個時代的中上層社會成員的文化、經濟、政治地位，以及他們與位居地下的男妓之間，明顯的和微妙的差距。

　　還有一個空間，似乎專屬於同志運動的空間，那就是gay吧。九○年代初，我參與過由蘇茜（Susie Jolly）發起的三里屯「占領直人酒吧」運動。我們一小眾人，在週三和週五的晚上突襲某一個生意不那麼好的酒吧，還呼朋引伴，LGBT玩起來。由於群魔亂舞，最初我們並不被歡迎，但是我們的到來變相為酒吧帶來了生意，尤其我們有很強的黏著力，呼朋引伴，被我們金手指點中的酒吧，立即生意興隆起來。最開始這個運動在三里屯北街的主街上，後來考慮安全性，挪移到副街相對僻靜的Half and Half。一半一半的男老闆從來都黑著一張臉，但是也不會趕走同性戀客人，也不會阻止文化的、性的、甚至政治的LGBT活動。北京的萊特曼迪廳、熱點迪廳、黃金眼酒吧、同志吧、城市吧、蝴蝶吧、龍吧，都相繼興盛過。《夜景》一部分取景於這些正在衰落中的gay吧，算是蜻蜓點水式地記載了另一種歷史，一種強行插入式的LGBT文化與彩虹經濟的合體。說來，我既參與了最初的gay開創

工程，也直接導致彩虹經濟與LGBT文化混合型gay吧時代的結束。2005年我和楊洋、朱日坤組織第一屆北京同性戀文化節，先是定址798藝術區，之後被便衣員警趕走，逃到春秀路上下線ON/OFF酒吧。開幕當天，朝陽區公安局出動五輛警車，幾十名員警封鎖了文化節。雖然這可能是那些年輕英俊的員警最愉悅的一次出警，但是這也直接導致上下線ON/OFF酒吧成為「汙點場所」，像「汙點藝人」被社會性死亡一樣，酒吧不久之後也就倒閉了。那之後的很多年，新興gay吧一聽我的名字就聞風喪膽，我也從十年之間各種酒吧文化沙龍和大大小小藝術活動的重要嘉賓，淪落成飄零的落花（笑）。有一部法國紀錄片跟拍我，從電影學院到廣場到gay吧，那時候北京gay吧興旺地段已經從三里屯、真武廟、春秀路移轉到工體北路，法國人的拍攝計畫並沒有得到經營者支援，他們一聽是拍我，就對翻譯說：「崔子恩？不就是那個gay吧終結者嗎？」（笑）看看，不只是北大、電影學院、中央美院有我在黑名單，彩虹經濟版圖上也有黑名單，我也赫然在列（笑）。

再說後起之秀漁吧，我們主要的拍攝場景，可能隨時被員警封閉，開設酒吧的人和客人，都隨時有可能被逮捕。它不在三里屯，而是在西城，平安大街西段。由於敏感度高於拍普通的gay吧，我們拍攝也設置了一些底線，譬如，每次拍攝，劇組成員都是一個進去，再一個進去，像似閒散的遊客，不會是一下子去很多人到現場去，怕引起別人的注意。因為漁吧位於北京官園橋東南側的一個居民區裡，不

僅有員警的管控，還有居委會和社區居民從階級鬥爭中鍛煉出來的雪亮的火眼金睛，我們與酒吧同性戀客人一樣擔心「地下」身分被識破（笑）。

這個酒吧的前身叫「盤絲洞」之類的名字，暗示其中有女妖（笑）。它隱藏在海淀大街的一棟民宅裡，開業的時候，基本是一個家庭旅館，我去過一次，「少爺」——男妓的公開稱呼——都很親切的感覺，沒有「藝人」包裝和架子。挪到官園橋東南角之後，改名「漁吧」，擴大了面積，有了舞台，入口效仿曼哈頓的盤絲洞酒吧，溶洞般的空間布滿蜘蛛絲，像永不終止的萬聖節。入口和通道設計也是腸道狀的，進入之後的長廊和坐席邊緣，布滿了巨大的魚缸，魚缸中的曖昧燈光是主要光源。少爺也不再叫少爺，而是以藝人相稱，於是，少爺們在光怪陸離的光影中恍惚了身分，有人還真的高揚起當紅明星的天鵝頸（笑）。長夜漫漫，被邀請來扮演男妓的演員賈戈，時時感到窒息，不能在裡面久待，不拍攝的時候就要上到地上去呼吸一下，我完全沒有想到這裡有那麼巨大的壓強（笑）。

進入地下之後，我拍攝遇到最大的困難主要來自現場的那些客人，因為客人就是特別反感我們的鏡頭，他們不願意曝光，經常在這個方面碰到麻煩。每次嘗試取得客人的拍攝許可，都被拒絕。後來，我們就索性避開客人和客人區，只去表演區取景，或者在客人還沒有入場之前，拍攝一些訪問的男妓段落。

您前面提到，有一部分的客人看到攝影機的時候，會很反感。那麼，這些男妓跟您合作是願意呢，或是也會有所保留？這中間是一個怎麼樣的一個合作過程？

　　拍攝這部影片之前，我也籌備著寫一部《男妓譚藝錄》，田野工作開始得很早，是在三里屯有同志酒吧時候就開始的。最初接觸的都是「野妓」，沒有組織、沒有固定出售場所，在各個夜場中遊蕩。他們普遍剛剛成年或者未成年，出身農村或者經濟衰敗的區域與城市，譬如重工業的東北三省。他們普遍不是好學生，與家庭關係也因此大多疏遠。中國是一個全民都要是尖子生的國家（笑）。

　　在gay吧裡，有很多主張「純潔gay隊伍」的人瞧不起這些暗中的男妓，也有人要求老闆驅逐他們。這就引發那些弱小的Money Boy反抗，也引發了最初的性工作平權覺醒。有一個河南男孩，高中成績不差，只是高考沒考高分，沒有考上值得光宗耀祖的大學，一氣之下離家出走來了北京。他靠自己的身體謀生，是第一個堅定不移支援我的。

　　還有一部分Money Boy，是入職酒吧的時候被老闆以「藝人」身分招聘的，他們也認為自己主要工作是表演，身體和情色的買賣是「二次銷售」（笑）。所以，他們很願意接受我的訪問，也有人認為拍攝我的影片是通向明星的光輝道路（笑）。這就是我為什麼後來在虛構的劇情

中邀請他們進駐電影學院。

在我田野工作期間，自述體、訪談錄、口述歷史等等文本在中國大陸迅速升溫，成為風靡一時的文本方式。我十分害怕潮流，馬上在文體上否定這種口述歷史。想以文化人類學的方式繼續下去，又沒有時間進一步研讀人類學著作。那時候人類學的朋友也沒有給我專業培訓，我都是傍在於她們的研究，偷師而已。當我把多條工作線索的重心挪移到性工作者議題的時候，受我訪問的那一批男妓已經紛紛「退役」，消失得無影無蹤，包括那位堅決支撐我的河南boy。我需要重新尋找新的「口述」人物（笑）。

這個時候甄里告訴我盤絲洞已經遷址成為漁吧，帶我再次找到孫先生，他很同意我的計畫，尤其對計畫中的影像部分更加感興趣。於是我和攝影師和幾個演員先期進入的場地，一是我們要融入現場，二是要讓性工作者習慣一台外星入侵的亞監控設備（笑）。

漁吧有很強大的下沉性，真的像一個好萊塢片場的大魚缸，永遠是夜景，永遠只有夜景，這也是我影片片名的由來。這些Money Boy進去之後，他們的人身自由就沒有了，他們像魚一樣，被放在魚缸裡面，所有人的身分證都要放在老闆那裡，老闆同意他離開這個地方，要去出台、要去開酒店客房接客的時候，才會把身分證給他們，如果有人藉機逃跑，就拿不到薪水，而且有真實身分被曝光的風險，所以他們不滿意也不會出逃，而是忍耐著，被剝奪，被剝削。他們是那種游來游去

的魚，也像鏡頭中那些搶奪食物的魚。我沒有在影片中討論競爭，討論牌頭，討論收入和待遇的不同，只是用鏡頭語言，一筆帶過這層複雜層級。

開始的時候，有一半以上Money Boy不願意拍。我或者我的演員就與同意拍攝的人坐在一起，給他們傾述的力量和支援，這也是影片的訪問鏡頭大多是雙人鏡頭或者多人鏡頭的起源。它也為「專家圓桌」定下的鏡頭語言的規範：專家講話時同樣會有賈戈坐在旁邊。賈戈在漁吧裡魚目混珠扮做一個男妓，當他旁在於專家身旁的時候，像似另外一個攝影機在場，在顯現專家話語的真偽、邊界和層級。這時候，他是冷的，漠然的。與男妓同在的時候，旁在者是暖的。

拍攝剛開始，酒吧老闆像個皇帝站在接受拍攝的Money Boy旁邊，於是他們就像黨員入黨宣誓一樣統一套話說「我們很願意做這一行、做這一行特別愉快……」拍攝時間一長，皇帝不能總去現場，副皇帝在場的時候，他們開始說真話：「我們也不願意做這一行、做這一行情非得已，做得並不愉快……」他們就講不愉快的那一面，酒吧老闆在的時候，他們就講：「我們做得很高興！」所以我今天是剪出來，常常是同一個人他講的話，前面講的和後面再出現的、再講的對自己職業的看法是不一樣的。

副皇帝本身也是一個變裝秀藝人，人老色衰升級為老鴇，名為綠牡丹，年輕的時候是北京夜場著名的黑紅黃綠牡丹之一。綠牡丹有一個

很帥很年輕的直人男友，每天夜裡下班都開車來接他／她。他很高很瘦，是gay普遍喜歡那種類型，喜歡穿軍綠色的衣服，人帥而暖。綠牡丹對我說：「我們女人不就是這命嗎，年輕時候賣俏，老了就得辛苦工作養小白臉兒。」她／他在影片裡有出現，演小品中摸軍人陰莖的村婦（笑）。

影片開頭的偷拍鏡頭中，幾個男妓並排站在巨大的魚缸背後，有沉悶的現場音樂和地下洞穴迴音。這是一個擺拍鏡頭，奠定影片的擺拍基調，也顯現出影片修辭影像與真實影像、虛構與非虛構、語言層級與語言邊界的互文特質。

漁吧的概念詞是「魚中魚」，就是魚裡面的魚。在中國古典文本和佛洛伊德的精神分析中，魚都是陽具的喻體。魚中有魚，把男男性行為修辭化為夜場的、陰暗濕潤的、短暫的，其實也是反同志運動的、陽光美學的（笑）。

除了拍電影寫小說，您還算是在同志圈子扮演一個很重要的角色，就是為了同志權運動做了很多事情。您覺得這些Money Boy參與這部片子本身是否也算是在同志圈子裡做一點事情？他們會不會把參與這種電影當作「同志權」運動的一部分？

有一些人聲稱是為了他們自己、不是為了整個同性戀，是為了

Money Boy這樣一個職業去爭取權利。有人認為他們不僅是同性戀者，同時也是同性戀的底層，是被同性戀壓榨的，所以他們希望能夠發出些聲音，為被同性戀壓榨的同性戀者發出一些聲音。也有一些人認為自己是鋼鐵直男，僅僅為了生存或者被引入歧途，像吸食海洛因的上癮者那樣，結果成了同性戀圈子的受害人，暫時逃不脫，但也要爭取權利。這類人往往會有憤怒，有人對我說：「你們同性戀者在整個中國甚至整個世界被歧視，現在有了幾個破錢，又來騎在我們頭上拉屎拉尿，太可氣了！」

同性戀圈子確實存在根深柢固的階級歧視、年齡歧視、相貌歧視、性別歧視和性取向歧視，譬如gay厭拉拉，譬如歧視o，譬如對跨性別和易裝愛好者的嘲笑甚至劃清界限。有很多時候，我還要與大gay主義者戰鬥。包括《夜景》也是有內在戰鬥力的，那些消費者，偶一閃現的「客人」，那些「正當」的同性戀者，都是貪欲的、肥頭大耳的暴發戶形象，與膽怯而又純粹的男妓們，鄉土而又健康、迷茫而又閃爍的Money Boy相形見絀。

因為同性戀酒吧是非法的，整個拍攝也算是非法的，拍攝完之後，您的主要觀眾是誰呢？您這些片子只是針對海外觀眾，還是想通過片子擴大中國老百姓對不同階層的同性戀的理解？

這個片子不是我導演的第一部影片，它差不多是第七或者第八部。

那麼這個我會對它和其他的影片有不一樣的心態，就是我希望有更多的中國人能看到，也希望政府能看到，改變對性工作者的禁令，讓他們像荷蘭那樣擁有合法經營的權利。最開始我們想給衛生部教育部公安部寄送影片拷貝，但是有人提醒，那樣很危險，會危害到酒吧經營者和出鏡Money Boy的安全。

捨棄這種直擊政府政策和法規的道路之後，我們一時找不到出路，只好沿著國際包圍國內的老路走，就是參加電影展，但是當時因為題材敏感，國內的獨立影展也不敢放映，我們的酷兒影展被封閉之後還沒有喘息過來，還沒有復活，所以就先送國際影展。最初是法國的馬賽影展選擇了它，但是英文翻譯不準確，需要重新翻譯，我已經沒有太多力量去做那份工作。後來羅麗莎和波莫納學院（Pomona College）的Jonathan M. Hall都要求為我重新翻譯英文字幕，但是拖到現在也沒有時間真的去做。

那時候恰逢全國網吧風靡生意興隆，年輕人離開狹窄怨懟的家庭，逃離嚴控的家長制，聚到網吧裡打遊戲、交朋友、看電影，還有人經常在網吧裡過夜。朱日坤，又是朱日坤，他總能恰逢其時（笑），他主持一個「網吧院線」，是一個收費平台，主要放映獨立電影。他不是平台的所有者，只是一個獨立電影放映的主持者。網吧院線用1萬元人民幣購買了《夜景》一年的播映權，那是很大一筆錢。網吧平台採取直播放映，影片不會被盜版。這部影片涉及一些性工作者的身分隱私，我們不

能像《舊約》、《丑角登場》那樣向盜版商主動投懷送抱。這是《夜景》中國公映，很厲害的中國公映。可惜我受不了香菸的味道，不去網吧，不過我相信它對網吧居民是有震撼力的（笑）。

當春秋院線可以出品我影片DVD的時候，我產生了一個野心，我希望主管DVD出版的文化部系統可以看到性工作者，可以幫助他們獲得平等權利。我在影片最後加上「本片純屬虛構，所有人物均為演員」這樣一屏字幕，以保護影片中的真實人物。但是，DVD出品之後，我聽到的反饋是來自於電影局的。我在青年電影製片廠工作的時候，參加過電影局系統在廣西主持的活動，結交了幾個好朋友。在北海，我們一起去地下紅燈區，一個年輕妓女推銷自己，其中一個中戲剛剛畢業的嚇得屁滾尿流，趕快說「我們是來體驗生活的」，沒想到女孩馬上機智地挽住他的胳膊說：「走呀，我們一起體驗體驗去！」（笑）他們也是生機勃勃的年輕人，也都希望中國電影審查制度改變。

電影局不過是黨中央的一個職能部門，它根本無法通過自身的力量突破審查制，很多地下電影人的終結目標也還是要自己的影片在中國被看到被認可。

有一些人一想到「同性戀電影」，自然而然就聯想到「情色電影」，但是看您很多片子，一點「情色」都沒有，雖然有一些做愛的鏡頭，不會覺得您的目的是要讓觀眾有興奮的感覺。您的片子反而給觀眾

提供一個完全不同的感覺。

是（笑）。謝謝你如此深切地理解我。情色是有男權意識形態的，也有中產階級消費取向，所以我一直都在抵制。幾乎所有情色電影語言都有一個終極指向性，就是陽具中心、陽具崇拜。我對陽具這麼見多識廣，通曉陽具的大小粗細軟硬彎直黑白金紫，深解精液的甜酸苦辣清濁濃淡，還有關於附睪的昂揚激越愛與哀愁環球涼熱，我也瞭若指掌，如果還故意運用陽具術。或者玩弄睪丸策略，故意混淆視聽讓人誤以為陽具永遠堅挺筆直睪丸永遠圓潤如玉，就對我同時和不同時的地球人類太不夠意思了。

關於陽具的高大上，都是舊時代男生自戀敘事，女生們從來沒有參與過，也一直沒有話語權。我是潛水在男生群裡的女生，喜歡與男生做愛，這就像喝水喝咖啡咬麵包含巧克力一樣，日常而日需。那不需要朝覲一般的準備，不需要像東北邊陲紅衛兵千里迢迢去天安門廣場接受毛接見，熱淚盈眶山呼萬歲喊破了嗓子，事實上很有可能也是被擠在邊邊角角，或者根本就被英雄紀念碑遮擋了視線。我得說出陽具如擀麵杖精液如水的日常真相。所以，我的影片中，裸男雖然帥，但是我不拍陽具勃起，包括勃起前後被想像出來的種種劇情。我也不拍胸肌的勃起，臀肌的勃起，嘴唇的勃起，舌苔的勃起，當然也不撩撥人心地先拍毛髮的勃起（笑）。

再張貼一段我的文字，是拍完《丑角登場》寫的：

在《丑角登場》中，我有意使用了特別生硬、糙礪、尖銳、枯燥的電影語言。我早已厭倦了精美的畫面，一絲不苟的剪輯和音樂般的聲畫節奏。我認為，那不是電影，僅僅是對其他老成藝術樣式的追慕和效仿。那樣的工作對我來說，過於簡單易行。

對於講究而隆重的場面調度，對於優雅玄妙的攝影機調度，對於神祕莫測的縱深鏡頭，對於恰到好處、甚至優美奇譎的鏡頭銜接，我也曾很是著迷。但是，在拍攝《丑角登場》時，我自覺而自絕地放棄了這些泛射著經典光焰的電影美學觀念和手法。

我知道，這樣一來，我等於放棄了電影的全部趣味性，和所謂藝術性。

我用看上去很粗糙生硬簡單的視聽方式，去破壞那些被優良電影嬌慣壞了的「觀眾口味」。我堅決拒絕應用符合某些人預設的「變性人」演員和「變性人」表演方式去使影片充滿奇趣。

我根本不在乎人們看了這部片子會不會倒胃口。

我的破壞是多重的。我要破壞觀眾對酷兒、對變性人的那種故作無知和獵奇的心態：不要裝作外在於這些事實，其實你們人人都是變性人，人人都是雙性戀。

他們通常用娛樂的趣味來觀賞電影，當然也用同樣的方式觀

賞酷兒和變性人。我想表明的是，變性人和酷兒的存在其實一點都不娛樂，甚至他們／我們的慘痛也不具有娛樂性。

這部電影一開始我就是想拍成反趣味的，或者說反庸俗趣味的，我不要抒情和煽情。我要一種真正日常的表現。

創作和電影都應該是流動的。

我讓它重新流動起來的首要做法，就是衰減、消解電影百年來形成的優美傳統。對比那些反覆排練、片比碩大、製作精良的影片，我認定，人間景象更加貼近《丑角登場》。

我討厭儀式化，它是君王文化的變種，我認為人類被自戀的儀式化害慘了。性的儀式化顯然根植於陽具崇拜主義。好多電影，無論彎直，為了煽動觀眾的情慾，拍攝有肌肉的主角慢慢脫衣服，先脫外衣，露出大頭肌，再脫襯衫，露出三角肌，再脫背心，露出胸肌，再把鏡頭下移，拍到腹肌，再下移，拍到牛仔褲和CD內褲的上緣以及隱約可見的陰毛，這時候兩個人擁抱、接吻，用另外一個人的翹臀遮住鏡頭，既性感充滿迷幻力又可以避免分級在PG-13以下（笑）。或者高級一點，在晦暗的光效下，這些鏡頭策略，是古典戲劇方式的影像普及，層層遞進的戲劇性，強化的是原本日常的性行為。因為歷史性和現實性的雙重壓制，把裸露和性交從禁區中釋放出來，反而成就了某種有商業目的藝術性。它為審查制和分級制所珍視，不然都像我這樣拍，這兩種電影體制

都會被廢除（笑）。

　　我一直高度警覺戲劇性和影像張力的陷阱。戲劇性常常與性行為的過程混淆，性高潮常常被戲劇高潮所替代或者重疊。

　　前面我們談到過，情慾是革命的另外一個幣面，呼喚觀眾的生理反應，類似於煽動革命。我對**轟轟**烈烈的革命和對**轟轟**烈烈的情慾一樣持批判立場。情慾號召是身體上的紅衛兵運動，類似於**轟趴**，能夠參加**轟趴**的不僅需要有參加兄弟會的資格，而且還要冒死，可能是無套的，也可能是S/M的，也可能是強迫的。

　　無論是同性戀還是異性戀情色鏡頭，都有消費性。所以我要拍所謂「床戲」鏡頭，都是演員一次性脫完，必須乾淨俐落，不是要等啊、親啊、吻啊、一點一點脫衣服、挑逗啊，我一定要省去挑逗的過程，讓所謂的身體的關係很不具有商業性，澈底否定影像裡面的身體的商業性。這一直是我影片的拍攝方法。

　　難得有我這般的自由影像，不藝術不商品不教科書不分級不送審查，我怎麼可以浪擲大好機會，讓陽具中心重新占據。再次謝謝你！（笑）

　　其實下一個問題在剛剛的講話中，您已經有一部分的回答，您有一些片子好像在故意玩弄紀錄片跟劇情片兩個類型的界線，但在《夜景》裡頭它是特別明顯，本片一直從紀錄片跑到故事片裡。有時候觀眾都不

知道他看的對象是一個紀錄片的真實人物，還是一個演員。關於紀錄跟劇情之間的關係，為什麼您要在《夜景》裡頭把這個界限弄得很曖昧？

　　這個也是來自於我對已有的影像的這個分類——紀錄片、劇情片、實驗片——的一種疑問，也來源於我的拍攝工作經驗。剛開始我拍的幾部片子我都確認無疑它是故事片。但是拍攝完《舊約》和《丑角登場》，我老在想：「這個故事片，真的是故事片嗎？」驀然回首，我就突然發現，我拍的故事片實際上是紀錄片！是記錄什麼呢？是我對我們拍攝現場的紀錄。不過就是幕後人員躲在攝影機拍攝不到的地域，也膽戰心驚不敢出大聲音，包括攝影師本身，也有脫掉鞋子只穿襪子或者赤腳，被記錄下來的是一遍又一遍的演員表演，是一場戲或者一個鏡頭中表演的初綻，也許有伴隨的修訂、確認，也許「一條過」。譬如，有一個畫面我記錄了五次，但是記錄的結果是什麼？剪輯的時候我從五條裡面亂挑一個我自己覺得最好的（笑）。於是，我拋出一個理論：「所有的故事片都是紀錄片，都是對劇情片拍攝現場的紀錄。」提出這樣一個理念來，但是好像應和者寥寥無幾。

　　後來，當我要拍一個真實的所謂紀錄片《夜景》的時候，那我又開始懷疑這個「紀錄」。像我剛才講過的，我剛開始拍這些Money Boy的時候，漁吧老闆站在旁邊，我不能因為他在場而停止拍攝，男妓們又不能不說話，這種背景下他們說出來的話都是假的、言不由衷的，是台

詞，他們職業培訓加一些自創性的，有點像愛國愛黨愛崗愛充滿愛的漁吧大家庭（笑）。我紀錄片是要記錄真實，那他們說話是台詞，這不是劇情片嗎，不是劇情片的方法嗎？

我開始測量紀錄片在真和假之間漂移的距離。等這個老闆不在的時候，他們開始講的是他們的真話。可是，我已經在探究他們的「真話」有多少是他們臨時編創的。Money Boy本來就隱姓埋名，把身分隱藏起來，比如他原本是山西人，卻要說自己是山東人，因為他擔心別人知道他真實的家鄉是哪裡，怕員警去查，怕搗亂的客人去鬧，怕家裡人知道他在從事不光彩的職業；也會虛報年齡，譬如小野貓其實只有十六歲，老闆讓她／他對外說十八歲，他就經常說自己二十。但是他也不願意說二十五歲，因為二十五歲對於性工作就太老了，沒人光顧。於是，就會有二十五歲的人說「我是十九歲」。他們有自己的一整套台詞體系，包括對住在一起的同行。所以他對著鏡頭講的部分，哪一些部分是創造的台詞，哪個部分是他真的要說的話、真的想說的話，我完全分不清楚。

是這樣的靈感帶動，我索性請他們作為演員來演一個故事，再用演員去演他們。在社會的評價體系中，這兩種生活有高低貴賤的分別，讓他們扮演「高」的生活，那麼讓職業演員——實際生活上居於高位的人扮演低賤的角色。在放映的時候再考驗一下觀眾辨識真偽身分的能力。他們一般都很茫然，或者張冠李戴。

我就把這種真偽莫辨亦真亦假的形態，不僅角色化、影像化，而且

結構化，是的，結構化，於是有了現在這樣的影片構造。

　　朱日坤在宋莊開辦獨立電影學校的時候，我是骨幹教授。在一個課上，我靈機一動，請幾個學生扮演成一個攝製組，有導演有攝影師有錄音師，有三個演員，他們要拍攝一部劇情很狗血的劇情片，劇情規定是「母子戀被揭穿」。於是，他們很認真地開始構思細節，分鏡頭拍攝，拍到高潮戲，全場爆笑，這時，一個學生扮演的紀錄片工作者悄悄參與進去，拍攝了關於高潮戲的紀錄片片段，這時，我請求高潮重現，都是青春女男，高潮再次被激發出來，我恰到好處地請求所有在場的人舉起攝影機或者手機，群情激奮地開機拍攝。劇情高潮和拍攝高潮同時迭起不休之後，討論會開始。第一組拍的是劇情片，第二組拍出來的是紀錄片，最後的拍攝群拍出來的是什麼呢，實驗片（笑）。界限在哪裡呢？還是根本就沒有界限？是電影片種分類很蠢，還是我們根本就沒有去質疑分類？性和性別和性行為和性取向種種界定，不也是同樣嗎？

混雜與跨越

　　那紀錄跟劇情的關係是否在您的小說裡頭也有呈現過？您的部分小說也是採用一種混雜的形式：一半是電影劇本的形式，另外一半是小說敘述的形式？

對對對！有一些關係，因為我一些小說是很挑戰小說的形式。譬如文字版的《丑角登場》，看上去是把好幾個短篇剪碎縫補成一個長篇的感覺，但也不能說它是一個長篇小說，它不是短篇小說集錦，也不是日記，也不是劇場，也不是論辯，又以上各種體裁都是。譬如《玫瑰床榻》，簡直就是三個中篇小說與兩部舞台劇本的拼圖。我挺喜歡打破邊界與核心的遊戲，不太喜歡定死了長篇小說是怎麼樣，故事片是怎麼樣，紀錄片是怎麼樣的。

其實《舊約》已經具有過強的戲劇性，我有意識地縮減它的戲劇強度。三段式是其一。每個段落的劇情底座都足夠拍攝一部標準九十分鐘劇情片的，有導演要單獨拍其中一段，我沒有同意，它們很容易滑入經典悲劇模式，因為它們取材的中國時間1981／1991／2001都充滿悲劇。我自己導演的時候，可以控制到悲而不傷，或者是清澈的悲傷，不黏黏糊糊。譬如〈詩篇1981〉就在高潮將至的時候戛然而止，不知道從何而來的一支歌隊亂七八糟地占據了畫面，開嗓唱到：

> 小博結婚了，小博結婚了。
>
> 有了孩子，和一個女人。
>
> 之後他死了，之後他死了。
>
> 死在病床上，死在病床上。

之後的〈箴言1991〉歌隊更加浪用劇情，唱詞是：

　　小浩失業了，小浩失業了。
　　因為他結婚，和一個男人。
　　之後他死了，之後他死了。
　　死在床上，死在床。

三段式的第三段高潮也被歌隊遮掩覆蓋了：

　　小博去賣身，小博去賣身。
　　意義很重大，意義很重大。
　　之後出了國，之後出了國，
　　去了天國，去了天國。

　　看出來了吧，我其實一直與標準化的劇情作對。不安安分分地做個優秀劇作家，不老老實實地做個故事片好導演，偏偏要搗亂，捉狹搞怪，而且是挑戰古希臘奠定的戲劇基石，挑釁天主教祭台上的大彌撒儀式，嘲弄現代觀眾鍾情的美式劇集，後果當然是被遠離大眾或者自戀地說，被遺忘（笑）。

　　我假裝妥協一次，拍一部故事片《少年花草黃》吧，一部百分之百

《舊約》，2001年

的故事片，不摻假（笑）。有時候，不斷的挑戰也會有點疲勞，那就拍一部劇情片休養生息一下。不就是一個故事，有頭有尾，有細節，一波三折，高潮迭起，意外環生嘛，對我來說輕而易舉。於是，我就拍一部《少年花草黃》吧（笑）。

《少年花草黃》劇情梗概

小峰和文文是一對雙生姊弟。他們一直保持幼年的生活習慣：穿同樣的衣服，睡同一間房，上同一所學校，同出同入。這個夏天，文文開始穿自己獨有的衣服，並且堅決提出與小峰「分居」。小峰很不習慣，每天夜裡悄悄潛回原來的房間。對於他來說，這是「斷奶」。

文文與男友小俊約會，被小峰看到。為了拆散他們，小峰為文文物色「好男人」。好友樂樂當然是他的首選。但是，樂樂喜歡的是小峰。

文文發現小俊有了「外遇」——對方竟然是自己的媽媽。傷心的文文重新穿起與小峰同樣的衣服，回到小峰身旁。可是，小峰已經與樂樂一起住在同一張床上。

因為這個內容本身就已經挑戰讀者和觀眾對性別、對宗教、對各種現象的一些固定的看法，但同時又用實驗性的形式來講述這個內容，會給觀眾增加一層隔閡？

　　是啊！劇情是有這種曲折的：小峰和文文的家庭中，父性永遠缺席，在席的母親忙於生意和派對，無暇顧及他們。小峰企圖在雙胞胎姊姊身上獲得母愛，姊姊則另覓男友，試圖逃出「奶娘」角色。可是，她馬上遭遇母親的「平等競爭」——媽媽看上了她的男友，男友敵不過大款母親的利誘，轉投款母懷抱。倒是男生樂樂亂中取勝，成為小峰宅中密友。這種波層重疊蕩漾的劇情，如果使用《舊約》式的高潮減省，會損失社會形態的鋪陳，於是，我向世間的敘事套層妥協。

　　我覺得這個影片裡就很明顯地探索親情，父母跟孩子的傳統道德倫理已經不存在了，母親對孩子沒有絲毫的親情，她不但缺乏傳統女性的那種愛，而且還來奪得女兒的男朋友。她就跟中國的傳統的家庭倫理，特別是有宗族信仰的家庭完全相反的。

　　中國傳統父子、夫妻、父母和孩子關係正在發生變化，以前就是父母完全為孩子去犧牲一切，現在也有很多這樣的父母，但是這樣的父母也出現了一些變異，譬如逼迫孩子替代自己完成自己欲想中的人

生，當明星、當企業家、當政客之類的。這實際上是紅衛兵的一代現在成長為父母之後，必然會發生的「紅衛兵式家長」：他們既關心自身的利益、自身的成績、自身的獲取，結果發現時機已逝，唯一可以藉助的是自己的孩子，讓他們做自己的替身，在新的時代繼續攫取。也有影片中文文媽媽這種類型，自己抓緊機會去實現自己的慾望，比如買名牌，比如尋找新鮮的性，比如賺錢，比如拋下家庭子女自己出國去發達國家。都是急功近利大露餡，一種是壓迫子女，一種是自己赤膊上陣。

　　我不是簡單批判這種現實，我想展現它，甚至把拋家捨業這種成年人當成中國社會進步的一個開始，就是每個人都在爭取自己的機會和權利，而不是說犧牲掉自己的機會和權利。那麼我就很戲劇性地安排母親和女兒的對決，兩個人來搶同一個男人，誰勝利了？母親勝利了。她能露出真面目，「搶」本身就是一個新的開始，能夠去跟女兒爭同一個男人，我就覺得這是一個新的開始。影片雖然傾斜於年輕人的立場，但也不僅僅是成人貪婪的現實批判。

　　這部影片之後我很快完成了《副歌》、《我如花似玉的兒子》，環稱「壞倫三部曲」。

　　在影像實操上，三部影片基本都採取塊狀鏡頭，時空完整，剪輯流暢，一反我此前影像的惡作劇狀態。這種鏡語，可以恰如其分地陳敘社會廢墟之上的人際新秩序——家國疏離。

據說我的大學同學，離婚率99.9%。在這三部影片的家庭結構上，不是父親缺席就是母親缺席，或者父母雙雙缺席。我想考察，這樣的家庭空間裡，人和人關於性的關係是怎樣的，和可以怎樣的。《舊約》和《丑角登場》都從家庭空間展望大的社會──中國沒有社區，其實也沒有城和鄉，全國同一，直接就是國家社會。簡體中文裡社群和社區，都是國家社會規則的附屬品，沒有在民主國家裡那種獨立性。《少年花草黃》開始，我退縮到單純的家庭／家族空間裡，把對國家社會的考察放入《國色》裡──《國色》已經完成劇本，分為「紅色」和「金色」兩部，探討中國社會從社會主義到國家資本主義的歷史與歷史中浮游的人心。

　　在「壞倫三部曲」中，我最重視《副歌》，以後我們會談到。

　　我們剛在討論《夜景》的時候談到男妓和這種鴨子的情況，我想已經有好多電影反映過妓女在中國的情況，包括李少紅的《紅粉》和陳果的《榴槤飄飄》，但是反映男妓非常少，在九○年代的中國都市這種「男妓」現象普遍嗎？能否簡單地介紹「男妓」在中國大陸的歷史情況？

　　文革之前完全沒有私人經濟，國有經濟體制完全不允許身體的買賣，包括西方國家也一樣。自1976年起，北京的珠市口、西直門、新街口、永定門、地安門一帶，就出現了多家同性戀者雲集的普浴或桑拿浴

室。據說那時候就會有原始形態的性交易：年長者為年輕者買單，不好看的支付好看的搓澡費，或者請吃飯。隨著1987年私有經濟復興，北上廣這些大城市開始出現女性性工作者，有了女企業家之後才有對男性工作者的市場需求，高級的男性工作者有點半公開了。服務於同性戀者的性工作者九〇年代中期才出現，是有了gay吧之後的事。

因為非法，有性工作者的酒吧都以歌舞表演的外在形式以裝飾，這樣既可以保持聲色的誘惑，又可以避人耳目，以免被目光如炬的「朝陽群眾」舉報（笑）。Bar是合法的，但是有組織的性工作是非法的，這種情況在北京和上海越來越多。九〇年代末期，隨著需求的增長，性工作的組織者開創了家庭式的、旅館式的服務模式，前面說過的盤絲洞就是其中經營最好、沒有被員警取締的。《夜景》中北京愛滋病預防協會劉惠的那段談話，就是帶她參觀完四元橋附近一個gay家庭旅館之後拍攝的。老闆王先生很溫和地接受我們的訪問，愛協贈送的安全套和潤滑劑也受到歡迎。

這種隱藏在居民區裡的大型公寓性服務中心，包吃包住，像個臨時大家庭，有暑期不想回鄉的大學生就吃住在那裡打工。有一個中央財經大學一年級學生，面頰緋紅，對我「一見鍾情」，因為我像他堂姊（笑）。他暑期集中打工之後，週末還會回到四元橋那個「家」臨時客串，賺點零花錢。因為財大與電影學院距離不遠，他有時候也來電影學院找我吃飯，我去財大做放映和講座的時候他也會出席——我難得幸運

地不在中央財大的黑名單上（笑）。不過，畢業前他告訴我，他澈底
「失業」了，因為那個店位於朝陽區，果真被「朝陽群眾」發現舉報，
王先生被警察帶走，判刑五年。

　　第一代同志網站興起的同時，網路交友和廣告也帶起了這種家庭式
鴨店。它們盛行的時期，北京就有幾十家，而且有公開網站，有少爺半
裸的圖片，客人可以去店裡，也可以電話預約少爺「出台」。我第一批
訪問過的一個山東李少爺，後來在朝陽雙井橋附近開過這樣的空間，還
聯絡過我要我拉客（笑）。那個時代，不僅媒體找我，國際友人找我，
同志們也在找我。有一個男生因為我被稱呼為「崔教授」就專程來電影
學院，我知道他是戀老族，怕他「孫子」般柔軟脆弱的心靈被電影學院
外在的光輝所傷害，就去校門口迎他。他果然被保安攔在門口。不過，
他沒進校門就走了，他看到的完全不是一個滿頭銀髮風度儒雅的老教
授，而是我這樣一個迎風招展年輕美麗的女教師（笑）。

　　也有一些自認為足夠年輕或者足夠美貌的人，自己出賣自己，不用
家庭旅館或者Bar的仲介，他們出入於同志桑拿，gay公園，gay公廁，
也流動於各種酒吧，後來就聚在QQ交友或者交友網站，開始不去跟你
講說「我是要錢的」，到跟你發生完性關係以後，他才問你要錢，說自
己是Money boy。

那如果不給錢，就脅迫會洩露你的同性戀身分？

他們常常是兩個或者三五成群，像一個小的組織，有分工合作，一般派出一個長相帥的去「釣魚」，另外一個人負責放哨接應，這樣可以放員警，也可以防止「獵物」不給錢跑掉。一旦你說不給錢，馬上就會有另外一個人來，那就可以暴力、可以搶。他們常常不是同性戀者，與北京電影製片廠門口的群眾演員一樣，同屬於北漂一族。

　　這就模糊了敲詐和自願買賣的關係，不僅僅是買賣，還變成了敲詐性的買賣。我帶過一個服裝店小老闆去東單公園——他是在媒體上知道我，找上我帶他，專門指定去東單公園。在公園裡，他迅速「愛上」一個齊齊哈爾男生，男生很普通，只是很直男氣質。他說要小老闆出錢請洗澡，帶他到附近的大眾浴池。小老闆給我單獨開了個房間，我剛剛洗完澡，那個齊齊哈爾男生突然闖進來慌慌張張地警告我：「不要到這種地方來，再敢來，連你一塊兒倒楣！」不久，小老闆穿戴整齊來找我，他的錢包已經被洗劫一空，身上的皮夾克差一點被搶走，是他請求保留的，因為是冬天。我很抱歉，沒有睜開火眼金睛。我提出請他吃夜宵——我自己從來不吃夜宵，沒想到他不僅拒絕了我的歉意，而且還很平靜美好地分享過去不久的這場「豔遇」。他說，他從來沒有被這麼直男的男生抱過，更不要說發生插入式性行為（笑）。這種情形之後又發生過一次，是陪紐約來的朋友去西城的三里河公園，他一進去就再也沒出來。第二天他打電話報平安，還告訴我，他付了幾百塊錢，不過，他覺得一切很完美（笑）。這些事故發生之後，他們就如塵沙刮得無影無

蹤了，我再也沒有收到他們的任何音訊。

　　對了，插敘一下，《夜景》中的那個退伍軍人劉柱，法號胤助的那位，離職之後做了保險推銷員，以為我人脈廣泛，找過我幫忙之後才發現我在人際社會很廢材。那個洋洋，後來讀了研究生，有個有錢人出錢給他成立一個貿易公司，最後知道聽到他的消息是在賣古玩。

　　當然，也有反向的，是買主敲詐甚至傷害賣主的。有客人發生完性行為不付錢，或者少付錢，或者強求Money boy提供他們不想提供的服務的，譬如S/M。我聽說過最無法容忍的段落是，一個未成年男孩被「客人」灌醉，用剃鬚刀片把性器官割出一道又一道傷口……這真實讓人絕望得想死。

　　因為您拍的片子的題材敏感度性非常高，所以找演員願意合作，願意上鏡頭來演同志角色，或者在紀錄片顯露他們的身分，很麻煩。他們會願意合作，還是要找各種各樣的演員才可以找對人？

　　對我來說還是比較容易。我生活的環境是職業演員很多的一個環境，而我的朋友圈裡面有很大一部分人做攝影師的、有人做錄音的，電影各專業都有，只要我要做電影，我的朋友就足夠了。尤其我的朋友裡面，演員最多，我與電影學院表演系的關係之好甚至超越我所在的文學系或者電影學系。《公廁正方反方》直接就是我給表演系04級上課的課

堂作品。很多人來專業學習表演，但是並沒有那麼多機會演電影，尤其是年輕的男生。有些人，由於缺乏表演機會，只要能夠參與表演就來者不拒。我的演員，更多的是出於對我的信任和友誼，我不是天生招帥哥喜歡嗎（笑）。

所以異性戀演員還是挺願意演同性戀的角色？

沒錯，同性戀身分的演員要藏在深櫃，同性戀角色反而不敢演。我的影片裡面的那些演員都不是同性戀。《藍宇》剛剛建立劇組的時候，幾乎所有一線二線三線的明星都加入競選，不知道為什麼，幾乎所有知道這個專案在籌備的人都認為那兩個角色會火。我在組裡目睹選角全過程，劉燁經紀人是我朋友，當她帶著劉燁照片來組裡的時候，我就知道，最後劉燁會獲得這個角色。那時候我是影片的二稿編劇。識別原作的耽美文本，並且發掘出女性與同性戀者共通的社會屬性，是我最初的工作。我的版本叫《深藍》，首先要做的功課是甩掉網路文學的煽情和編造套路，不用藍宇死亡這種輕而易舉的悲劇結局來構造「故事」。我的版本《深藍》有很大篇幅用在藍宇在六四期間因逃亡而入住捍東家，與夫妻二人產生十分豐富的物理和情感關係，尤其是與林靜平，如同姊弟。這就形成了影片的女性和gay的基準視角，我稱其為「非男性視角」。這樣觀察世界的時候，就會發現情色和煽情都很奢侈，很男權中

心。處於家庭主婦地位的女性和處於房客地位的gay，他們會回到民國之前的宅院空間相互撕扯爭寵嗎？這是考驗「人性」新舊的好機會。舊人物就是「三妻四妾」的模式，拍出的《藍宇》採取的是那個模式。但是我想烤煉出新人，烤煉出對世界有啟發的新人和新的人際關係。當林靜平得知捍東與藍宇的關係時，也不是把自己放在同妻的淒慘位置上，她既要在身體和情緒上接納陳捍東雙性戀身分，又處於兒子、家庭、與藍宇的友情的深刻皺褶中。反而是捍東是「異己」，是他們內在世界的外來人。在身體關係上，他們都與捍東很親密，但是，那是「愛的真諦」嗎？如果有「愛的真諦」，應該是那麼粗略簡暴嗎？當然，這樣一來，劇烈的劇情就會被內化，丟棄陳腐的三角關係以及低級趣味，以及與此共生的反轉曲折，要著力於藍宇與捍東的內在世界的重重阻滯。「身體的親密關係是不是愛」是《深藍》要探究的。最後藍宇離開，像《男男男女女女》中的歸歸一樣，澈底而決絕。堅持影片不走「雙重噴射」的通俗路線──挑逗觀眾流淚又射精，這樣的堅持當然與藝術片包裝暗藏商業野心的香港導演相衝突，分道揚鑣也在所難免。在北大首映時，我看到的果然是一部香港人編導的香港愛情片，與社會主義向商品社會轉型、人性逐漸商品化的歷史真實毫無關係，借殼大陸情景和演員而已。

還有，黃磊就演出了《夜奔》，他那時候已經很紅，而且在電影學院任教，是我的好友兼好同事。CK也對我表示，願意演出我的作品，不計片酬。那時候，他已經是超一線當紅明星。

在您大部分電影裡，基本上都是用職業演員？

職業演員為主，差不多配角是所謂非職業的。

也有一些演員您不斷地跟他合作，像經常出現在您電影裡演小博的于博，也演過好幾部影片⋯⋯

對，小博，還有這個影片裡面出現的東東，真名賈戈，他是畢克偉主編的英文書《從地下到獨立：當代中國另類電影文化》（*From Underground to Independent: Alternative Film Culture in Contemporary China*）的封面人物。《少年花草黃》裡面出現的這個小峰，真名王桂峰，在我影片裡面反覆出現。還有小浩，真名孟浩，經常以跨性別角色出演。

這些角色在您不同電影裡面有連貫性嗎？

小博有連貫性，他一直是在扮演一個類似於信念、天使、純真、懵懂、不諳世故，有時天真如童，有時超乎身體地追尋終極議題，差不多一直是這樣的角色⋯⋯不能分類，有一點符號化。我希望影片中的人物不止是「人物」，要有超越「性格」的特質，從日常的、地球人的「人性」中抽象出來，有一點「宇宙人」的意思或者觀念。

所以只要您看到一個演員不斷地出現，像小博，他背後會有一種符號的性質吧？

　　他有，也有其他人有。譬如賈戈，有另外一種符號性。他默忍，有寬度，探索而游離，經常身處漩渦卻如身處世外，是我另外的一種自我狀態。譬如王桂峰，《少年花草黃》的小峰扮演者，似乎永遠介於成年未成年之間，也介於地球人與外星人觀點之外，一旦給他定位，就會有失敗感（笑）。王桂峰在《星星相惜吸》中扮演外星人。賈戈和王桂峰都在《霧語》裡扮演外星人，于博依然傻傻地在影片裡扮演信任者，哪怕被外星人拐跑去外星，變得更加抽象了，抽象成為一個產於地球的外星人，像一株移植到月球的植物（笑）。

　　您喜歡不斷地跟同樣的演員繼續合作，還是希望每一部片子有新鮮的人來給您新鮮的感覺、新鮮的空氣？

　　我每部片子都有新的演員進來，只用同樣一個演員的情況很少，比如于博和賈戈雖然在大部分影片裡有出現，但是他不一定是擔任最重要的角色，有的時候他只是出現一下，就走一走，不一定是有那麼多的戲分是他演。

有一個畫面在您的許多電影都出現過，就是人物把保險套吹成乳房，還有把乳液比喻成男人的精液，比如那個弟弟用嘴裡的奶餵他的姊姊……

　　對，哺乳是我影片中很重要的一個概念，從《丑角登場》開始。我在影片中扮演臨終的父／母同體的角色，小博是我的獨生子。他用精液「哺乳」我，這是來自天主教臨終洗禮的靈感。拍那一場戲的時候，我們都真的很感動，一直在流淚。它超越倫常，也超越聖典和聖儀。動物界、人世間、地球上，哺乳真的蘊含著無法理喻的深刻。

　　您甚至拍過個片子叫《哎呀呀，去哺乳》能不能談談這個哺乳的概念在您的影片裡頭？

　　很小的時候，我就一直在探究人們對體液的不同態度，我試圖尊重人類對乳液的尊崇，對唾液和尿液的貶低，對精液的諱莫如深……等等。除去哺乳期，我們成長過程中很少有機會喝牛奶羊奶，乳汁其實與精液一樣珍貴而難得（笑）。後來的意外發現是，精液反而比乳液易得，而且是易於被拋棄，被隱藏，被汙穢化，被汙名化。與此相反，乳汁常常會與母愛一起被美化。

高中最後一年——那時候小學五年初中二年高中二年，文革最後一部舞劇電影《沂蒙頌》風靡全國，學校包場在鐵路職工俱樂部觀摩這部新片，那時候，我們已經很久沒有看到新電影了。影片並不飽滿，尤其是對英嫂為了救受傷的方排長而獻乳和熬雞湯的段落，我就有很多遺憾。反覆咀嚼那種遺憾，就總結出我的「尖子生影評」：受傷的應該是一個小戰士，沒有官階，這樣那女主角的乳汁就會更加純淨，沒有中國人對長官溜鬚拍馬的功利色彩；小戰士的演員肯定可以比排長更加年輕、更加英俊，舞技也可以更加驚豔——我原本嫌棄舞劇《紅色娘子軍》洪常青的扮演者劉慶棠年紀太大，跳得不輕靈；影片應該增加乳汁餵給小戰士的細節畫面，不該遮遮掩掩；成年角色女男有別，嬰兒卻性別模糊，不明所以；乳汁給了方排長，孩子會因此挨餓，影片沒有表現，編導粗心大意；如果遇到傷患的不是女主角，而是一個男性村民怎麼辦，只能用尿——那時候我對精液還缺乏研究——還可以用唾液，那就要拍接吻戲，會很過癮；如果遇到傷患的是春蘭不是英嫂怎麼辦，也只能用尿，或者唾液，那也要拍接吻戲，也會很過癮（笑）。當然，我也不喜歡熬雞湯，因為要殺雞，我和二姊姊崔子玉每年過年都要大哭一場，因為我們精心養育的、有各種美麗名字的雞就會被殺掉。由於我們哭得感天動地，媽媽後來索性不養雞，我們也很多年沒有雞蛋吃（笑）。

　　因為電影稀少，一部影片我們都是會反覆看。每看一次《沂蒙頌》我就加強一次換角色和對乳汁的替代品的追究。我受夠了《沙家浜》以

來的軍民關係——其實是軍官與女性俗民的關係，我偏愛還沒有當上班長排長連長的小戰士主角，可是他們千呼萬喚不出來（笑）。我把這種影評分享給一個經常同行的男同學，他半懂不懂，不過也沒有反駁沒有提問，因為我從來都是數學競賽第一名、作文競賽第一名、年終排名第一名，沒得過第一名以下。這是遺傳，我爸爸崔天祥就是，永遠的第一名。爸爸臨終的時候，在北京鐵路總醫院的外科病房裡給自己的人生打了100分，也給我同樣一個100分，我以為，他會給我打120分或者更高（笑）。

《哎呀呀，去哺乳》劇情梗概

小寶做男妓的事情被哥哥知道了。哥哥大濱是一個基督徒，他來勸阻小寶，不讓他繼續從事這項被社會歧視的工作。小寶反抗哥哥，離家出走。大濱四出尋找小寶，遇到仔仔和安安，給他們錢花，請他們吃飯，希望他們改弦更張，但是沒有結果。

大濱的教友小劍為了實踐基督教義，認同底層社會，決定去作男妓。爭論不下，二人決定到街頭去做社會調查，主題就是「如何看待賣身」。調查結果是，絕大多數的人反對性交易。小劍敗在下風，但是，他依舊走上了當男妓的不歸路。小劍故意把客人帶回家，向幸福的家庭和父母挑戰。

小劍和仔仔的理論是，人是哺乳動物，男人要重建哺乳動物的本質，就得去賣身，用精液去哺乳別人。大濱身心交瘁，一病不起。臨終之際，他囑咐女友文文繼承他的遺志，去拯救天下像小寶一樣的男妓。文文那樣去做了，終日在街頭宣講基督福音。為了拯救仔仔，她捨身作了仔仔的女友。還把自己的家供給仔仔和小劍居住。最終，仔仔和小劍為自己找到了一份比作男妓還要低賤的工作，那就是做乞丐。

　　在影片結尾，作曲家大薦把這樣一些主題獻給了「全世界，全人類」。

　　當我開始做導演的時候，立即推翻紅色電影的「紅色哺乳」，《丑角登場》之後有《哎呀呀，去哺乳》，之後有《少年花草黃》，之後還有更加極限性的《獨生子，向前向後向左向右向上向下》。我的影片很多時候在探究平等。從動物性和語言學上講，「男人不如女人」立即就會懸浮起來。人是哺乳動物，從這個語言開始，女人很會哺乳，男人不會，那男人應該怎麼辦？男人除去借助奶瓶，自身用什麼東西去哺乳才能夠撐得起「哺乳動物」？首先的，並不是「人」的概念，因為「人」的概念是被崇高化的概念。我面對的「哺乳動物」是反人本主義的，我稱其為「哺乳動物主義」。從「哺乳動物」的標準來說，女

《獨生子，向前向後向左向右向上向下》，2006年

性是最好的哺乳動物，而男性不夠格。怎麼辦呢？只有學習。學習女性的什麼呢？學習擁有哺乳器官。但是男人類已經被文化和語言規約成沒有哺乳器官的異類哺乳動物。怎麼辦？重新命名，把陽具命名為與乳房同樣的哺乳利器。之後還要評選，命名和實踐的學習過程裡面誰學得最好呢？首先是男妓學得最好，那其次是同志戀學得最好，那

最其次最其次才是可能輪到異性戀男人（笑）。新的不對等建立起來了。既是女權主義的也是同性戀主義的。反男權中心，得像我這樣，才能澈底（笑）。

人和人之間關於體液的障礙是怎樣建立的呢？男人之間為什麼不能像男人和女人那麼相濡以沫？或是說男性射精給同性為什麼那麼難，而給異性就好像容易很多？《少年花草黃》追問為什麼姊姊和弟弟、親人之間的障礙就要大，而不是親人的人相濡以沫的阻礙就要小？

我在講人和人的障礙是從體液開始建立，又是到液體流向的規範化完成的。他們不能接吻，他們不能做愛，不能什麼什麼，這些東西是它一個障礙。要破除這個障礙是怎麼做？那就是抽出體液的這個力量，把它日常化，把它泛語言化，把它變成我們隨時可以說，也隨時可以做的東西。這個努力是從《丑角登場》開始的，他的父親說要死了，想要小博送給他精液作為臨終禮物，小博就那樣做了。臨終之前，人們常常會討論遺產，我要討論的是，人類可以給臨終的人什麼樣的終極禮物。如果乳汁是人類最初的食品，精液為什麼不可以是我們最後的食品？

從《少年花草黃》到《副歌》

《少年花草黃》也是跟您過去的片子有很大的不一樣，故事性非常

強，而且整個視覺的設計、攝影師的拍攝技術也是跟過去的片子不一樣，剪輯方面也很不一樣，至少這三個方面跟您其他片子很不同。能不能談談為什麼在拍這部片子的時候，您在藝術風格上作出這麼大的變革？

　　一個是恰好是我原來的創作班底，我要拍這個片子的時候，大家都忙別的事情，包括演員，也是大換屆。以前的演員都沒有來，他們在拍別的片子，有片酬的片子，包括攝影師。這次是更年輕的攝影師，史岳，也是程裕蘇《目的地，上海》的攝影師。我第一次離開北京拍，在石家莊拍。第一次我有正規的投資，八萬人民幣，足夠支付全部旅費，每個成員還有一千塊錢拍攝補貼。

　　有好多人說我寫小說寫得很好，但是怎麼一寫劇本、一拍電影就變得那麼枯燥乏味，那麼不好看。我有點想告訴那些人：「好看對我來說是特別容易的事情。」我以前的影片都故意做得很坎坷，讓觀眾有點攀山涉水，給他們一點掙扎的感覺。

　　這一次就是很流暢地去拍去剪接，構造風格就是最通曉戲劇性的方法，劇情構架、情感方式雖然沒有那麼濫情，但是有它煽情的部分，我以前刻意避免這個成份。我覺得感情是特別被操作起來的東西。世界上並沒有「感情」之物，感情是被激發被詩化出來的一個東西。比如說我們讀了一首詩，或者聽了一個音樂，什麼什麼……，完了我們才會產生感情，不然的話，這個世界就是一個很冷靜的世界，狂風暴雨，

星星隕落，宇宙爆炸，遠觀與遠思，也都是很冷靜的東西，戲劇性是近、是放大的結果，可以不近、不放大。我一直覺得忽悲忽喜大悲大喜，是古老戲劇模式，有虐待性。當我們成為作者的時候，我們真的還要那麼歇斯底里，那麼瘋狂地自虐和虐他嗎？當巨大的鷗鳥在海邊死去，就會有禿鷲來吃掉牠的身體，留下骨架給沙子掩埋，留下羽毛給風吹散，這其中沒有詩意，也沒有故事性，只有生物界與自然界規則性。我想寫出和拍出這種規則性，不是殘酷，而是讓心神通透於宇宙。人的生老病死，也是宇宙規則的一些章節，我們會把它詩意化、或者情感化、或者悲情化，這是我們人對自己的一種紀念，沒有那麼感天地泣鬼神。

問題出在文學行業、戲劇行業、電影行業，不肯把它僅僅作為一種敘事技術，利用文化優勢，搞評選、神祕化，以便賣得更好，以便製造出上層社會上流社會。在我看來，拍傳統的故事片、劇情片，是製造階級的。看看身邊的故事片導演就一目了然，他們都階級上升，成了世界「名媛」（笑）。

所以一般看慣通俗電影的觀眾看這個片子會覺得您終於拍了他們想看的那種電影，其實您本來就會的，但是之前一直想給觀眾一種挑戰吧，可以這樣說？

是，因為我拍這樣的片子才容易，才更容易，因為我不需要動心動腦，帶著團隊在不同的場景間移動就是了，走一走，坐一坐，拍一拍，像個導遊（笑）。可是我其實不是導遊，我可以是好的圖書管理員，好的大學校長，好的總統，好的牧師，

　　就像學一個樂器，如果你已經會一個樂器了，一旦有人叫你假裝你不會彈，那就很難。因為一旦會，就很難再倒回去。所以可能有點這樣的意思。（笑）

　　（笑）在這屆香港國際電影節上放映就是。Q&A時有觀眾說：「這部影片是你所有影片裡面拍得最好懂的一部影片，你終於拍了一部這樣的電影！」（笑）有人問我：「你為什麼拍了那麼多很難的電影之後要拍這樣一個電影呢？」我覺得我的回答跟剛才跟你的回答有點像，我就是說：「我就是賭氣，人家說我的電影拍得不好看，我拍一個好看的電影太容易！」（笑）

　　而且《少年花草黃》拍完了以後，後來又拍的《副歌》。這部片子的整個結構又給觀眾一個非常大的挑戰吧？回到了您比較試驗性的路線。

這是我最酷的一部影片，更加挑戰、更加枯燥（笑）。在瑞士盧加諾電影節首映的時候，組委會只安排了一場放映，還是與閉幕式同時的，只有五名觀眾，還包括我洛杉磯朋友羅泰（Lothar von Falkenhausen）的媽媽，她住在德國埃森，恰好在盧加諾有房子，就專門來電影節支援我（笑）。

　　其實它背後的情節十分豐富，完全符合跌宕起伏一波三折大風大浪的戲劇規律：小峰和小博父母離異，各自改娶與改嫁，改嫁改娶時必須拋下弱智的小博，只帶走聰明好看的弟弟小峰，小峰不肯拋下哥哥，自己選擇留下來照顧哥哥；他輟學去酒吧駐唱，被有錢的愛滋攜帶者強姦，感染了愛滋；他擔心自己死後哥哥沒人照顧，決定與帶著哥哥一起自殺，哥哥雖然弱智但是最怕的就是死，他躲過死神，獨自活了下來……。影片的最後，他揚揚撒撒著弟弟的骨灰，一切都像似一場兒童遊戲。

比侯孝賢還侯孝賢的，整部片子只有幾個鏡頭……

　　對對對，不過我覺得侯孝賢跟我沒法比，他的枯燥遠遠比不上我（笑），差太遠了。他有好的製作、有好的調度，設計得很好，這些我完成沒有，不過我依然很酷。

　　2004年我去帶著《哎呀呀，去哺乳》參加台北電影節，有與作為電

影節主席的侯孝賢多次接觸，他像他的電影一樣樸實有感情，在非自由民主區域，很難養成那樣的人格。我喜歡他的很多部影片，還專門寫過關於《童年往事》的影評。不過我認為他並沒有讀過我的文章。他本人很平和。這不容易。常常在電影節上很成功的人，都很人精，很懂得索取，感覺他不是，至少2004年的他不是。

2002年的高雄影展，聞天祥作為策展人選入過《丑角登場》，不過我沒有出席放映活動。在台北影展上，組委會的聞天祥特別請來《美麗少年》的導演陳俊志擔任Q&A主持。映後，影評人李幼新還熱情地撰文在媒體上推薦。不過，台北電影節也不會選《副歌》這麼佶屈聱牙的影片。

《副歌》導演闡釋

《副歌》是我「壞倫三部曲」的第二部，為我自己所偏愛。

它的鏡頭語言很簡單，全片109分鐘，11個鏡頭，只有兩個演員，現場拍攝只用了五個下午和晚上，但是鏡頭內部的話語很豐富。

《副歌》是關於社會批判的。影片中的兄弟，被父母遺棄，也沒有社會福利制度的保障，弟弟靠賣唱養活自己和弱智的哥哥。底層的生活，使他無暇顧及安全的性，他感染了愛滋，更無錢醫治。他想到的出

路，只有帶著哥哥一起自殺。當今的中國，常常讓人身心處於絕境。這種境遇，我也遇到過。我對弟弟的自殺欲念，完全感同身受。

《副歌》是關於倫理與愛的。影片中出場的只有兄弟二人。他們被廣大的世界所封鎖。在此境域中，哥哥和弟弟遊戲般的性愛，溫暖但是更多具有的是抗議和顛覆——當弟弟「快樂死」之後，傻哥哥戲仿的居然是法醫的遺體拍照——社會不會愛護他們，但是依然要監控他們。

《副歌》又是關於救贖的。弟弟不相信社會，所以要同哥哥一起自殺。但是，哥哥沒有理由地相信著百合花或者麵餅／聖餐的神力。看上去，他沒能救援弟弟於死亡，但是，他拯救了自己——他逃離死亡，活了下來。

這是一個神祕而神聖的故事。

關鍵時刻，我還是像《舊約》一樣省略了催人淚下的「離別」場面。我要感謝攝影師史岳把每一個飽滿的鏡頭拍出思索的枯燥。

這部影片是用一天時間拍攝的。內景在我的家裡，外景地在五道口地鐵站北段，最後的鏡頭在昌平火車站。

您將來會不會想用膠片來拍一部大片子？

不想做奴隸，不想被奴役，就不要拍大片。我沒有做好拍大片的最底線的兩項準備，一是拜官方，二是拜有錢人（笑）。拍大片首先要會與官場打交道，我最厭惡的就是這一關，能躲多遠躲多遠，不可能主動送上門去任憑踐踏。還有就是那些有錢人、暴發戶，我也無法忍受他們的得勢倡狂。還有，一個劇組，我希望我能夠叫出來每一個成員的名字，像我在課堂上知道每一個學生的名字一樣，如果劇組過於千軍萬馬，我擔心視人群如蟻群，我擔心自己像一個偉大領袖，人們千里迢迢千辛萬苦來劇組，我都不知道他們叫什麼名字，也不能一一請他們吃白麵包、喝紅酒——我劇組的標配（笑）。

　　當然，也有過大的電影公司與我嘗試合作的經歷。譬如曾志偉，就在演員周樂和林苑的推薦後，與我保持了兩年的友好接觸，儘管資本的天平肯定不在我這一邊（笑）。我一些很好的朋友，也會去拍大片；一旦拍大片，就會遠離我，因為不僅僅不會得到我的祝福，還有可能受到我的尖銳批評，我的嘴和筆都有很鋒利的刃面，只是輕易不使用而已，他們擔心我調用那一面，所以及時閃開（笑）。

　　那麼剛提到《副歌》，這個片子就涉及到愛滋病的主題。之前拍的《舊約》也有。當時拍這些電影的時候，北京同志圈應該越來越關注愛滋病這個話題？

中國同性戀者最初很討厭與愛滋同時被提及，認為容易被進一步汙名化。

　　我曾經是NGO「愛知行動」的理事。這個NGO九〇年代草創，萬延海主持工作，關注性權力和少數族群身心健康，愛滋預防是一個重點。青島的「朋友通訊」是另外一個早期開始愛滋干預的NGO，主辦人是張北川。之後，由99575同志熱線延伸出來的北京紀安德中心承載了比較多的同志圈愛滋預防的工作。甄里在加拿大使館駐北京健康署有一個長年的專案支援同志愛滋干預。福特基金會也是重要的愛滋預防項目的資助方。

　　同志圈關心愛滋病議題，是出於身體健康的本能反應。愛滋病關懷開啟於民間，但是很快就被中國政府收編了，主管部門是衛生部健康司下屬的一個協會，簡稱「愛協」。我個人與他們不往來。甄里邀請我參加過在成都舉行的同志圈愛滋預防大會，我語驚四座地發言：恐嚇法會進一步加劇「恐愛」，愛滋不等於死亡，只要有一種日常健康行為就可以阻止，如同不吸菸不酗酒。從那以後，再也沒有人邀請我參加愛滋預防方面的活動了（笑）。

　　我關心愛滋病這個命題，不是從愛滋病本身去關注，而是關注它如何進入了人際關係，如何改寫了人的社會角色和身分。最初認識的感染者是台灣的張維，他公開身分參與社會運動。甄里和陸言靈（Elanah Uretsky）介紹我認識了大陸一個感染者，他原本是公司CEO，感染愛

滋病之後，也是投入社區愛滋關懷工作，他的身邊聚集著很多感染者和愛滋關懷工作者，他的社會關係似乎與「健康」的普通人再無瓜葛了。我也一直在拍攝一部紀錄片，追蹤我的朋友田大瑋，他是在央視現身的感染者。他剛剛發現自己是gay沒幾天就感染了愛滋，之後，他就輾轉於藥物治療和心理支援這些無窮無盡的日子裡。我很想傳達出愛滋對人生的這種改寫。《副歌》也有近似的動機，是一種牽引力，類似於父母對未成年孩子一樣強大的牽引力，把小峰導向絕望，但是傻傻的小博不為所動。這是一種很內在的強大衝突，我捨不得浪費它，戲劇化就是浪費它消費它。

以我看，《副歌》整部片子都是關於死亡的一個電影。前面我們講到這個內容跟形式之間的關係，那《少年花草黃》在這方面就是比較流暢。《副歌》也給觀眾另外一種挑戰，就是每個鏡頭都很長，而且觀眾可能要摸索一陣子才知道兩個人之間的關係是怎麼樣。這樣內容決定了形式，因為死亡本身就是一個很難面對的主題，我們正好從一個非常艱難的途徑來進入另外一個主題……

我很同意，謝謝你幫我發現這一點！小峰面對社會的文化、政治、經濟壓力都有強韌的生命力，唯獨面對疾病的時候放棄了。我一直在思考，很小的時候開始觀察和思考，為什麼有人豐衣足食卻自殺身亡，有

些人一無所有還是頑強生存，到底哪一種才是我應該持有的生命態度？我在影片中試圖探討這些，以及愛的關聯深度，也想探討到底什麼是人性中的智慧，什麼是動物性的智慧。

　　有人問我，為什麼兩個都要裸體？有人說，其實他們兩個不需要從頭到尾裸體……

　　對，我觀看的時候的解讀是，呈現他們赤裸裸的身體就是因為他們沒有什麼東西可以隱瞞了。

　　《副歌》只有兩個角色，像生活在荒無人煙只有兩個人的世界上，是的，對於他們來說，地球荒無人跡。這兩個角色需要一個孤獨的世界，那個世界只有兩個人物，無論星球大或者是小。我也要給我自己一個理論：為什麼在電影裡面只有兩個人物？我不想要刻意的、外景的、影像上的荒無人跡。室內劇一般的、不刻意的、內在的孤獨星球這樣創造？「絕症」是一個很重要的契機：如果有一個人得了愛滋病，他可能就被封閉起來，他周圍的人就不會再理睬他，或者說從此與世隔絕，有可能是主動的選擇，有可能是被迫的窘境。除去「絕症」中的人，身邊會有誰餘留下來嗎？如果有，會是誰呢，留在他身邊的人是誰呢？是他的親人或者戀人或者朋友？還是一些同病相憐的人？我自己親身遇到的，是那些同樣HIV+的人在一起，原本他們是陌生人。於是，

上：《少年花草黃》，2005年
下：《副歌》，2006年

小峰身邊僅存一個人，一個傻哥哥，就給荒蕪星球上另外一個生命的存在以充分的理由。哥哥小博不知道愛滋病是什麼，他也沒有「恐愛」那種恐懼。反正只要他弟弟惹他，說「你傻呀、什麼什麼……」他才會說他「髒呀、你得了病、什麼什麼之類」，他才會這樣。不然的話，他會覺得他弟弟做的事情是最好的，賣唱什麼的，他完全沒有世俗的價值觀，他以為弟弟做什麼都是最好的，除非他弟弟惹他說他傻，他最怕弟弟說他是「傻子」。我也觀察研究過傻子很久、很多年，他們都是很自我，或者很自私、很自我保護，反正你不能觸犯他，如果觸動他，他會回擊你，你只能誇讚他，你只能說他好，說他很聰明。

我也想處理生命助援這個命題，怎麼能夠就是要對一個即將死亡的人，或者是對已經死去的人實施救援，甚至是對死亡本身實行一種救援，而不是絕望。在現實中我沒有找到這樣的救援之途，除去在《福音書》的受難篇章。我想在《副歌》裡找到，在小峰身上尋獲對小博的救援，在小博身上尋獲對小峰的救援。當然，這不是完成式的，不是完結式的，不是一步抵達的。

您同時戴好幾個帽子：藝術家、小說家、電影導演；另外您還是一直提倡同性戀權利的，在社會上參加的一些同權運動，也常常上廣播節目談同權。從主流社會的價值觀來看，您電影裡經常呈現的人物都是

比較「異類」——反正是有變性、有亂搞男女關係、也有涉及到亂倫，就是比較邊緣的一些人群。您身為一個獨立電影導演拍這些應該是無所謂，什麼樣的人物都可以拍吧，尤其是在拍所謂先鋒或前衛的電影，呈現這樣的人物是很自然的。第六代剛開始的時候的一個特徵也就是探索所謂「邊緣人」的生活狀態。但是您另外一個身分是主張同性戀在社會上的進步，這種雙重身分會不會有時候產生衝突？有時候您是否擔心，不理解同性戀的觀眾看您的片子之後，會給他們一些錯覺，使得一般觀眾以為同性戀是「不正常」。比如，一般觀眾看到您電影裡的「亂倫」這一類影像的時候，會增加人對同性戀的寬容性，還是會強調主流社會已有的一部分偏見？

　　首先我沒有把身分看重，就是「公開身分的同性戀者」，我沒有看重這一個身分，那是一個外在於我的一份標籤，類似於大甩賣時候的打折標籤（笑）。即便是我有那個身分，我也是一個亂七八糟花里胡哨時而理智時而瘋狂的一個人。我不是一個官方的、光輝的、像一個光榮共產黨員的高大全形象。即便是那我在CCTV在湖南衛視在天津衛視那麼高大上、偉光正的電視節目裡，我也都是隨心所欲，想講什麼講什麼。包括我的服裝，我的耳釘（編按：即耳環）、我的非男非女作風，都是七葷八素擾亂視聽的。有一些中國的同性戀者對我不滿意，認為我敗壞了他們完美無瑕比黨員還黨員的形象（笑）。公眾的形象就是要我按照

一個好的標準，就是要把同性戀的形象塑造成偉大光榮正確的共產黨員形象（笑）。我覺得這很反諷，太反諷了！要把同性戀扮演得一本正經，然後說：「你看！我們是光榮的革命戰士，我們純潔、我們善良、我們是人類的曙光未來的期望……」做法就是這樣的，如果樹立同性戀一個所謂良好的社會形象，做法就是這樣做——那是一個特別特別虛偽的做法。任何人那樣去做，我都會覺得很噁心，我自己首先不可能那樣去做。所以我認為真實的同性戀的情況是怎麼樣？其實就是亂七八糟的、花枝招展的、魚龍混雜的，我自己也是一個複雜多樣的個體，不是樣板戲不是樣板。

我的影片也是這樣，我不能為了爭取同性戀的地位，就造出一個假的同性戀的形象來給社會看，那就是我的一個想法。那我相信社會的進步不是說靠退步的方式、靠讓同性戀回到黨的懷抱，這樣的一個方式來進步，或是說大家一起虛偽、一起做假、一起說謊話來實現被社會接納的理想。如果是那樣的話，我認為同性戀實際上並沒有被包容，而是同性戀迎合了傳統社會構架，是同性戀者認同了傳統社會的所有的準則之後，同性戀退步到傳統社會秩序和形象裡面去，才得到承認。也許，還要既滿足異性戀社會的模範道德「潔癖」，又要提供一定精美的、中產階級化的、奇異但是沒有顛覆性的觀賞價值。

我深知《霸王別姬》的策略、《喜宴》的策略，我反對那樣的策略，我用一個最為簡單真實直接的方法，像我現在我所有的方式一樣。

它的第一要素恰好是祛魅，去除趣味性。去掉調味劑的菜餚還是菜餚嗎，不是，只是菜。我的影像只是剛剛粗粗加工的蔬菜，不是御膳房，不是米其林，沒有美味佳餚給世界，真是抱歉（笑）。

因為有一些同性戀題材電影，像《藍宇》跟《斷背山》，異性戀觀眾看了會覺得：「他們原來跟我一樣……」會產生認同感，但是異性戀觀眾看您的電影之後說不定會給他們提供一些挑戰，因為您的電影確實在強調它的「異類」身分，是有它自己的特色。

那一類影片，確實是讓觀眾看到之後要同情、要支援同性戀。那我覺得這種影片是政治性的，是有政治策略的商業影片。這一種政治策略，不是製作者的文化或者覺醒，而是慾望，一種慾望鼓蕩出來的集團謀略，或者說是一種土皇帝政治加上資本主義。因為某個同性戀者湊巧成了財團總裁，要打廣告，發現電影的流通速度和各種獎項之光，發現電影的號召力與誘惑力，尤其可以誘惑來最帥的人參加角色角逐，這時候，投資人就成了幕後皇帝，導演成為幕前皇帝，他們對演員分區「試戲」，潛規則之洪水水位不比任何異性戀劇組水準低。這是背後的交易。公開的交易就是影片要拿獎，要賣錢，要發展出公司規模。全是夜場，全是「夜戲」，是另外一部《夜景》。沒有任何詩意的歡樂與淚水，同性之間的感情成為賣點而已。

那一類的影片，是同性戀外衣下的傳統異性戀愛情片，打的牌面是「你我都一樣」，製造出一種世界大同的幻像。

　　我的影片是LGBTQ「裸奔」，沒做任何包裝，或者說是有意剔除了情感情緒情色的華麗外衣，遮罩了假借政治正確的、假借藝術性的裝腔作勢。所以，我的影片既無商業價值，也沒有所謂藝術價值。零成本，零價值，就是說我（笑）。

　　接下來，我想問一個關於中國地下電影未來的問題——尤其是像同志電影——您覺得在往後的五年或十年來會有更多的同志題材的電影和更多的同性戀導演出現嗎？政府會不會繼續放鬆他們對這種電影的審查？您對同志電影在中國的未來樂觀嗎？

　　目前的情況，地下的同性戀電影的創作越來越多。我們主持的第二屆北京酷兒影展的報名影片，只是關於同性戀裡面的易裝紀錄片就有五部。這標誌著關於這方面的創作、民間的創作越來越多。隨著數量的增多，可能關心這個人群也會擴大：一個劇組本身就不是一、兩個人，一旦劇組成立起來，就變成了一個小小的團隊，這樣的團隊越多，關注、支援同性戀的力量就越大。實際上，目前已經可以看到支援同性戀的這種團體越來越多，不管拍的是怎麼樣子。

　　從政府的角度來講，目前沒有看出來對同性戀解禁的苗頭。《斷

背山》得獎的時候，中央電視台「新聞聯播」節目不說片名，只是說：「華人導演李安獲得奧斯卡最佳導演獎。」更加不敢說李安拍的是同性戀題材影片。顯然，這條報導是「劫後餘生」，是被審查之後勉強播出的、被閹割後的部分。中國一直在尋找征服美國征服世界的「華人之光」，沒想到找來找去，好不容易找來的還是借力同性戀才能閃閃發光的海外華人，姑且不論他生於大陸還是台灣，足見尋找華人太陽尋找得多麼艱難而迫切（笑）。

2003年電影局有主辦一次重要的電影會議，邀請所有的獨立或地下導演參加，您當時也參加嗎？那是什麼樣的一個情形？對您的影響大不大？

2003年11月13號下午，在北京電影學院主樓一樓會議室召開了一個神神祕祕劍拔弩張的會議。我在前一個晚上收到賈樟柯的電話，邀請我參加。之前張元已經提前地上化，我也知道賈樟柯王小帥婁燁他們也在躍躍欲試準備地上化，尤其是何建軍和婁燁，片子已經籌備好了。雖然我對官腔一點都不信賴，但是還是同意參加，支援一下他們。作為影評人，我一直都沒有專門寫過關於張元王小帥賈樟柯的文章，他們又一向對我那麼好，這次「屈身」參加與官方的對話會也算是一種補償──要知道，這時我的「驕傲」已經更加病入膏肓，簡直是擁有神一樣的視

角，對世俗王權只有俯視，早已失去平視的耐心。

　　一樓會議室是電影學院最大的會議室，位於主樓最東端，由於建築的凹型結構，它被隱蔽著，很少有學生會經過這裡，或者說它是學校官方專用的。它的內部布局也是十分嚴謹嚴肅有官氣：東西向長方形的空間，北側有窗南側無窗，橫長條的會議桌橫亙在中央，當然是東西走向，便於有人「面南而王」。果不其然，我們進入的時候就被引領到面北的一側。這僅僅是中華古老的「排座次」的開始。這種空間設置與調度，充分體現著中國式權力關係、社會真實，也可以說是充分表現出中國人的人性是地球上「不同的人性」，我講仔細一點點。不要奇怪，偉大的中國一旦有超過三個人的聚集，就一定有主次，有中心非中心，有C位。

　　我從不遲到，因為從小接受崔天祥的「鐵路法則」訓練：火車可以晚點，乘客遲到一分鐘就會錯過一班車。從我家步行到會址兩分鐘，我用了五分鐘，因為路上要與「電影學院大家庭」的鄰居、朋友、同事、學生相互問候，尤其會在帥哥身邊多滯留幾秒鐘（笑）。我入場的時候會議室沒有幾個人，但是氣氛已經向著莊嚴肅穆升級。我被指認在南岸，我在南岸選擇了一個遠離門口、偏東但不是最邊角的座位，這需要扭頭，側目才能觀察到入場人員的步態、衣裝、神色、乃至心靈，其實不符合我立場。來此等於置身官場，我就瞬息調整「正視」視角，改為「側視」。

呂樂到得也挺早，我們坐在一起短暫敘舊。很突然地，張獻民和他當時的女性合夥人進來了，女性合夥人半撒嬌半命令式地要求我們這些先到達的人換座位，說是「我們要坐這裡，我們要挨著座」。我傻傻地看著魚貫而入的「我們」，也許只是看，來不及仔細觀察：婁燁王小帥賈樟柯何建軍等幾個平日很熟悉的身體一夜未眠的樣子懸浮到南岸的第一排「中心地位」。倉促之間，自願轉讓與被強暴避讓的模糊之間，我和呂樂已被撕裂，「他們」在被開闢出的「主犯」地盤上坐了下來，成了銀河，我和呂樂成了隔河相望的織女和牛郎（笑）。

　　對現場的觀察，我依舊需要「側視」，不過這次視角得更加開闊，超過180度角。這等於先是在「側視自己人」，雖然被逼無奈，其實很抱歉。我花里胡哨，更加符合「地下」的標籤，原本是來撐他們的。平時大家各忙東西，除去在國際影展上碰面，難得在國內這樣聚在一起。但是，沒有相互的問候，更沒有同一戰壕的「同志擁抱」，只有一些人預先準備好縮窄的肩部和縮短的脖子。他們占據了南岸的中心，王小帥坐在核心的核心，因為電影局指認他為召集人。也許這就是日後被傳言的「地下電影局」，到底誰是局長，傳聞不一，賈樟柯倒是得名「賈科長」，不知道是不是地下電影局被地上電影局降級成科級了（笑）。

　　地上電影局一行人入場的時候，前後呼應，氣氛莊嚴，會議室頓時像似人民大會堂。幾乎所有電影局官員都出現了，除去在廣西北海被小

姐（性工作者）強拉去「體驗生活」的藝術處成員。平時稱兄道弟的電影學院院長正裝黑臉坐在我的對面，全程黑臉，像個安保局人員，嚴謹地扮演著「我的地盤誰也休想傷害電影業最高領導」的角色。

張獻民突然起身，身體激動地讀出了一份事先起草的「提綱」，由於他聲音小，幾乎聽不清內容。後來他掛到網上，我才知道有四點「他們」希望討論的內容，簽名的「他們」共有七個人，據說這是之前準備會的成果，是為了占得先機。在強大的官場氣氛中，這很像舉著雞蛋撞巨石。會場原本操控在官方和半官方的學院手上，轉換成官本位模式不費吹灰之力，我就不去重現那種官老爺的技巧了。

接下來就是官／家長主控時間，黑臉由副局長吳官人出任，局長童先生扮演心慈手軟的好家長。婁燁說，電影是創作是藝術。吳官人說：那只是口號，口號可以有各種喊法，我們有專門的藝術處，誰能告訴我經過藝術處處理的電影不是藝術？在國外拿幾個小獎就是藝術了？那奧斯卡呢，我沒拿過，你們有誰拿過嗎，那是什麼藝術？王小帥說：我沒拿國家一分錢為國家拍了好幾部電影，而且在國際上得了獎。吳官人碾壓說：國家有製片廠有製片公司有錢拍電影，不需要你那麼主動。誰准許你拍電影了呢？賈樟柯說：我的中學同學開小煤窯都掙了很多錢，我是賠錢拍電影；我拍第一部片子的時候還是學生，不知道拍電影還要送審。吳官人碾壓加力：開小煤窯也有開小煤窯的規矩，你拍第一部片子不懂規矩，第二部片子不懂，第三部片子還不懂，你身邊總有專業的人

懂吧，他們應該告訴你，行有行規。

我對官方主導的訓誡式碾壓已經無法忍受，就以很兒戲調侃的態度出來發聲，而且是只看著那個扮演紅臉好人的局長，對其他黑臉官人一概看也不看：「聽上去你們電影局是個好家長，被誤會太久，被當壞家長看。王小帥賈樟柯他們也是被誤讀成離家出走的壞孩子，從今天的現場看，其實他們是好孩子，不是嗎，也並沒有離家出走。他們的電影內容並不敏感，電影局可以給他們搞個回顧展。」我是電影圈出了名的「手術刀嘴」，加上我渾身上下的桃色緋聞氣息，沒人敢招惹我。在官僚中國，我已經把自己培訓成堅決不稱呼官職頭銜的良好習俗，我就繼續出擊，直問局長：「請問童先生，那麼同性戀電影有沒有一丁點兒可能性通過審查呢？」童先生不正面回應我，顧左右而言他：《斷背山》要到中國發行，還沒有發行，那是奧斯卡片。這時候，吳官人並不上來幫腔，他並不敢與我正面交鋒。其他人一經同性戀洗禮，也馬上閉口不言，有人怕惹來妖氣騷氣，有人怕顯出無知，也有人其實撐同志。呂樂這時候也開始發聲，認為不應該有題材限制，電影局不應該限制創作，既然電影局表態，電影是個大家庭。會議時間不長，一個多小時就結束了。可以通過媒體考察到這次會議的分量：被准許來現場的兩家媒體，CCTV電影頻道沒有播出任何報導或者節目，《中國電影週報》也沒有刊登任何消息。這顯示出，官方顯然不認為他們的這場官腔是成功的。之後不久《南方都市報》發表了訪問式報導，這家報紙一直支持邊緣而

獨立的聲音。作為官方回應，吳官人在2003年12月20日的《京華時報》發表言論：

　　前不久，某報報導了電影局到電影學院與年輕導演見面的消息，並發表了「地下導演」七君子等宣言。對此，吳克副局長首次談出真相，他說：「我認為地下導演不是一個特殊群體，我們電影局沒有必要和他們進行對話，那次電影學院會議，主要是我們考慮到最近國產片產業改革出台的新政策很多，那些新導演以及院校的師生，可能不完全瞭解一些新變化，所以我們到北京電影學院進行了一次正常的工作會議，邀請了一些年輕導演出席。他們是新生力量，往往不太明白電影生產規律，拍出來的片子賠了本就會給投資方的信心帶來很大的影響，這在搭建國產電影產業化的初期，會嚴重挫傷投資方的元氣。這是那次會議的主要議程。」

　　對於電影局對「地下導演」封殺一說，吳克副局長表示這是一種誤解，因為很多年輕導演根本沒有將新片在電影局通過正常手續報批、審查，兩者沒有任何接觸，也就談不上封殺一說。

這之後，坐在南岸的幾個中心人物紛紛拍攝了他們的第一部地上電影，正式脫離地下，修成「國家導演」。他們也相繼加入了由第五代主導的「中國電影導演協會」，被根紅苗正的同行接納。甚至有人步入仕途，傳言將成為地上電影局局長。有人指責說，這是中國獨立導演的一次集體「受招安」。也有網路媒介繼續用「七君子」的話語方式描述這些導演的過去式。也有人順便調侃，地下電影「教父教母」易位──一度有人開玩笑我是地下電影「教父」，之後有人發現我無法使他們的影片直通坎城，就把我變性為「教母」；後來又發現我無法使他們的影片既得獎又賣錢，就很江湖地掉轉頭腦另尋乳頭或曰奶嘴兒了（笑）。

　　從「排座次」看「受招安」，與《水滸傳》並不真正重合。一種是千年童養媳熬成公公，將走向弒父，後一種是戀父，走向的是自我閹割。

　　李安以華人身分，是中國官方最中意的「招安」最佳人選，連一向傲慢的CCTV都伸長了橄欖枝。無奈他不爭氣，好不容易得了個奧斯卡，還是個同志片。他最終落選招安名冊，也就「連累」上我（笑）。繞了這麼遠的地上地下各種圈，我才可以明確地說，在中國沒有任何可能性拍攝地上的同性戀電影、商業性的同性戀電影，而且在目前的政治框架下，未來也沒可能。

「出櫃」與「反出櫃」

　　一般懂中國電影的人，一講到「崔子恩」就聯想到「同志電影」或「酷兒電影」，似乎都是同義詞。但是您有沒有想過，某一天我要拍一個跟同性戀完全無關的類型電影，像科幻片，還是一個完全不一樣的類型？您的創作上還是不斷地突破過去的形式、過去的題材，但是一直離不開同志題材。您有沒有想過將來就拍一個完全不一樣的東西，還是您覺得您做藝術、做電影、做小說就是應該有這麼一個——不應該說使命感，會聽起來太高貴了——是否因為同性在中國的聲音太少了，太弱，您覺得有一種使命就一定要走下去？

　　從我自己的性格來說，我會是一直做我自己想做的事情，但是我也會衡量自己的能量，我知道我可以做十分十分不同性戀的、十分十分商業的電影。在劇本方面，我寫過類型片，寫過電視劇。寫過舞台劇（笑）。

　　那麼影像方面，我也做過完全不同性戀的東西，《霧語》就是不那麼同性戀的零成本科幻片，《獨生子》、《死亡的內景》、《WC呼呼哈嘿》也都是觸碰其他社會議題其他宇宙議題的（笑）。可能我被標籤化了，這些影片也會被讀解成同志片。我自己並不很想說我一定要做

「完全不是同性戀」的影片。我覺得那是別人在命名，不是我自己貼標籤，我自己不喜歡標籤化，但是人類挺忙的，標籤化可以幫到他們速食這個世界（笑）。

　　有人問一位同性戀導演：「你拍的是同性戀電影，還是你會怎麼把它歸類？」他說：「我不同意同性戀電影這個詞，因為如果你去租片子，電影的分類包括『劇情片』、『外語片』、『恐怖片』，等等，但是沒有『異性戀片』這個標籤──沒有這個說法──那麼為什麼要有一個『同性戀片』這麼一個說法！」

　　那應該是蔡明亮，他確實表達過這樣的意見。我跟他的想法不太一樣。可以有故事片的分類，可以有紀錄片的分類，或者是可以有色情片的分類，那麼也可以有同性戀的分類；有了這種區分，以往的愛情片就都被掃蕩到「陳腐異性戀片」的範圍裡去了，因為它們那麼那麼地不同性戀。當然，我也知道他的立場是性別平等性取向平權。我的立場是，總要有一個群體先出櫃，異性戀不如同性戀，同性戀可以輸出LGBTQ多元範式，而異性戀不能。同性戀出櫃才會逼出異性戀出櫃，不是嗎？異性戀也需要出櫃，出櫃之後才會晾曬出一男一女一夫一妻二元模式有多麼蹩腳（笑）。

除了電影以外，您也參與「同性戀文化節」的主辦工作。在舉辦的過程當中遇也到了一些麻煩，好像整個活動的場地換了幾次。在當時這是個非常重要的「文化事件」，能否請您多談這個同性戀文化節背後的故事。

　　我在北京主辦過三次大型的活動，第一屆同性戀電影節、第二屆同性戀電影節和第一屆同性戀文化節。這三次都受到國家安全局和員警局的跟蹤和封鎖。

　　第一次我們在北京大學做，第二次也是在北京大學做。六四以後，北大是最敏感的核心地帶。舉辦第一屆同性戀電影節，張江南和楊洋本來聯合了清華大學，但是清華大學畢竟更早黨化，早早退出了。我們也只是放映了第一輪就被封殺了。我們上面曾經比較具體地談論過這一屆。2004年我們和楊洋、朱日坤在北京大學舉辦「第二屆北京同性戀電影節」，開幕放映之後被北大封殺，不得不逃到798韓濤[1]個人藝術空間匆促完成。之後，我們就不得不把電影節移民到位於通州的宋莊，成為中國獨立電影節的周邊影展。

　　2005年年底，還是我與楊洋、朱日坤一起做「第一屆北京同性戀文化節」，這個文化節接連三次被員警追殺。

---

[1]　韓濤（1979—），藝術家，導演，主要作品有《寶寶》、《大霧》。

第一次偵破我們這個活動之後，是兩個國安局人員來找到我們組委會，那時候組委會是五個成員，有兩個不願意見他們，我就把他們約到電影學院主樓咖啡館，暗中有我的攝影師在鄰座抓拍會面場面。他們客客氣氣地要求我們關閉文化節，原因是文化節規模太大，超過國家的安全人數限定，有可能造成社會動亂。之後他們就勒令提供場地給我們的798藝術空間（不要給我們場地）。這時候距離我們的文化節開幕只有兩天。我們以為可以用上電影節的陣地戰經驗，臨時決定換到春秀路「上下線gay吧」。我們所有的、同志文化歷史的展品，設計都是按照那個場地的規格，六米長，很多的展品全部都得廢掉，重新做成三米的長度，這是幾乎不可能完成的工程。我是藝術總監，行動力強大（笑），開幕日我們準時把展品運到了現場。一些參展的藝術家也送來他們的作品，一些晚會有演出的歌手演員都早早到場，和燈火、走台、試唱，我們在美好的聲光效中完成布展。我擔心員警用雷達掃描我的手機信號找到我們，就把手機關了。下午3點，當所有展覽布置完的時候，來了五輛警車，六十多個員警，兩個客客氣氣的國安局成員依舊笑著，帶頭走進上下線，其中一個伸出大手，握住我的手說：「崔教授，咱們又見面了。」

　　這就是政府對同性戀採取的態度：你不能成為一種新興的文化的、社會的力量。如果影視方面開放的話，那就已經意味著政府是允許這種文化建設、允許這種生活現象，升級為一種新的生活理念。所以，當時

政府封鎖的還包括媒體。廣東幾家媒體聯合派出一個五人記者團，開幕前一天，被堵在廣州，新聞署不許他們出行。天津記者也是組團來京，被封堵，僅僅有一人逃出來到現場，但是也不許報導。紀錄片導演楊紫燁的團隊成員也來了現場。警察在開幕式現場重點要抓捕的也是記者，尤其是國際記者。當時德國之聲（Deutsche Welle，簡稱DW）和路透社記者都在，DW的記者是華裔，迅速隱藏到人群中，員警抓到的是路透社記者，她是白人。我們組委會與局長展開談判，堅決要求立即釋放她，局長要求我們全體撤離現場，宣布取消文化節。最後達成的協定是，我們撤離，他們釋放白記者。我當時的理念是，保護在場的每一個人，朱日坤和楊洋堅定地支援我。

在現場，我還有兩個得意的小細節：一是向每一位到場的警察發放文化節紀念品，年輕英俊的就會好奇甚至嚮往地收下，年級大一點的堅決不受誘惑，當機立斷拒絕接收（笑）；第二個是，他們釋放記者之後並不甘心，找碴抓人，厄運落到音響公司的一名員工身上，由於開幕式被迫取消，他正在收拾設備和線路，員警要求他出示電工證，他沒有，警官命令逮捕他。危機深刻，我攔在中間，我居然能夠笑意盈盈地說：「他動的是線不是電。」我勝利了，太了不起了（笑）。

第三次被封殺是什麼時候？

耶誕節。第二次被封之後，最不甘心的是楊洋，於是我們決定在跨年的時間段完成展覽。不過，為了規避風險，這次是個縮微展，只進行舞台演出單元。可想而知，當我們所有演員化好妝的時候，員警又來了。同性戀文化節，他們從來不遲到，不缺席（笑）。後來我開玩笑說，同性戀文化節全程參加的主觀眾群是「朝陽員警」。在中國，「朝陽群眾」、「朝陽大媽」是著名的民間大腳偵緝隊，任何「壞人」都逃不脫他們的火眼金睛。

　　事後有人在洛杉磯批評我們過於激進，破壞了中國同志社群與中國政府的關係（笑）。我一直在北京生活，都不知道同志們什麼時候與政府相處成了良友，更不知道如果關係那麼好，怎麼會不許同志們有自己的節日。節日是某種慶祝的結點，中國同志有了十多年的社區發展，用文化節的方式紀念一下，在政治的意義上其實是保守，何言激進？也有人批評我們組委會缺乏「英雄氣質」，為什麼沒有趁著員警圍困把「上下線」升級為中國的「石牆事件」（Stonewall riots）？我的回應是，現在不是1970年代，空間也不是紐約，沒有人可以翻拍歷史的模式。我還想知道，有誰喜歡監獄嗎？我們組委會成員，力保每一個在場的合作夥伴、每一個到場觀眾都平安離開，而不是被員警帶走，我們最後離開，我們是最後的撤離線，這就是我們的英雄主義。

　　中國媒體倒真是期待一場新的「八九」思潮。異性戀不給力的年代，記者團把同性戀文化節當成一種可能性，我知道他們的真誠。「詩

言志」一直是舊時代中國人受極權壓迫的唯一文化通道，一直通到1919年的「五四新文化運動」，通到1976年的以詩歌開始的天安門「四五運動」。八九年之後，詩言志也不可能，那就借同性戀文化活動言志吧，結果，「同性戀言志」通道還沒有真正打開就已經被關閉（笑）。

「出櫃」在中國是很弔詭、很有社會透視力的
一個視角，可以掃描出中國社會更加深層的政
治形態。在中國，人們幾乎看不到「櫃子」，
「櫃子」又無處不在。

同志，同志

《誌同志》，致同志／中國同志電影與酷兒運動

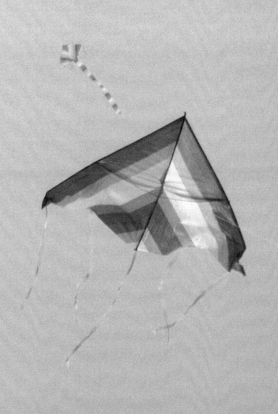

《誌同志》，致同志

您多年以來在劇情片和小說這兩個領域，一直非常活躍、非常多產。但除此之外，您還拍了不少紀錄片。其中有《誌同志》把視角移到中國的整個同志運動。能不能談談這一部紀錄片《誌同志》背後的故事，當時拍這部紀錄片的時候有什麼樣的動機？

LGBT的運動，所有的歷程，幾乎每一步我都參與了。同志運動差不多進展到二十年左右的時候，我覺得這個歷史需要書寫，因為差不多要有一個新的時代開始，我有這樣一個預感。在開始拍這部影片之前，我寫過〈中國同性戀生態報告〉，發表在主流期刊上，也主編過記載中國同志史的《粉皮書——文化藝術卷》。果真，我拍了這部影片，中國進入了一個新的時代，LGBT開始分化，模範的男同志作為主流，歧視其他「不潔」的群體，引發「美少女拉拉戰士」開啟的酷兒還是標準化同志的論戰。之後，同志運動之外的酷兒行動蓬勃興起——這是以酷兒文化為主體的，而不是以LGBT共同解放為主題。

《誌同志》劇情梗概

中國改革開放三十年以來，性別與性傾向議題日益受到關注，男權中心和異性戀霸權正在受到女性主義和多元性取向的挑戰與修正。三十年的中國新歷史，性觀念、性行為、性媒介，在頑固的保守間曲折地進步。

以影像直擊的方式總結與回顧三十年以來中國同性戀議題的發展，追蹤記錄三十年以來在同性戀平權活動中親歷歷史的人物，展現歷史重要變革事件，是本片的使命。《誌同志》的紀錄大致包括：中國同性戀非罪化、非病化的歷程；中國人同性戀觀念的變化與媒體多層面的報導；中國有關同性戀立法、學術研究、文學創作、藝術產品展示的方向與阻礙；性學界、醫學界和同性戀社群聯手抗擊AIDS的不懈努力。

用一部長篇電影，訪問親歷中國三十年LGBT觀念及生活變遷的三十餘位知名人士，及時地記錄和保存歷史，以探討現在，以開拓未來。

以下，是影片重點拍攝與關注的議題——學術出版：從翻譯，到社會學研究，到學術草根化；性學研究：從「無性時代」，到「開放的性」，到「一胎化時代」；法律與法規：從非法，到不非法，到合法化呼籲；性別政治：從「無名」，到「隱身」，到「現身」；經濟：從統一供給式到「粉紅經濟」；精神衛生與健康：從「病態說」到「非病

化」；文化與傳媒：從虛無到熱點；文學與藝術：從地下，到公開出版，到播客；社區生活：從隱祕到公開。

　　這部影片在拍攝的差不多十年的時間裡，最集中訪問是在後兩年，剪輯用了一年半。專門剪兩個版本，一個長的，兩個小時的；一個是一個小時的版本。面對中國每天都在發生很多事情的現實，有時候文學和所謂藝術和電影是軟弱無力的。紀錄片可以直接地介入社會。在那個階段裡面，2003年、2004年、2005年，2007年、2008年、2009年我都有拍非劇情片，有些不一定是紀錄片。譬如《講故事》，是用一個超長鏡頭記錄我在山西廣播電視學院的一堂課。它有點影像人類學的意思，在場的每一個人物都需要再訪問，需要再拍攝，延伸出每個人背後的家庭、日常和社會，之後還要寫文章進行理論闡釋，可以去拿這些申請博士學位（笑）。不過這種影片留白太大，沒人會理會我的所謂人類學動機（笑）。我也拍上訪者，拍新興社會群體譬如cosplay，拍郊區的孩子，成片有《一葷三素》。同志運動也拍了很多。有些剪完了，譬如《社會試金石》，記錄北京同性戀文化節籌備、布展、不斷被追殺的過程，譬如《大瑋——雙重出櫃》（後更名為《GAY+HIV+=大瑋？》），是愛滋同志田大瑋的人物紀錄片。也有些沒有剪，我也在拍中國的地下教會，也拍

天空法師，他是《我如花似玉的兒子》的主演，出家在長安淨業寺。

　　在我自己看來，我過去做的很多的事情，包括小說和劇情片作品，都屬於「個人實現」。社會運動方面，我會覺得，更需要類似於紀錄片這樣的力量參與。從同志運動的小角度來看，親LGBT的主流媒體和學界一直要從縫隙中找花朵，譬如馮遠征在《非誠勿擾》中是一個同性戀配角，《大閱兵》有基情，葛優在《霸王別姬》裡好男色調戲張國榮。我稱這種研究和傳播為「窺淫視角」，其持有者俯首於官方勢力，通過所謂合法管道去「看」，既可笑又可憐，能看到真相才怪。

　　拍了紀錄片以後，我也更懷疑所謂的純文學和純藝術的意義。拍紀錄片的過程裡，我跟社會的關係，跟整個中國社會的關係，甚至跟人類社會的關係拉近了。我以前都是躲得遠遠的，離人類越遠越好。現在我會覺得離人類很近。當然我個人的心境也發生了很多的變化。以前我一直都是內心特別寧靜，充滿歡樂；我現在有了焦慮，焦慮窮困的打工民工的孩子何時能夠脫離困境，焦慮地下教會何時能夠自由活動、神父和信友不因信仰被抓捕，焦慮環境汙染，焦慮中產男同志怎麼會與直男癌差不多。

　　社會焦慮症給我帶來的是，必須正視社會現實，而不是文革中的躲遠、文革後的遊戲式參與。那麼，什麼才是影像的正視呢？拍《我們是共產主義省略號》之前，我更多地使用直接紀錄片的方式，是我在「正視」眼前發生的現實。如何讓現實中的人物「正視」影像現實，是我在

《GAY+HIV+=大瑋？》·2011年

探討的課題。「北京獨立影展」和「北京獨立紀錄片週」創辦之後，幾乎每一屆朱日坤都邀請我做選片人和學術主持，我有機會看到每一年出現的獨立新作品。誰是紀錄片的主體？誰發出聲音、擁有話語權？是導演還是「紀錄片公眾」？反反覆覆地追究之後，我建立起「看鏡頭是被拍攝者主體性唯一途徑」的理論。當然，這種理論的後期保護是剪輯的「看鏡頭性」——不打斷它的連續性、持續性，不用任何「客觀鏡頭」阻斷其充分性。

用看鏡頭的話語方式完成影片的主體構架，片名當時也是《看鏡頭》，與《夜景》、《死亡的內景》、《丑角登場》等片名策略一樣，裸呈影像語言方式。對於這部影片來說，這種方法其實不容易：幾乎所有「歷史」都是客觀鏡頭的，無論是史料還是我自己跟拍獲得的「歷史鏡頭」。好在我不是一部片的完美主義者，其他影片也可以獨立存在和發聲，世界上也永遠有新片湧現。

您在這部片子裡，雖然是幕後的導演，同時您也擔任一個很重要的角色，因為在整個同性戀者運動當中您扮演了一個非常重要的一個角色，所以經常出現在螢幕上。我很好奇，無論是您自己拍的劇情片，還是您拍這樣的紀錄片，您把藝術創作跟社會行動怎麼分別？您覺得創作也是一種行動嗎？像拍這樣的片子，您當它做藝術創造，還是當做一種社會行動？

我經驗過的社會運動，我都認為缺乏民主理論。由於文革前後的社會運動都是由政治領袖操控的，我一直有後遺症，一直懷疑社會運動，或者說總要追究運動的動機，在運動動機不明之前，我就會躲開觀察，離社會運動距離比較遙遠。而八九學運，我又認為自由理性不夠，只有政治外裝，不敢於綻放性的、生命力的激情，也就不能拓寬身體的、文化的、權力的更大可能性，最終還是會走向模範共產黨員的軌道，走向清教主義。

　　我用是否「在現場」來觀察它是否是運動的。很多藝術家或者是文學家，他們不在運動的現場，他們從來不在運動現場。在運動現場的那種激情與掙扎，或者說那種煩惱，處於這種鬥爭中的人，常常不是這些藝術家和文學家。

　　我是一個既想有創作，又想有社會運動，同時也要豐富的個人生活的一個人，所以我差不多把自己一分為三。這種界限裡，屬於運動的部分是，差不多這十年至十五年的時間。我把我自己的生命或者身體，分割出來，交給運動，隨便各種各樣的野獸可以隨便來吞食，可以來撕咬，我自己可以抵抗。

　　這部影片完全可以用紐約大學張真教授經常提及的「行動主義紀錄片」來標識。影片後期製作所使用的雙畫面或者多畫面的技術，根據於傅柯的《知識的考古》。我把影像的窗格對應圖書館的書架，收藏的是無人問津的、偏僻的、容易被歷史掩埋的文本。

這部影片的格局確定，差不多是2005年被封鎖的同性戀文化節的單元配置，在這裡黏貼一下：

1. 從深黑到淺灰
　　背景：1953《中華人民共和國刑法》取消「雞奸罪」
　　　　　1997《中華人民共和國刑法》取消「流氓罪」

2. 從綠地到草根
　　背景：1993北京海馬歌舞廳開辦「男人的世界」沙龍活動
　　　　　1997比利、蘇茜、阿平創辦北京BP99575同志熱線
　　　　　1998第二屆香港華人同志大會和北京西山大覺寺同性戀會議舉行
　　　　　《朋友通信》（張北川主編）在青島創刊

3. 從知到智
　　背景：1924《同性戀問題討論集》（周建人編）出版
　　　　　1946潘光旦《中國文獻中同性戀舉例》出版
　　　　　1992李銀河、王小波《他們的世界——中國男同性戀群落透視》出版

4. 從紙到光
　　背景：1997兩岸三地同性戀小說集《他他她她的故事》（盧劍雄主編，香港華生書店出版）出版

1998《希望》雜誌特別策劃《認識同性戀》大規模發行

2000湖南衛視大型談話節目《有話好說》「走近同性戀」播出

2001《中國精神衛生管理》（第三版）完成，同性戀不再統劃為病態

2002《現代文明畫報》同性戀特刊大規模發行

2005 CCTV大型談話欄目《新聞調查》「以生命的名義」播出

5. 從課內到課外

　　背景：2005復旦大學（上海）在兩個院系開設同性戀研究公開課程

6. 從眾身到自身

　　背景：2005衛生部與同性戀愛滋志願者預防對話會議舉行

7. 從易裝到易性

　　背景：1995舞蹈演員金星通過變性手術成為女性

8. 從影子到果實

　　背景：1995電影《東宮西宮》（張元導演）出品

9. 從慢進到快進

　　背景：2003「同性婚姻合法化議案」由李銀河倡議提交全國人民代表大會法工委

在紀錄片裡面，有好幾個被訪問的人提到「出櫃」的過程那麼艱苦。您請他們參與這部紀錄片的時候，是否有一部分人會有所顧慮或者不太願意上鏡頭？

被邀請「看鏡頭」人從二十多歲到八十多歲，年齡越大「出櫃」過程越艱難，受到的迫害越深，壓力越大。譬如青島的秦士德，就為他同性戀身分的暴露付出了幾乎一生的代價。而八〇年代出生的人，可以離開家鄉到大都市讀大學，遠離家族家鄉，出櫃壓力相對就小一些。我也認識一些同志父母，譬如大連牧羊的父親，他最早在網上公開撐兒子出櫃，甚至還聯絡各地的同志親友，成立NGO支援兒女出櫃。由出櫃所展現的時間流脈和社會歷史變遷，並不是我這部影片的重點。那背後的戲劇性，值得另外的影片探討。據我所知，已經有那樣的影片在製作。

「出櫃」在中國是很弔詭、很有社會透視力的一個視角，可以掃描出中國社會更加深層的政治形態。在中國，人們幾乎看不到「櫃子」，「櫃子」又無處不在。貝托魯奇（Bernardo Bertolucci，編按：中國譯名為貝爾托魯奇）在《末代皇帝》（*The Last Emperor*）中用紫禁城和戰犯看守所來象徵中國人的禁錮。皇權之櫃通過紫禁城的圍牆與宮殿得以被描繪。在那種文本裡，櫃子是出不去的，只有在內部建立無限的等級，無窮的階梯，無盡的捆綁與束縛。不止是在中國，在義大利在英國在印度在日本，這種皇權之櫃都曾經被深鎖。貝托魯奇本人就曾經是義

大利共產黨員。他退了黨，出了櫃。華人導演卻很少有他那樣的出櫃能力，包括在美國的華人導演。

其實「異性戀」是同性戀出櫃的成果。同性戀現身之前，中國也沒有異性戀，如同之前只有同性性行為沒有同性戀文化和權利一樣，中國也只有異性性行為沒有異性戀文化和權利。譬如一個異性戀的女生，在家庭和學校和社會中，她的地位不會因為是異性戀就等同於同性戀男生。異性戀也需要出櫃，是那種意味著女男平等、與同性戀平等的出櫃。

我一直在說，中國就是一個巨大的櫃子，有形也無形，事事人人都藏在裡面，真相被隱藏，包括各級官員各類富豪藏在家裡的保險箱／小金庫／大金庫／超大金庫，包括隱藏在婚外的「小三」，也包括皇帝，包括出席奧運會開幕式的國家主席副主席們──他們人人都染了一頭黑髮，試圖把年齡深藏櫃中（笑）。

還有人把出櫃當成一種特權，出櫃之後瘋狂踐踏櫃中人或者其他弱勢者的；還有把出櫃分出等級的，譬如在CCTV出，就出了個大櫃，在家庭出，就是出了個小櫃（笑）。一個等級制社會，連被遺棄的櫃子也成了與等級比拼的象徵（笑），譬如用「貴族」的諧音來諧梗「櫃族」也是一種語言範例。特權式出櫃，無論同性戀異性戀，皆反人權。我這裡說的是出櫃的複雜性。

我也不認為同性戀出櫃是一次性的、有完整Coming out of the

崔子恩電影 A film by Cui Zi'en
福特基金會資助項目 Ford Foundation
Queer China, 'Comrade' China
誌同志
紀錄電影 Documentary Film
歷三十年中國同志平權史淚和新力
以全球彩虹行動暢向自由與天愛

《誌同志》，2008年

《誌同志》，2008年

closet政治含義的。哪怕當我在湖南衛視、在天津衛視、在鳳凰衛視、在CCTV這樣的大眾媒介乃至官方媒體上反覆出櫃，更加會發現「中國櫃子」是個神話，是個「魔櫃」，只要你出生在裡面，就永遠無法逃脫。它不是單層而是套層的，把每一個人套死在自動伸縮、層層複製、無窮膨脹的套層裡。你可以公開性取向，但是，「櫃子」外面還有一層永遠有彈性的「面子」，它是中國人的大氣層。說你「不要臉」、「不知羞恥」，就足以消滅你剛剛萌芽的同志驕傲。何況，還真的有各種法制法規把LGBTQ限制在既不合法也不非法的灰色地帶，一座從地下升起的「新櫃子」。而中文，我們正在使用的語言，恰恰是無所不在、盤根錯節、無法砸爛的繩索編織的櫃子。

沒有完整的人權和人權觀，其實是無法澈底擺脫衣櫃的層層再生和層層裹挾的。這才是中國同志乃至所有中國人「出櫃」的壯烈性。

大家都知道中國變化速度實在太快了，所以雖然這部片子還是滿新的，只是幾年前拍攝的，但這幾年當中，同志群體在中國又面臨一個什麼樣的一些變化？

也許《誌同志》終結了中國的同志運動，它一完成，時代就轉軌了（笑）。

2010年，LGBTQ在中國發生了一次比較大的裂變，一個gay為主體

的同志團體，依靠LA的金主，全盤照抄美國中產白人同志的主張，借同性戀「基因天成」的科學論，指責拉拉、跨性別、雙性戀、CC的gay敗壞了中國同志形象，還說「酷兒」在美國已經過時了。這時候有一個網名「美少女拉拉戰士」的站出來和這個科學論進行論辯。我毫不猶豫地支持美少女拉拉戰士。當時，我四處搜尋「美少女拉拉戰士」的真實身分，她的出現太驚豔了。直到2012年羅鵬（Carlos Rojas）教授邀請我訪問杜克大學，我才終於得知美少女拉拉戰士的真實身份（笑）。

這個論辯一直延續到現在，酷兒運動興起。我說過，同志運動LGBT和Q開始分開，和酷兒Queer開始分離，也是從這個意義上來講的。差不多支援酷兒理論的人，都成了以拉拉為主要群體的陣營裡的人，包括一些gay。這個時候我們都選擇「變性」，是改變性取向的「變性」，就是我們都變成lesbian（笑）。很多支援酷兒理論的人，男生，都認為自己是lesbian。所以那個時候開始，我說我是lesbian（笑）。

通過這個運動，進一步呈現出來一個詞的深層結構，那是「同志」這個詞。社會主義時代，「同志」（Comrade）貌似沒有性別區分，一旦用於女性的時候，「女同志」的稱呼才會把它的男性中心內涵呈現出來。芝加哥大學李萌博士告訴我，這個詞是來源於俄語的tavariš（това́рищ），它在俄語中是一個陽性詞──李萌是我研究生院同班同學，俄國文學專家。

用同志這個已內涵著男性中心的詞替代LGBT，顯然是香港同志社群爭取同性戀權利的一種勝利。以「華人同志大會」主辦者的文化推衍，同志群體「站在陽光下」的時間不會很遠，尤其是在港台地區。不過，這種勝利就像布爾什維克的勝利一樣，是繼承男權中心的男同志中心化，如同歐美的同性戀婚姻合法化是以中產階級白人男同志為主流一樣。它的權力爭取，比較集中在gay權利獲得上面。那lesbian還有雙性戀或者是跨性別或者其他少數的社群，並沒有獲得到太多的權利。甚至模範男同志們還會認為，酷兒理論主張的「流動性」以及LBTQ權利的爭取會妨礙他們的社會地位迅猛提升（笑）。

　　這部影片廣泛放映之後，我更急迫地要拍我的另外一個影片，標題叫《不再誌同志，只是誌酷兒》，決絕地要告別一個立場，有點像告別男權時代一樣，就是要告別gay權時代。也許不只是一部影片，而是多部。第一部可能是關於腐女的，關於腐文化。第二部是關於同妻的，男同性戀的妻子。可能會這樣一部一部來拍。這些現象在中國，都成了推動整個中國社會與西方的LGBTQ的文化產生很多分歧和不同的一些現象。

　　您覺得LGBT群體在中國目前面臨最大的問題或者挑戰是什麼？而這個挑戰，跟在國外的同性戀者的問題有什麼不同？

在中國最大的挑戰、最大的難題是灰色地帶，也就是政府不願意也不情願正面地面對LGBTQ現象和議題。學院派，包括女性主義的那一邊，也不敢直接面對LGBTQ相關現象與議題。只有少數的一些學者，包括在影片裡出現的一些學者，來面對這個所謂的社會學、人類學，或者醫學課題。在中國，能從文化和政府的層面，來對這個議題發表聲音的就幾乎沒有。一些大學裡開設LGBTQ課程的，幾乎都是醫學院和社會學的學科，在其他系科就完全沒有。在美國可能每個學校都會有酷兒的課程，甚至有專門關於性別研究的專業。目前在中國大學裡面，遠遠不像美國這個樣子。

　　另一個難題在於中國家長制的社會結構。中國的家族文化，鼓勵四世同堂，大家長制，祖輩、父輩的意願是優先順序，年輕人的意願是附屬級。「孝道」的捆綁，經濟不獨立或者無法獨立，成年與未成年界限不分明，共餐制，都是這種體制的強大支撐。

　　在龐大臃腫的家長制大象身下，gay和lesbian都不敢現身，不現身，就會被壓得無法喘息，譬如被「催婚」——逼迫與異性結婚，甚至之後還有「催生」——被迫生孩子；如果現身，就可能被趕出家門，失去家族的庇護，更容易被整體社會碾壓。

　　現身的問題，也是在中國社會面臨的比較大的挑戰。所以這幾年討論比較熱烈的，一個是同性婚姻合法化的問題，這是一個直接呼籲社會進步的話題。LGBT圈子裡討論最多的，推動最多的工作就是現

身，只有現身才能保證同妻現象的消失，才能保證整個社群的正面的面對。

在國內有很多批評的聲音，說現身是美國式的，是完全照抄美國的，同性婚姻合法，這也是照抄美國的。這種批評的聲音，現在也越來越多。中國的觀察，我覺得有一個在中國比較難解決的問題，就是中國的粉紅經濟。LGBT的文化沒有建設好，但是粉紅經濟已經先開始了。而粉紅經濟，能夠獲得這個消費資格的人大部分都是gay，這種情況也會製造新社會新的不平等。當這個社會運動是要追求平等，但不是先從LGBT文化建設開始，而是先從經濟建設開始的時候，整個社會會帶來一個新的不平等，而這個不平等是很像美國的消費社會。

在中國，與LGBTQ相關的界域裡，目前政府唯一不完全禁止的是粉紅經濟和愛滋預防。一些同志文化的NGO要粉紅經濟的公司去工商局註冊才能獲得政府監管。目前所有合法的同志機構，都是在工商管理局註冊的。如果是文化方面的NGO去政府註冊，就不可能通過，譬如我的電影工作室。

什麼是粉紅經濟？

粉紅經濟是以彩虹旗及其周邊產品為核心的全球產業鏈與消費鏈，譬如每年同性戀驕傲月的同志大遊行的彩車、服裝、飾品、音樂、影像

甚至餐飲，譬如交友／約炮軟件，譬如gay吧gay桑拿。在中國，粉紅經濟和LGBT文化的發展是不均衡的，由於政府的許可，粉紅的發展得很快；由於政府的打壓，LGBT文化發展十分曲折。

中國同志電影與酷兒運動

能不能為我們的學生簡單地介紹同志電影在中國的歷史和發展？中國什麼時候開始有「同志電影」？然後它發行的情況又如何？

中國第一部完全探討同性戀影片是張元導演的《東宮西宮》，1995年完成。之前有「亞同性戀電影」，譬如《霸王別姬》，用梨園戲曲這樣的方法來影射同性關係，它改編自香港的暢銷小說，其商業動機也十分明顯。從《東宮西宮》開始，真正有第一部中國同性戀的電影。這部影片，跟中國的第一部同性戀研究的社會學著作有關係，那就是《他們的世界》。王小波和李銀河寫完那本書以後，王小波和張元一起合作了《東宮西宮》的劇本。之後出現了由我編劇、劉冰鑒導演的《男男女女》，李玉導演的《今年夏天》，這是一部lesbian的影片。在之後由我導演的《舊約》。我們2001年在北京大學舉辦第一屆同性戀電影節的時候，就放的是這些影片。

康峰[1]《誰見過野生動物的節日》（1997）是我個人很偏愛的一部影片，雖然它的聲音採錄和後期製作像我的影片一樣粗礪。影片探討的空間有些溢出LGBT的寬度。江子十七歲，悠閒假期中與另外三個夥伴在公園閒逛，中間他獨自去了一次廁所，沒想到那個公廁是被男同性戀者「占領」的公廁，一個中年男人把他當成「自己人」，粗魯觸摸他的身體。逃出公廁之後，他試圖向三個夥伴傾述被同性性侵的經歷，居然被他們半開玩笑半認真地貼上了同性戀者標籤，他們的理論是「被男人搞過的男生就是同性戀」。江子被不屬於自己的同性戀者身分所困擾，回到家，試圖從家庭得到資源和援助，他與爸爸圍繞著「兔子」這一同性戀民間命名的對話，則完全是南轅北轍無法溝通（他爸爸以為「兔子」只是指小白兔那種動物）。影片從強迫性同性性行為，延伸到強迫性同性戀標籤化，再延展到民間語言的淤塞，把江子推向了「語言的絕境」——他被強姦了，身心都被強姦了。要走出絕地，要洗脫被姦汙之恥，他只有兩條路，自殺或者反殺。行至此處，康峰已經狠狠地踩到了人類的死結。如果江子自殺，影片則走向複雜而深刻社會悲劇，但是人物會複製弱女子與猥褻男的套路。好在江子少年懵懂而不失莽撞，他不會把自己複製成一個「完美受害人」，他去了水庫，度過了一段真正悠閒的假期，之後，他驀然回首，選擇了「復仇」的懸崖。這次復仇，與其說是暴

---

[1]　康峰（1979—）中國著名山水畫家，策展人，媒體人。

力行動，不如說是語言爆破。一旦開始策動，他就踏入了一條與語言的死囚牢獄同歸於盡的不歸路——同性戀與異性戀、未成年與成年、知情與不知情、有知與無知、恐同與不認同、騷擾與反抗、合法與非法。一旦他回到那座公園那間公廁，所有的語詞都失去了繩索，所有的定義和律條都失去了翅膀。他衝了進去，砸爛的是一座由語詞與權力虛構出來的監獄。

　　影片拍得早，有幸沒有受到政治正確的捆縛，反而得以尖銳地批判流行的、混雜的知識譜系，成年人與未成年人的權力關係，包括所謂的律法結構——沒有對未成年人的保護；沒有對同性性侵的定義，更談不上保護。康峰在演員選擇上，承繼著盧切諾‧維斯康堤（Luchino Visconti，編按：中國譯名為魯奇諾‧維斯康蒂）的經典路線，用少年而且是美少年王昕作為影像的誘餌，讓江子的年齡、外貌都容易成為慾望的號召，被誤認，讓人容易跌入「同性戀符號陷阱」，不僅是那個中年同性戀者，而且包括江子的同伴。如同《魂斷威尼斯》（Morte a Venezia）一樣，不是那個瑞典美少年塔契奧（Tadzio）誘惑了老遊客，也不是江子誘惑了其他人，他僅僅是一種存在，要收割這種他的人，都各有利益：中年猥褻男獲得身體快感，江子的同伴獲得「標籤上帝」的快感。問題是，江子不是塔契奧，不是扮演塔契奧的伯恩‧安德森（Björn Andrésen，編按：中國譯名為比約爾恩‧安東雷申），他並不去關注鏡像的、有誘惑力的自己。他只是遲緩而深刻地面對受侵犯的事實。他要報復，把侵犯丟還給侵犯者。他尖銳地挑戰著籠罩在這個時代

之上的假設溫情，撕扯著那些「合法性」，雖然不一定能粉碎。

　　這部影片1997到1998年期間就已經完成，可惜當年不知道它的出現，不然一定會邀請康峰來北大參加第一屆同性戀影展。我偏愛的另外兩部影片是刁亦男的《制服》和韓傑的《Hello樹先生！》，貌似與同志無關。2005年第二屆北京酷兒電影節的時候，就已經有三十部的影片來參加我們的影展，其中有兩部是上海導演程裕蘇拍攝的，為我所偏愛——《我們害怕》和《目的地上海》。我專門寫過文章，發表在威尼斯電影節的專刊上，還獲得六百歐元鉅款稿費（笑）。

　　僅僅透過影展放映的影片，我會觀察到，拍攝同性戀這個主題影片的電影作者，他們的性取向大多並不是同性戀。譬如李玉，男朋友是她的製片人。由於這樣的一個視角，很多是非同性戀的身分來拍攝同性戀題材，會有差不多兩個方向。一個方向就是，同性戀都特別好，他們會把同性戀的人和同性戀關係感情都講得特別好，有點後像後來我們說的那種「腐文化」²。那還有一種就是他們會有特別想像的一個東西，在他們的影片裡面想像出來的同性戀的關係，而真正真實的同性戀的關係，好像在他們影片裡面並不那麼重要，譬如《今年夏天》的後半段，幾乎是朝著商業類型上發展，或者說是導演用低成本在嘗試中大成本製作。從後來的軌跡來看，李玉換了製片人，轉向了合法電影的製作道

²　「腐文化」，腐女Fujoshi現象衍生出來的文化多元性。腐女Fujoshi指的是熱愛男男同性戀的女性。

路。之後，她的影片沒有再涉及LGBT議題，倒是在頒獎禮上她與范冰冰公開舌吻過。有人說，這種舌吻也是一種「炫富」，是一種名媛行為——讓人知道昔日地下電影人也可以與超級明星打得火熱。我下次遇到她會問問她，名媛生活是否愜意（笑）。當然，也有人走著獨立而學術的拍攝路線，譬如程裕蘇。他後來走向人類學影像的道路，離公眾更遠。

到2008年，我們進行第三屆北京酷兒影展的時候，開始出現更多不同形態的作品。有更多LGBT身分的人拿起攝影機來拍攝。他們的影片不一定有多少傳統的、標準的、所謂專業的藝術性。他們的影片也開始接觸到中國的同性戀更加真實、更加內部、更加複雜的日常現象。不再像以前影人那麼悲情、那麼用力，譬如也有血腥、暴力、凌厲的情色，譬如殘缺、不完整、打破整體性，譬如反美學。有一位導演叫韓塵，他在上海同濟大學開始拍片。他拍得很快，一年拍兩部到三部，有的時候拍得很類型化，像美國的類型片的拍法。

王鋒拍出受到很多詬病的《同志》（1996）之後多年，彷彿是一夜之間，出現了很多紀錄片。高天的《美美》，記錄我們共同的朋友美美，她／他是一位跨性別gay吧脫口秀藝人，影片幾乎是記錄了美美的一生，很真很美很悲傷。杜海濱用多畫面的方式完成了他在成都取鏡的《人面桃花》，這是他拍攝張德昌導演的《蝴蝶》之後的作品。王逸人從長春送出關於跨性別的《蝶變》。還有劉波的《莎莎》、韓濤的《寶

寶》、蔣至的《香平麗》、陳苗的《上海男孩》、魏星的《忘記她是他》。劇情片和紀錄片真假難辨的方式，是張涵子的《唐唐》。當然也有相反的，刻意中產化的，刻意學習傳統美學的；也有一些新的現象，比如微電影。還有NGO在推廣社區運動的時候，通過教育運動產生的影片。我自己的影片差不多沒有放在這個歷史裡來討論。好像我有自己的一部酷兒電影史（笑）。

觀眾 │ 我現在上課，經常會學很多酷兒理論，它非常活躍，非常地繁榮，有在別的很多課都沒讀到的內容。所以我聽您說，在中國有一些派別會覺得酷兒理論已經死了，我非常驚訝，怎麼會這樣想？

這個聲音還是來自於美國，發出這個聲音的NGO，名字叫愛白，我們戲稱它叫「只愛白人」，在美國註冊，以一個擁有博士學位的華人為主，那個人與我在北師大的一個開放課堂上同台過，恨我恨得不行，因為我與聽眾的互動**轟轟**烈烈，淹沒了他的存在（笑）。主要是他在說「美國酷兒理論已經過時」，原因是，同性戀要樹立良好的社會形象，就要強調這是天生的、是人的身體裡的、是生來就有的一種慾望——這樣，社會是能夠接受；如果講求性的自主性、選擇性，講求性取向的自主性和選擇性和正確，會給同性運動帶來阻力。愛白網為此還發出過宣言式的文章。

美少女拉拉戰士，也是在美國，是哈佛畢業，現在已經從杜克博士畢業。恰好杜克大學是酷兒理論很強大的一個地方，它也是酷兒理論的策源地之一。雖然在美國學習，她也經常去中國參加同性戀的運動，長年主持「拉拉訓練營」。所以她說，美國不是愛白胡說的這樣，你們不要去傳達錯誤的關於美國的知識，在美國，酷兒理論不僅沒有過時，而且還在發展。

真正的原因是，一些中國的gay團體，已經資本化，金主第一，主要是愛白，他們是索羅斯（**編按：指美國富豪George Soros**）資助的，那個博士是他們的籌款人。一旦有了錢，就怕失去錢（笑），怕如果中國的運動由酷兒理論來引導，會帶來更多的政府的阻力，會阻礙這個運動的所謂的表面的成功，會帶來資金上的恐慌。索羅斯是要看到成績的，成功的成績單，而不關心真正的、艱難前行的運動。因為索羅斯只去資助那些成功的專案，而在中國，一運動就失敗──這是我的名言（笑）。在這個之前，中國的LBGT的運動是整體的，也就是gay和lesbian和跨性別群體友好合作，如同一體，沒有這樣分開過，各種小組各種活動上各種政治策動都在一起工作。現在分裂了。劇烈的裂變，感覺中國同志運動、酷兒運動更像美國了（笑）。

在中國的話，酷兒運動有沒有受到宗教人士他們的一些影響？

在中國，基督教和天主教的教會，和同性戀一樣被政府打壓，甚至比同性戀者的境遇更加艱難。很多地下教會的神父都要被抓起來、長年關押，比做同志運動的人命運還要悲慘。我的家庭是天主教的，我的舅父長期擔任一個堂區的會長，我的媽媽也把房子獻出給了當地教會。我們認識的一些神父朋友，有被關過監獄的經歷，有的是十五年，甚至還有一個更年長的人，譬如我媽媽家現在所在的秦皇島教區本堂雅各伯神父，被關押過三十年。近幾年，有一些基督徒教徒——新教的基督教徒，開始公開攻擊同性戀者。譬如演員孫海英和呂麗萍，先是孫發表公開恐同的言論，接下來是呂。他們認為他們站在上帝的立場來反對同性戀，他們自以為有上帝審批權、上帝的視角和力量，才敢打了雞血一般，才壯大了膽子，由假信念出發公開發表這種言論。當年她得了金馬獎，按照金馬獎規定的，第二年她要作為頒獎嘉賓，金馬獎為了抗議她的恐同言論，取消了她第二年的頒獎資格。台灣電影金馬獎不是每一個行動都給力，但是這一次很給力。這也是這幾年公開恐同和反恐同最大的一個事件。[3]

　　在中國，這樣公開的反對同性戀的聲音，其實是比較少見的。大家基本的方法是表示沉默，在公開的場合不發表言論，在私下裡可能會

---

[3]　2010年，呂麗萍憑《玩酷青春》中單身母親一角獲得第47屆金馬獎最佳女主角獎。2011年6月，她轉發某位牧師的反同言論；7月1日，金馬獎執委會在知會主席侯孝賢以後回應：關於邀請呂麗萍為2011年金馬獎頒獎一事將暫緩進行。

有歧視的聲音。隨著新教基督教運動在中國的開展，反對同性戀的聲音也開始公開化。我遇到過兩個身邊的新教基督徒，一個是錄音師，一個是紀錄片女導演，見到我就要「好心好意」地教誨我「棄惡從善棄暗投明」，以免世界末日進不來天國。我馬上用我的「手術刀嘴」與他們割裂，割裂之前一定還會反傳教，我得告訴他們，上帝不是被他們捆綁在法官十字架上的、小心眼兒的上帝，世間也不是上帝的法庭，「審判」不過是假基督徒把自己抬高到上帝高度的藉口，對一切微笑，包括面對任何動物的性行為場面，那才是上帝的態度（笑）。

透過這些假基督徒，我們可以看穿，任何宗教一旦以普世價值的姿態出現，就已經是自命的「政府」和「官僚」，就一定要反對、要遠離、要劃分、要揭穿真相，如果可能，還要消弭。對新教基督教徒、對狹隘的天主教徒，我說我有自己的基督教，信徒只有兩個人。天主教／基督教有時候也是臍帶，必須割斷，並丟棄。

觀眾｜我八〇年代就在西德，那個時候好像有好多同性戀者跑到教堂來得到維護，政府偷偷地派人到教堂來先去觀察，後來也偷偷地參與他們的活動，要引導他們的活動。您覺得在中國有這種可能性嗎？政府委派人來參與一些同性戀者的活動，甚至會引導他們的取向？

中國目前是全民監控的社會形態，監控無處不在，同性戀的活動一

定是被監控的。包括我們出國在國外做放映，有的時候就有大陸的文化部門來參加，這種文化部門的參加，一定不是支援的，是「友善」監督的。當然也有大陸的神祕官員，會一直參與到我們的運動現場，經常找我們談話。在北京有兩個國安局的人經常找我，彷彿是我的好朋友，嚇得我經常更換電話號碼，以擺脫他們。他們一個是北大畢業，一個是北師大，人都很和善，但是職務很可怕。我的真朋友找不到我，就知道我又換了電話，只能等我找他們。我又很少主動找朋友，後來朋友就越來越少（笑）。

　　我們做電影節、文化節活動會被關閉，也是國安局和公安局聯手的。這是大陸對我們的職責。但是他們並沒有耐心引導同性戀者的活動，目前沒有，國家機構其實對LGBT的瞭解很少，他們也不知道怎麼引導。可能差不多都是LGBT引導他們引導。譬如被關閉的北京同性戀文化節，就等於是專門為員警和安全局成員舉辦的「洗腦」文化節（笑）。

觀眾｜我有三個問題。第一個問題是，咱看到那個紀錄片裡面還是有個律師叫周丹，我也見過這個人，看到他就很親切。您的電影是不是還通過媒介、電影、書，來探索整個同性戀社會的轉變。我自己也是在媒體工作，我很想將來為中國的LGBT群體做點什麼，或跟他們有一些聯繫。我這樣一個有媒體背景的人，怎樣去跟他們搭上關係，或者參與，或者做一點貢獻？這是第一個問題。第二個問題關於台灣的張惠妹。目

前她為同性戀群體籌辦了一系列的活動，想問您對這個事情的看法。第三個問題是，香港一個有錢的百萬富翁，表示如果有人能娶他的女兒，他就會把大筆錢給他。這個是比較有代表性嗎？還是比較極端的，您怎麼看這樣的一個現象？

　　歡迎妳到大陸來，參與到同志運動裡來。全世界的媒介和中國的媒介都很關心LGBT的議題。因為六四以後、學生運動以後，好像中國社會運動的題目就沒有了，只有LGBT的運動可以關注，所以這些年來一直是一個熱點。在我的影片裡面也呈現了這種熱烈。妳要來的話，可以跟很多在運動第一線的人在一起見面，可以瞭解他們怎麼想。

　　阿妹是在台灣的背景裡來呼籲關注同志的，對中國大陸同志社群有鼓舞，有人唱阿妹的歌，獲得某種驕傲感。但是，這對大陸的政治現實沒有太多的影響。因為阿妹是一個天主教徒，還被特別定位在一個台灣人的身分上面。所以好像是她的呼籲並沒有真正影響到中國大陸的政策。大陸的LGBT運動，一直在媒介化、一直被媒體化，但是又並沒有被政治化。這樣特別的情況之下，中國的LGBT運動不太像其他的一些區域，會相信明星效應。明星的效應帶不來政治上真正的解放，所以大家對明星效應沒有那麼強的祈求。不像在其他的民主國家，有明星參與到運動中來，會產生政治效應，比如同性婚姻合法化。但是在中國有一個明星出來也沒有用，何況政府根本把阿妹看成「外人」。

第三個問題其實跟大陸的生活不太有關係。大陸也沒有那樣的資本家，只有暴發戶。在大陸，暴發戶們普遍隨便自己的兒女怎麼用錢，過什麼樣的生活。他們有時候管不了，因為他們剛剛有錢，自己還要忙著去享受生活，或者是擔心自己的寶座會因為腐敗丟掉。其實他們沒有那麼多精力去管孩子，也普遍缺乏民主的文化可以傳遞給孩子。

　　談到腐文化，我很想知道作為一個同性戀，您如何看待腐女這個群體？

　　腐是日語來的。腐文化從耽美文學來、從日本文學來，在日本有這個現象時間已經很長。傳到中國以後，變成更大面積的腐，幾乎年輕女生都是腐女，而且也可能影響到她們的男朋友或者男閨密，一些影視劇也看到商機，大面積地借助腐文化擁抱「同人文明」。這對gay的文化、gay的運動增加了一層保護色，同時也外展了LGBT運動，或者說，腐文化更是一種酷兒文化，盡管可能腐女並不覺得自己是酷兒運動的踐行者。

　　在大陸，婦女運動和女性主義因為有婦聯和社科院那樣的機構支援，擁有相對主流的社會地位，也因此對LGBTQ保持警覺狀態，分離著，以確保自身被男權恩寵的地位。近幾年才出現民間的女權NGO，譬如「一元公社」（2011年7月發起的女權NGO），這個NGO支援過

「占領男廁所」、「受傷的新娘」、「光頭抗議教育不平等」的街頭行動，在中國各地建立起寶貴的「青年女權行動派」。這個時期，女權運動才開始與LGBTQ合流。腐女文化在某種空間裡，連結起LGBTQ與女性的關係。我是最早擁抱腐文化的人之一。

作者是追求自由表達的,非獨

差不多是要用電影作為工具來

值,包括社會地位、金錢、名

對我自己,從個人來說,我一

自由的狀態,這種自由到一種

我素。

獨立電影考

紅色電影的歷史痕跡／改革開放的經驗與創作啟蒙／第六代的電影革新

紅色電影的歷史痕跡

我第一個問題是，剛剛放了《紅色娘子軍》的一個片段，這應該說是中國五〇年代到七〇年代非常有代表性的一個所謂的紅色經典作品，我相信您們在整個成長過程看到過許多類似這樣的電影。您們當時應該是看著紅色經典長大的，您們當時是什麼樣的感受？看過這個類型的電影，現在又回頭看，又有什麼樣的一個新的感受？

崔子恩｜很小的時候能夠看到的影像的作品，差不多都是革命作品，樣板戲《紅燈記》、《沙家浜》、《紅色娘子軍》、《白毛女》、《海港》、《杜鵑山》看的遍數最多，除去這之外，就是《劉三姐》，它不是樣板戲，但是階級性就是其戲劇性，是歌舞片，很容易被普羅大眾所接受。我們童年的時候能夠觀影的70%、80%的都是國產革命電影，也有一部分是來自於朝鮮、阿爾巴尼亞，還有前蘇聯，都是社會主義國家產品。

1960至1970年代，放映電影之前，都會加放新聞電影製片廠出品的短紀錄片，叫新聞簡報。每次放兩部或者一部十幾分鐘的紀錄片，所以

最早的接受這些紅色電影的同時，又看到所謂紅色政治紀錄片，其實全是新聞片。我當時很喜歡看那些「新聞簡報」，無論如何，我都可以透過那些鏡頭看到我生活的小城市之外的世界。我是鐵路職工的家庭，經常坐火車到處走，內心裡很嚮往流動的世界，廣闊的世界。

我們看厭了那幾部樣板戲，聽說《奇襲》上映，就走遍全城的電影院去買票，也沒看到有排片。很奇怪，那部影片就一直沒有看過，直到現在。

《地道戰》、《地雷戰》、《英雄兒女》、《鐵道遊擊隊》也是我們看得最多的影片，主題歌我們都會唱。看過一次《紅珊瑚》，後來看不到了。還有《烈火中永生》、《江姐》（歌劇片）。

那個時候也有另外的影像，就是我們看到的小人書（編按：即漫畫），可以翻閱的那種連環畫冊，那些書裡面就不是單一的革命敘事，講到美國講得有點多，稱呼都是美帝國主義，以至於我小學之前都以為美國也叫「美帝國」（笑）。看那些連環畫，我總是特別為人類擔憂，因為世界上居然有「美帝國」那麼壞的國家，牛奶喝不完，倒到海裡去，也不給窮人喝。要知道，我們一年都喝不上幾口牛奶呀。那個時候的國際局面很複雜，彷彿10月革命之後不久蘇聯就變成修正主義國家了，反而是鄰近的朝鮮和遙遠的阿爾巴尼亞是我們堅定不移的好朋友，可以看朝鮮的《賣花姑娘》（꽃파는 처녀）、《鮮花盛開的村莊》（꽃피는마을）因為在中國，賣花是不被允許的，與賣花有關的一切資

訊就如同「賣身」一樣具有誘惑力（笑）。

通過銀幕和紙本連環畫這樣不同的影像，會對世界格局有一個想像性的判斷，覺得美國是少數人十分富有的地方，而蘇聯或者在中國，大部分的人都比較平等，經濟上比較平等，就是大家都很窮（笑）。那個時候，我一度迫切要對美國打開一個窗，瞭解更多，但是因為無產階級專政的強大敘事，那扇窗還沒有完全呈現就被封閉掉，而且是封閉得死死的，以至於讓人忘記了開窗的願望。只是在內部的某一處，隱藏起那個是很有深度的鏡頭，一直在無聲無息地通向那個資本家很壞工人們很苦的世界。作為一個孩子，對美國受苦受難的工人農民，我是無限同情的（笑）。現在看，紅色敘事是多麼多麼成功呀。

我的姊姊常常跟我一起看那些電影，我們回來就會討論。我和姊姊最喜歡看《霓虹燈下的哨兵》和《永不消逝的電波》，因為裡面有燈紅酒綠，有好看的男特務女特務。因為我媽媽的遺傳，我姊姊基本上會把革命電影看成偶像劇，會說王心剛長得很好看，那個時候不用帥這個詞，也不用酷，就說王心剛長得是最好看的——王心剛是故事片《紅色娘子軍》洪常青的扮演者。我們也喜歡看《野火春風鬥古城》，裡面不僅有王心剛，還有王曉棠，她一個人演金環和銀環兩個角色。從這個時候，我開始透過姊姊的審美體系來建立我的審美體系，之前我僅僅透過媽媽的審美系統看世界，那個系統是天主教式的。相信姊姊的審美系統之前，我先諮詢過我媽媽：那個王心剛是長得最好看的嗎？媽媽說：

是，他就是長得最好看。革命英雄與革命的基督，在偶像劇的意義上重疊了（笑）。

　　電影學院在北京電影製片廠的西側，近鄰又是同行，我成為于曉陽的好友，幫他籌備電影《女賊》，建議他用三個女演員扮演同一個角色，他欣然接受。他的爸爸就是演過《大浪淘沙》的于洋，也成為我的好朋友。而見到陳強我就不想理他，因為演黃世仁這個地主角色，我在北影廠碰見他，看見他就不想理他，與其說這是一種革命立場，不如說是一種革命審美，其實我媽媽家也是工廠主，也是剝削階級，但是到陳強的兒子陳佩斯在春晚[1]演小品的時候，我媽媽還是會說「不看不看」，我們也都說「不看不看」（笑）。

寧岱｜看這些過去的片子，我完全被那個片子的主流意識所控制，每次看完以後，都有一種熱血沸騰的感覺，而且每次都會幻想，我以後就當片子裡那種英雄，但是不要是死亡的英雄，我要怎樣保護自己，很幸運地活到解放以後。這個意識一直影響到我考大學。當時報專業，是因為家裡不同意我學文科，才報的計算機專業。當時我就一個想法，要科技救國，還是一種英雄情懷。後來跟比我小一些沒有看過這麼多革命性電影的人，說我當時想科技救國，他們說你瞎說了吧，我說真是這樣想

<hr>

[1]　1983年CCTV開始舉辦的春節聯歡晚會，每年一次。

的，學計算機就是學最先進的技術。

那兩位現在看，會覺得假假的，還是那種激情燃燒的歲月完全湧上了心頭？還是……？

寧岱｜實際上很分裂，很分裂的結果。一方面看這個電影時候我覺得很假，覺得不真實，但又可以看得很激動，很多時候還能夠被感染，現在回想，當時太單純和幼稚，可現在，這種狀態完全過去了。

崔子恩｜我幾乎就把紅色經典遺忘了，直到兩年以前在UCLA放《紅色娘子軍》芭蕾舞版，還有今天在這裡，小白教授放這個故事片的版本，這才喚醒我對紅色經典的記憶。中間那段時間是完全好像這些紅色經典或者跟紅色敘事相關的這種生活沒有發生過一樣。

　　這原因很複雜，因為我家庭是天主教的家庭，所以革命的故事和那個時代對我的家庭形成很大的壓迫，包括樣板戲的東西。每次我們看完樣板戲回家，我們媽媽在家裡面都是特別痛苦的，我們在外面看樣板戲覺得好看，回到家裡看到的是痛苦流淚的媽媽。這種兩樣的生活，這兩個世界的衝突對我來說是感受很強烈的。紅色經典它本身給我帶來的視覺衝擊和家庭實際的生活黑暗的狀態，兩種衝擊一直都同時在我的血液裡面。

小的時候我自己走在路上，那些紅色經典的音樂的旋律會在我身體裡邊流淌，我還會跳一些芭蕾的動作，當然都是跳「大紅棗兒甜又香」或者是「紅頭繩」那些橋段的動作。當我回到自己的家庭裡面，一個小的世界裡邊，我媽媽唱的歌全部都是以前老歌或者是教會的歌，譬如〈四季歌〉、〈耶穌誕生在白冷郡城〉。這兩個方向對我後來的人生道路其實影響也滿大的，一方面我是一個學習成績特別好的學生，但同時我又是一個叛逆者，永遠走一條跟主流生活完全不同的道路。

　　這樣的想法，其實我並沒有時間和機會來梳理它，其實是今天這樣的一個機會，我才能夠坐在這裡，在小白教授的引導下，可以來梳理到這樣的生命軌跡。

改革開放的經驗與創作啟蒙

　　我們在時程表、在時間的軌道上往前推，就可以看到在改革開放這個期間，很多人都知道，在中國這是一個非常特殊的階段，突然間從外面得到很多資訊文化，存在主義、西方流行音樂都開始傳進來。我相信這一段時間對兩位都是非常大的一個改變，給人都帶來很大的感觸。在改革開放的初期，您覺得哪些事件或者哪些事情給您帶來最大的啟發或者最大的改變？

崔子恩｜最早是聽鄧麗君的流行歌，因為鄧麗君的歌跟我媽媽從小唱的李香蘭的那些歌、三〇年代的歌、周璇的歌都很像。所以聽到鄧麗君的歌就覺得很親切。後來中國也有李谷一唱類似的這種歌曲，從流行音樂過來的。從影像來講，那個時候正好是觸碰文革現實的影片，像《決裂》、《春苗》突然被下檔，突然不能再放映。其實那時候，我特別想多看與我自己的經歷有關的影片，我想研究那些影片，多看幾遍，而不是反反覆覆看那些與我個人經驗無關的樣板戲電影。但是《春苗》很快下檔了。中間有一段時間變成日本片，全是日本類型片，《追捕》（*Kimi yo fundo no kawa o watare*）、《望鄉》（*Sandakan No. 8*）什麼的，紅色經典退席，文革片也退席。由於中日友好，日本那個時間段裡面，不再是抗日電影留下的那個形象，而是充滿了力量、充滿了神祕感，甚至有日本的英雄，有豐富的日本文化進入視野。

後來是法國，影響公眾社會比較大的是《佐羅》（*Zorro*）那部影片，一個類似於美國的超級英雄的電影。七〇年代末、八〇年代初，超級英雄的形象從日本和法國的電影裡引入中國，進入中國人的視野。在此之前我們看到的英雄全部都是共產黨的英雄，或者新四軍的八路軍的英雄形象。

中國電影也出現一個新的局面，就是傷痕文學一樣的傷痕電影，就是反思文化大革命，包括反右鬥爭，包括大躍進，給中國民眾帶來的傷害這樣的電影，《天雲山傳奇》、《牧馬人》、《芙蓉鎮》之類的，

整個的中國電影都是悲劇，悲劇的故事一直到《小街》、《瞧這一家子》，才開始有一點點喜劇的元素進來。那時候，除去悲劇就幾乎沒有其他的類型。

我看這些電影並沒有親切感。比起我自己經歷過的文革，現實的社會生活，我覺得這些影片都不夠有深度，不夠真實。我覺得謝晉不是美化什麼，就是切掉了什麼。我看這些影片，一直有很強的批判態度。反而是後來看貝托魯奇，義大利導演，他的《末代皇帝》，關於文化大革命的段落，讓我感覺到找到了真實的、那個時代的中國和人。我第一次看《末代皇帝》，就是寧岱和張元把影片的tape帶到我的宿舍裡送給我看。

寧岱｜崔老師講得很多。我都是聽他一邊講，一邊梳理整個中國電影的過程。中間有段不太一樣，剩下幾乎跟崔老師感覺都一樣。我覺得崔老師有個優勢，他從小家庭和外部是分裂的，我等於是家庭和外部一直融合的，然後到最後才分裂，所以到「北京三部曲」就感覺特別的失落。中間有一段是文化大革命快結束時，北京的文藝團體內部放映兩個還是四個關於日本的片子。我只看過兩個，《虎虎虎》（*Tora! Tora! Tora!*）和《山本五十六》〔1968，全名《聯合艦隊司令長官：山本五十六》（*Rengo kantai shirei chhokan: Yamamoto Isoroku*）〕。我不知道當時是因為一個什麼政治活動——好像是林彪的兒子要搞顛覆活動——配合看

的。當時我自己的感覺是，我還是個小孩，爸爸給我這個票讓我去看，是他絕對沒有想到裡面會有色情的場面。他只是覺得是個日本的軍國片子，你應該看看日本是什麼樣子，批判那些軍國主義。可我當時看的感覺就是去看毛片（編按：即色情片），裡面終於有談戀愛的場景，接吻的場景，有性暴力。實際上比後來的毛片差很多的，可我是第一次看到性的場面。

您們好像都是從寫作開始創造的。崔老師好像也是寫劇本過來開始拍片。您們兩位能不能談談當時怎麼開始創作寫小說和寫劇本，是在什麼樣的背景之下？

寧岱｜其實有一段時間我是和電影斷片的，就是崔老師講的有一段時間鄧麗君歌曲進來，那段時間我完全都不知道那個世界。我瘋狂學習計算機，幾乎有兩年時間就封閉自己，真就想救國，兩年後，發覺自己真不是個學計算機的料，才開始想搞藝術想當作家。當時我覺得，還是寫東西能夠救國，寫我自己的感覺。後來直到考上電影學院後，我們上學那段時間正是北京藝術圈思想解放的活躍時期，我們三年級時，崔老師他們這一批年輕教師來到學院，突然有種開眼界的感覺，就是那種山外有山的感覺。突然發現電影學院不是老大，就是這種感覺，怎麼來了一幫新的老師，社科院的老師，這些人不光是很有理論，不光是藝術方面很

有東西，而且帶來了很多國外的理論，創作的、指導性的、精神方面的東西。然後在這樣的環境下，電影學院學生的創作開始不太講究甚至是不講究政治了，就純粹是技巧、藝術和整個人的解放，是人的意識，包括人的行為，這樣全方位的解放。所以我們畢業時趕上六四。當時六四的產生，不僅僅是體制的問題，就是整個大學生到了那樣一種狀況，好像就該有這麼個事件，讓大家為此撲上去。

畢業時，國家都沒給我們分配工作。原本我們這屆大學畢業生，是應該國家包工作分配的。而且當時做電影，成本對於個人來說是個天大的數字。電影製作都是被國家管控的。突然一下就沒工作了。可是我們上學期間，崔老師他們這些老師給我們灌輸的那個思想，已經到我們骨子裡。我們就想，沒工作就自己拍片子，而且就不想拍以前那種片子。我們想拍什麼，可以完全由著自己性子。沒有工作反倒給我們一種解放，由著自己的性子去拍攝的自由。碰到什麼題材，對什麼東西有感觸、有想法，就拍了。所以這個獨立電影的形成，我覺得是很多方面的因素造成的。

當時拍了電影以後，內心裡一直是很糾結的。當時我和張元還是結婚狀態，我當時跟他說：「我是編劇，以後再有政治運動肯定要被打倒。咱們家不能兩人都被打倒，可你幹導演後，就也會被打倒了。當初我能跟你好，也是因為你是攝影，不會被打倒，讓我覺得安穩。」直到拍完《媽媽》後，我們還有過這樣的考慮。後來張元才跟我說，當時他

自己也是同樣感覺了。他說：「做獨立電影，不是我生活迫不得已才做的，可能一開始是這樣，但後來我發現，這是我自己的選擇。」

　　拍電影《媽媽》開始，我們沒想著是做獨立電影，不知道這個詞，中國大陸那之前的電影都是國家製作，也就無所謂獨立不獨立。我們只想著沒有工作單位，那就先自己找錢拍電影，然後再放映唄。拍完後才想到怎麼放映的問題。是我自己拿著拷貝去電影院？怎麼告訴大家要放映？怎麼賣票？然後才知道中國還有個電影局，拍電影之前要審查，劇本要審查、要通過，然後給你拍攝許可才能拍攝。一系列手續我們之前都沒有進行。後來就託關係到處找人。當時電影學院文學系周明老師成立有一個音像中心，跟電影局打過交道。他挺喜歡《媽媽》，就幫忙請來電影局製片處處長費俊觀看。費俊處長看完當場表示，這片子不錯，如果你們能夠找到一個電影廠，願意給你們掛個廠標，我們電影局就可以給你通過。當時中國大陸公映的電影，必須有個國家正式電影製作單位的標識，就是影片開始「什麼電影廠出品」的字樣，那叫廠標。我們才知道一個廠標開價三十六萬塊錢，可我們做這個電影才花了十七萬塊錢，就根本沒有可能給這個錢。

　　然後那個影片的女演員，她爸爸是著名導演，西安人。他到西安廠跟廠長達成協定，把我們這個電影算成兒童片。當時中國有個扶持兒童電影的政策，如果兒童片通過電影局審查，會給這個電影廠獎勵七十二萬人民幣。西安廠就說我先給你三十六萬的廠標，你獲得兒童

片審批後，我們可以獲得七十二萬。這樣的交易，然後終於掛上西安廠的廠標。

　　剛才看放映那個影片片頭時，突然想起當時的好多人和事。當時因為我們剛畢業，是自己找的錢，可拍的卻是我們這屆畢業生的第一部影片，所以一定要照國際高標準做，向大師致敬。這個鏡頭學的是阿倫‧雷奈（Alain Resnais）的《廣島之戀》（*Hiroshima Mon Amour*）；要拍出《廣島之戀》那種手在另一個人皮膚上遊走的撫摸感覺。故事設計這個小孩兒得了一種病，需要母親撫摸。其實沒有這麼個病，我們當時就是想怎麼樣拍的影像好看，然後又像國際上的電影，而且當時為了省錢，只有黑白膠片。所以，最好媽媽是經常通過撫摸小孩的身體來給他進行治療，這樣畫面能好看一些。

　　一開始照著那個劇本拍攝剪接完成後，影片特別短。沒有經驗，寫的是長片劇本。怎麼辦？怎麼能夠達到國際上對一個故事片的時長要求？張元說，我準備這個題材，採訪的時候去弱智醫院看智障兒童，說那種感覺特別有意思，採訪這些小孩的狀態和他們的媽媽的狀態，可惜當時沒拍攝下來。我說可以補拍插進去。為了讓這個紀錄片片段和故事片片段不要看出是事後補拍的，紀錄片用彩色的，也表達對現實，對一種常態的希望。片長補夠後才發現，這段紀錄片段落，把故事性的東西和現實拉近了。

　　這個影片獲得國家通過後，到了法國參加南特電影節，電影節頒獎

大會上，說「中國第一個獨立導演張元」，用的是independent（獨立）
這個詞。當時就一人張元去法國了，給我打長途電話說獲獎了，但是有
一個問題，他們大會上說我是independent。我當時也不懂這詞，問他是
什麼意思？直覺感覺到好像不是一個共產黨喜歡的詞，就是反動詞，然
後他說我查字典了，是「獨立」。我當時真的想不清這個獨立是到底有
什麼意義。我說為什麼要這樣說呢？然後他說，因為中國政府都不說獨
立電影，好像美國人才這樣說。我說那這個是不是有一點不好，這個問
題我們在電話裡討論了好長時間，覺得這個詞有點敏感，而且不知道為
什麼要把張元套成一個獨立導演。後來我說已經這樣說了，就這樣吧，
你這會兒再說什麼也沒有意義。

　　這個事情當時沒有引起什麼問題，只是當時在中國上映的時候，票
房非常非常低。中國只有四個地方買拷貝：北京一個；上海一個，因為
上海有一個藝術影院，當時中國唯一的藝術影院，說要有藝術片放映，
買的拷貝；再一個攝影師是武漢人，武漢的文化公司說我們武漢終於有
一個當攝影師了，買了拷貝；女演員是當時在深圳工作，深圳買了一個
拷貝。就無聲無息的。當時中國正好有一個電影，台灣電影，叫《媽媽
再愛我一次》，特別瘋魔。那個特別瘋魔，也是因為當時六四之後很長
時間人都很壓抑，就特別希望有一個地方能夠痛哭一場，然後就都到電
影院去痛哭，而且這個名字就是說希望媽媽再愛我一次，總是有那種祖
國是媽媽的感覺。

我剛才說錯了，北京沒有買這拷貝，是南京買的拷貝，因為張元是南京人。之後的《北京雜種》，張元認識崔健，是和崔健合作了幾個MTV，比較成功，然後他就準備寫北京邊緣人的生活狀態，就想著用崔健的樂隊來組這個故事。那時就意識很明確，就要做獨立電影。

第六代的電影革新

我這樣看《北京雜種》跟《媽媽》的片子開頭，我的感覺是各方面把電影推到一個最邊緣的一個地方，比如說處理的角色都是妓女、智障人士、同性戀，都是在社會上邊緣的人。電影用的語言也是不一般的，不是主流電影的那種電影語言。這兩部片子的開頭也是，比如說您看好萊塢片，絕對沒有這樣的開頭。然後還有簡潔的風格。它是各方面都要推到最邊緣，有意思的挑戰，整個電影都要做一個革新的。

寧岱｜實際上沒有。我覺得還沒有這種意識。只是說我能幹什麼就幹什麼。《媽媽》的女演員就是編劇，她找到張元來拍這個題材，只不過一開始的故事完全和現在的不一樣，她是一位母親，有紀念母親的情懷，所以她選擇了這個題材。

張元也有一些戀母情懷，他很容易傷感，也很容易被底層人的命運所感動。到拍完《媽媽》以後，尤其是他被說成獨立導演以後，他才

有意識覺得「我就是這種人，我就是一個邊緣人，那我就應該和去拍一些反映邊緣人的影片，拍現實生活中我身邊的人」。實際上《北京雜種》，張元認識崔健以後，對他的人生轉折有一個特別大的提升。崔健是個特別有堅持性的人物，而且是從一開始、從很小就開始獨立做事、獨立思考的人。跟崔健合作，才確定了《北京雜種》這個片名。這個片名惹惱了電影局。

　　當時中國的社會是已經變革的，尤其像北京、上海這種比較中心的城市。藝術界的青年人，變革的主要表現之一就是有一些中外年輕人混合的party。一般party上，中國人能夠在裡面做主角的只有搖滾音樂。所以當時這樣一種文化現象，使得搖滾音樂成了一個北京的先鋒文化象徵。拍攝這個故事以後，確定片名的時候，當時想叫「北京拼盤」。這個名字就是說，北京各種各樣雜七雜八人物的聚會。崔健翻譯成英語時發現，拼盤和雜種是同一個單詞，拼盤就是雜種。張元說太棒了，這個詞才真正能反映出北京的一種現狀。後來電影局一方面反感這個影片寫的是搖滾音樂，當時中國禁止搖滾樂；一方面就覺得北京雜種這個詞太不好了，他就說，你們怎麼能把北京和雜種聯繫到一起？當時我跟那個局長說了一句，北京有下水溝，可以一起說嘛。然後他說這個詞太髒了，「雜種」是罵人的話。也確實是，當時「雜種」是個在中文語彙裡很髒的詞，不好說出口的。

崔子恩｜這兩部影片首映的時候我都有參加，都在現場，一個是在洗印廠，北京電影製片廠的洗印廠，另外一個是在北京西邊的紫竹苑公園裡做的首映。當時就是大家都跟過節一樣，這兩部片子首映的時候就跟過節一樣，都是滿場的，熱烈得不行了，《北京雜種》的時候來了很多的外國人。內容基於整個社會認同這樣一種所謂的邊緣影像，邊緣文化，就是年輕人整個的是朝著一個潮流一起去走。大家都對那種主流的影像有很強的逆反心理。

那個時候還沒有獨立的電影節。那種觀影氣氛一直延續到現在，現在中國幾乎每一個大城市都有獨立的電影節，北京的、南京的、廣州的、昆明的，我現在覺得獨立電影節的氣氛是從《媽媽》和《北京雜種》的首映開始就已經有了。

剛開始只是這兩個影片的放映，後來不斷地發酵，不斷地討論什麼是獨立的藝術——它不一定是先鋒的藝術，但什麼是獨立的，獨立的精神是什麼？它為什麼是地下的？因為那時候還沒有、也不用獨立這個詞，在中國，採用地下這個詞，它為什麼是地下的，崔健的搖滾樂為什麼也是被地下化的？它不可以在電視上，也不會在廣播上，只能是在俱樂部裡邊演出。大家開始重新思考地下化這個問題。

從1990年到2000年這個時間，差不多這十年是中國地下電影的時間段，那從2001年開始差不多，有數位影像誕生以後開始，慢慢把「地下」替換成「獨立」。不僅是導演們自由拍片概念上慢慢有一個演變，

策展人也有了更加豐富的影像資源，北京酷兒影展，北京獨立影展，北京紀錄片交流週，南京獨立影像展，昆明紀錄片影展，以及很多的放映活動。

電影局的審查標準裡面也不包含數位影像的審查，膠片是被審查的，數位最初不被審查，電影局意識到數位影像重要性後，委託電影學院的一個部門主持調研，之後出台了相關的管理條例，對DV作品的播放、參展作出規定，正式自命為數位影像的大家長，那是在2004年發生的。

《男男女女》是1999年用35釐米膠片拍攝的，也許可以算作最後一部「地下電影」吧。

剛剛放的那個，比如說有點那個地下電影的總結，那能不能談談他為何變成那個主題電影的？或者製作背後有什麼樣有趣的故事？

崔子恩｜這個影片拍攝的時間是六天時間，寫劇本是三天的時間，完成的片比是1：1，也就是每個鏡頭只拍一遍。我每時每刻都在現場，其實有一個鏡頭是拍過兩條的，嚴格講，片比嚴格是1：1.0000000001（笑）。

買膠片，租賃攝影機、錄音系統，劇組人員食宿行，加上後期剪輯，影片成本是三十多萬人民幣，前提是所有工作人員都免費。這樣的

一個製作的情況，與其他地下電影的製作都比較接近。因為膠片很貴，洗印很貴，所以要用最少的經費來完成一部影片。從製作的角度來說，它似乎呈現出來一種美學，實際上是低成本帶來的，不一定是創作者的追求。像王小帥的《冬春的日子》，跟張元的《北京雜種》同一年的，他是花了八萬塊錢，用16釐米膠片拍的，只有他跟攝影師兩個人推著三輪車去拍的影片，中間還把兩盤拍好的拷貝丟失了。這樣的典故在當時也會對我們產生很大的心理的負擔。現場拍攝完成之後，我們總是要仔細檢查，既不要丟拍鏡頭——因為現場都是免費提供的，無法第二次返場拍攝，也不能遺失任何設備，尤其是膠片盒（笑）。

《男男女女》時我是編劇，又是演員，我一直在現場，所以每個鏡頭，原來我都寫好了分鏡頭，導演喊開機關機，完全按著分鏡頭劇本來。但是膠片，常常拍一個鏡頭，拍了三分鐘還剩下一分鐘。導演就問我：「崔老師怎麼辦，現在剩一分鐘膠片？」我說，好，我來寫一個鏡頭，是一分鐘的。所以整個影片的節奏的形成，就是長的鏡頭都是一盒膠片剛從頭開始拍，四分鐘的膠片，比較從容的時候鏡頭就比較長，一般的短鏡頭都是因為要搶剩餘的膠片長度時間，比如只剩下一分鐘或者一分半鐘的這個殘片，拍的是一些短鏡頭。這個電影的節奏，就是這樣由膠片使用的長短決定的，並不是說由劇作內在的節奏帶動的（笑）。

這就跟張元拍的《媽媽》很像，他拍完片長不夠長，再把紀錄片的部分剪進來，他也是有同樣的一個技術的問題，最後使這個影片成為

現在這樣的一個模式。我們剛剛看到的《北京雜種》的開頭，也是一首搖滾樂的MV。張元只是把劇情放在一邊了，作為影片的拍攝，所以從他製作的整個的形態、資源都來自於一個搖滾樂團，它的整個製作的呼吸，也是跟著這樣一個資源走的。《小武》拍攝的時候也是，賈樟柯的聲音錄製的時候出了問題，噪音太大，為了壓底噪，就把廣播的聲音堆砌在畫外，這反而變成他後來的影片也在使用的一種風格，把各種廣播、電視作為畫外聲，讓時代各種各樣的聲音都充斥著這個畫面的背後。

　　由於製作的低成本，反而這個是這個時期的地下電影它沒有機會去粉飾生活，粉飾現實，它沒有機會就是把鏡頭拍得更美，把光線打得更好，或者是鏡頭剪輯得更加精準，像美國片或者像歐洲的某些藝術片那樣，所以反而這種粗糙的技術，帶來了一種整體的一種有衝擊力的美學思想。

　　地下電影時代，導演全部畢業於北京電影學院。張元、王小帥、何建軍等等，那個時代過去以後，開始有其他藝術院校的畢業生做導演。那這十年，就是1990年到這個2000年，全部都是電影學院的學生在擔任編劇、導演、攝影，基本上是電影學院的這樣的一個團體。他們在電影學院讀書的時候，我開設一門選修課，他們都選了我的課，我找到機會就放映當時不給學生看的電影，譬如貝托魯奇的《巴黎最後的探戈》（*Ultimo tango a Parigi*）、費里尼（Federico Fellini）的《阿馬克爾德》

（*Amarcord*）。

　　關於地下電影的理論總結很快就開始了，南京藝術學院學報邀請我主持了地下電影專欄，那個專欄持續有一年，之後還在柏林電影節青年電影論壇上發表了我的總結性文章。這一階段的影片，可能大家比較經常提及的是《北京雜種》、《冬春的日子》、《小武》。我個人最喜歡的是《兒子》，正好是寧岱編劇的。

　　就是剛剛崔老師說是他最喜歡的片子之一，也是我最喜歡的片子之一了，但還是很好奇，就是因為好像我記得幾年前跟張元導演談了這部片子，他說原來是那對兄弟自己找上門來說，「你們來拍我們家吧！我們家最牛」之類的，然後他就真的去拍了。後來這個電影也有一定的紀錄片風格，加上劇情片之間的一個東西。那您身為一個編劇，您怎樣去看待這個真假或者虛構跟紀錄片，您怎樣去面對這樣的一個專案？

寧岱｜實際上，確實是這兩個兒子來找我們，我們當時也住在這個樓上，就是臨時拆遷，借住在這個樓上。當時這院裡住著王濤，是世界乒乓球冠軍。那段時間正好是王濤頻頻得獎的時候。這倆兒子來敲我家門，就想說，實際上他們爸爸，他們家才是這個院子最牛逼（編按：最強、最厲害）的。為什麼呢？他就拿出一個他寫的劇本，其中有他和他弟弟怎麼牛，然後他爸爸怎麼牛，就小時候帶他們疊紙飛機啦，做些什

麼。看完以後，因為這兄弟倆早就認識，拍《北京雜種》時就認識，
《北京雜種》第一個演員就是這個弟弟。張元就是去他們家去坐，回來
以後跟我說，你願不願意寫這劇，如果要是拍這個電影的話就要重新寫
劇本。

　　我說願意，就去他們家採訪。採訪時，父母經常是幾句話就吵起
來，吵的內容和後來這個影片裡吵的內容幾乎一模一樣，每次重複都是
一樣的內容，用詞都一樣。最後寫好的劇本，就幾乎是他們家常態的一
種臨摹。這個劇本寫得非常快，我甚至搞不清楚我是在寫紀錄片，還是
在故事裡記錄他們家吵架的內容。每次吵架的原因可能各種各樣，實際
上歸根結底就是要吵，為吵而吵。這個院子是很奇怪的，這座樓叫興隆
街一號，解放前是個妓院，之後一個文藝團體住到這個樓裡，有一個酗
酒的家庭，有王濤那樣的冠軍。現在想起來，創作的一開始，很多事情
都還沒想清楚，只是覺得我要把這個院子很多怪事都表現出來。換煤氣
罐是從窗戶上安個滑輪吊下來，還有個家庭是家裡只有一個床墊，什麼
家具都沒有，就這樣生活。再有個老頭每天喜歡站在樓頂，從那樓頂往
下看，好像他是這個院子的治安負責人似的。經常感覺很平常的時刻，
你突然看到一個人在樓頂站著往下俯視你、盯著你，這種感覺很恐懼。
那個院子很多這種奇奇怪怪事情。

　　劇本寫完後，我就覺得這不是個劇本，就好像只寫了一些奇怪的事
情和一個家庭來回吵架。張元就這樣拍了。影片做好最後一段聲音結束

的那天晚上，我想了一晚上，沒睡著。我說好像這個電影總是沒有說完事情，到底我這個電影要說什麼。第二天凌晨，我突然想，應該加這麼一段話，後來這個畫外音是張元自己配音的。我說，真正到這會兒才明白，這個家庭缺少愛，所以才會有這樣的種種。當時張元聽完以後說，你說得對，是應該有這麼一段話，但是影片已經做完了。我說不行，堅持要改，要不然不知道這個影片在說什麼。他說，咱們沒有這個錢，已經做完了，而且錄音的費用也已經付了，你要是非要改的話，你自己去跟錄音師武啦啦說。正好武啦啦是我從小一個院子生活過的發小的弟弟。我就給他打電話，說我想加一段旁白，因為不加這段結尾的話，這個片子我不知道在說什麼。他說他認同這一點，可以做，當天就做。我想起這個，現在明白，影片最後一句話是父親說，「我就想回家。」

　　這個影片本身也是張元獨立電影創作到了一定階段，他開始關注普通人之間的情感和一個家庭的情感，不是僅僅想著獨立電影的邊緣人。雖然寫的是一個邊緣家庭，但他要表現的是人們希望有一個正常的情感內心、情感世界。實際上，當時到了獨立電影的後期，已經是每次創作一個電影都要想，這個電影會不會能獲得政府的認可。「我想回家」不僅僅是講這個父親想要回歸這個家庭，父親用酗酒表達對自身處境的不滿，還不滿這個家庭的現狀，感受不到家庭的愛。而我們自己的生存狀況也是一種渴望得到，不僅是政府的認可，也希望能夠有國內的觀眾和

親朋好友能看到我們的電影，是得到周圍人的認可。

崔子恩｜所以後來有了《過年回家》，就是回家，現在張藝謀又拍一個《歸來》。

　　我們現在覺得和崔老師有那麼多東西可以談，我也不知道從何開始。您前面就說了，地下電影大概在2000年左右結束了，然後數位電影就開始崛起。您也剛好是在地下電影那個階段做了編劇，然後電子數位電影崛起的時候，您就開始從編劇轉到導演。那能不能談談這種轉變，還有數位電影給您帶來的自由，或者成本上……？

崔子恩｜地下電影階段可以清晰地看到，所有的編劇、導演、製作方都跟那個時代捆綁得很緊，因為他們都想要大銀幕，都必須膠片拍攝，被更多的觀眾看到。當我拿起DV機的時候，這樣的一個負擔完全沒有了。這種自由脫韁的、脫軌的、完全奔放的感覺，在剛才給大家放的《男男女女》裡邊已經表現出來，我一出鏡就是公廁廣播，就是《燦爛公廁》，就是公廁都是閃光的。那個時候自由的激情已經埋好了。所以到2001年，一種不用膠片、不用洗印、不用膠片剪輯台、不用做拷貝的工作系統出現在我的身邊時，我為人類高興了很久，之後就是為自己高興——我終於可以自由自在隨心所欲地用影像寫作了。

就從分工來講，在地下電影時代，導演就是導演。但是到了數位影像時代，我一開始拍片子的時候，既是編劇是導演又是演員，同時我還做策展人，開始做獨立電影節，那同時又是影評人，給各種電影雜誌、學術雜誌做專欄來推薦獨立電影和歐洲電影。就是這個身分，就像一個漩渦一樣，高速度地旋轉起來。

再回頭看這些地下電影時代的導演編劇或者什麼，很少有人去參加策展，也很少人去做影評工作。這種自由奔放的態度也使我自己的製作方面，涉及到各種各樣的類型題材，故事或者是紀錄、實驗，各種全是混合起來的，體裁上面很難再用傳統的，比如劇情片呀實驗片啊紀錄片啊，這樣的規範去劃分。

我知道您非常多產，一年拍好幾部。像這樣的片子，您劇本寫幾天，拍攝幾天，後製作又是多長時間？

崔子恩｜《星星相吸惜》拍攝之前沒有劇本。整個拍攝是五天半時間。剛才放映的這個鏡頭拍攝兩遍，它的長度就不受膠片的長度的限制，可以完全按照演員表演的節奏走。開機和關機，完全依照人物的動作節奏，不受膠片長度的制約。

我當時看史匹柏（Steven Spielberg，編按：中國譯名為斯皮爾伯格）的《E.T.外星人》（*E.T. the Extra-Terrestrial*）就特別喜歡，但是我

覺得他太麻煩了，要做特別多的特效，我說我可以很簡單，也可以拍ET，我就拍了兩部關於ET的影片，還有一部叫《霧語》，英文是*The Narrow Path*。那部影片有好幾個ET，更多的外星人，也是在這條山路上拍攝的，其中也有《星星相吸惜》這個外星人（笑）。他們在早晨，薄霧中，一個接著一個走到地球上，都唱著歌兒，這個ET還彈著琴。有這樣的歌詞：我從金星掉下來，地球不是我故鄉。這就是他們的身分的識別。走著唱著，他們就被一群地球劫匪給劫持了，之後被瓜分，之後地球人內訌，之後地球人恐懼外星人，四散而去，只留下一個小博，放棄地球上的一切，主動跟著外星人走了，或者說，被外星人拐走了。故事就是那樣，也是沒有劇本，到現場臨時編的。這個只拍了兩個小時，清晨上山，吃早點的時候，劇組已經在山下找到了早餐廳。

　　《星星相吸惜》講的是愛的準則，就是地球人怎麼跟外星人相愛的故事。《霧語》講的是地球人怎麼瓜分其他星球的，地球人類是想怎樣瓜分宇宙的故事。《星星相吸惜》這部影片的製作費用差不多是八千人民幣，《霧語》是五百塊錢。這兩部影片都把人物的影像拉長，產生蘆葦一樣隨風晃動的效果，其實技術上很簡單，前期拍的時候是16：9畫幅，後期剪輯完了之後，把它變成4：3來播放，所以人就拉長了一點，很簡單。

《星星相吸惜》，2004年

《星星相吸惜》劇情梗概

ET赤條條從火星來到地球，被小博帶回家中。小博的女友文文根本不相信ET是個外星人，小博的男友小劍對此也是半信半疑。只有小博對ET的身分堅信不移，對他百般呵護，傾盡全力帶他見識地球景象。

為了轉移小博對ET的注意力，文文把自己裝扮成木星人。失敗之後，作為報復，她向小博宣布，要與ET生養一個地球人與火星人的混血。她把ET帶回住處，玩弄他，試圖說服他與自己生養孩子，導致ET昏迷不醒。小博趕來搶救，無意中說出了「我愛你」，一句火星人也在使用的語句。ET聽到火星語，甦醒過來。

一向不吃不喝、靠吸收陽光生活的ET，為了小博，親嘗了咖啡裡的人生滋味。他慢慢地體味到地球人生的苦辣酸甜，愛的方式和肉體的極限。

離開地球的前夕，他用地球人愛的極限方式——做愛，把火星人的愛情獻給小博。

ET走後不久，在做愛中感染了火星品質的小博，來到他與ET初會的地點，找到了前往火星的道路。

我提另外一個問題，就是關於，第六代還有整個獨立電影，另外一個特質就是，從改編自原著小說到自創故事，比如說第五代或者之前的像《紅色娘子軍》和後來的好多好多紅色經典，從張藝謀、陳凱歌第五代，很多都是改編自小說。第六代的一個特點都是自創劇本。您們兩位都是編劇，能不能談談這種改變，還有對您們個人的一個創造無限的這樣的一個影響，可以去反思這個問題，就為什麼是有意去避免這個文學原著，然後去自創故事？

崔子恩｜第五代、第四代以及之前的導演或者電影工作者，是作家的，很少有，也很少有人是評論家，他們基本上不是寫作者。有一個玩笑，說新中國成立後，黨員們被分配到電影製片廠工作。你會什麼，會拍照片？好，你去做攝影師。那你懂音樂嗎？懂音樂，那你去做錄音師。你會寫東西？行，那你去做編劇。那你呢，你會什麼？什麼都不會？那就太好了，你去做導演（笑）。

　　在我看來，第五代以前的那些導演，就是除去個別的人之外，都是野蠻人拍電影，像原始部落的人，所以他們沒有很多的文化的準備或者文學的準備，所以要有藍本，而且是其他編劇提供的藍本。那些藍本很多是有政治性的，是組織化的，是政府高層的意志呈現。對於我們來講，這是不可思議的。

　　我拍的每一個鏡頭，都是我的現實與觀察與體驗。我開始拍東西之

前，我已經寫了十幾部小說，理論性著作也寫了五、六本，給其他的
導演也寫過十幾個劇本。這樣一個狀態，在所謂的再創作上，即使不
是完全自由的，也可以任意丟掉任何東西，沒有包袱，沒有負擔。我
自身就是一個移動的劇本庫，隨時可以抽調出來任何一部劇本來進行
拍攝。

　　我在一篇文章裡邊也討論過這種現象，就是說獨立電影時代的作
者是追求自由表達的，非獨立的電影工作者差不多是要用電影作為工具
來實現自我生存價值，包括社會地位、金錢、名望的價值。我認為這是
完全不同的兩種脈絡。那些國家體制供養的導演，要不斷衡量自己跟官
方、跟商業機構、跟國際市場各種各樣的關係，要平衡這種關係，要去
把這種關係做到最好。中國的人際關係方法，就是他們做電影的方法。
我們完全丟棄這樣的方式。從現實生活層面講，因為拍電影而變得很有
錢很有高名望的，都不是獨立電影道路所達成的。獨立電影那麼小，怎
麼可能把一個人送上雲端呢？

　　對我自己，從個人來說，我一直都保持著極其自由的狀態，這種自
由到一種程度就是叫我行我素。

寧岱｜一開始搞獨立創作時候，因為有很多自己想要表達的東西，就沒
有想過要改編一個小說，沒動這個腦筋，也忘了這一條，忘了常規的電
影廠是怎麼樣做電影的。曾經做過努力，就是進入這個體制，也學著前

輩導演的樣子，找個比較好的，政府通過的小說、發表的小說，我們又比較喜歡的，但都失敗了，比如《一地雞毛》。

後來只有一次，就是選擇王朔的小說《看上去很美》。當時我已經有了一個孩子，她剛一歲，我看到王朔那個小說，強烈意識到，他和我是同齡人，他寫部隊大院的幼稚園，我是在學院大院的幼稚園。兩個幼兒園，因為同時代相同，一模一樣的問題。我覺得一定要改編這個小說，為的是讓我女兒知道我們曾經有過怎樣的童年。

影片創作有一些稍微和小說不一樣的地方，後來很多人問我說，你那個是有意的影射，影射社會，把社會對政府的控制、反控制寓言化。後來我仔細回頭看了一遍這個電影，我才想只加入了一點我自己親身經歷的有意思的事情，我把它真實地寫在電影裡了——人們卻覺得我那是編造。這是我唯一一個小說改編。

我覺得每次要創作，都是想自己要真實地表達什麼，所以很難說，除非這個小說我看了以後真有一種衝動，像王朔這篇小說，它喚起了我對童年的記憶和感覺，我有要記錄歷史的使命感的衝動，有要讓我女兒知曉她媽媽那代人是怎樣的童年經歷的創作衝動，才會去改編。否則的話，我不可能套用別的一個故事來框住自己的創作。

崔子恩｜我自己也不改編我自己的小說，我寫過很多小說，但我從來不去做我自己的小說的改編，雖然有一些影片的靈感來自於我的某些小

說，比如說《丑角登場》這部影片是我一部長篇小說裡邊的一個小段落，因為那個小說裡有幾百個片段敘事，它只是其中的一個。

對我來說，能夠改編成電影的，都是最標準的、常規的、符合規範的小說。除此之外，文學和電影是完全兩個不同的世界，這兩個世界不能交叉。文學是絕對個人的，不需要任何合作，拒絕任何團隊團體，拒絕任何集體主義。我會通過文學來表達更複雜的思想、想像、還有無限空間。影像沒有文學那樣的一個自由度，空間細節自由與時間細節自由，都沒有。它的工作方式必須有團隊、有集體，哪怕那個集體就像一個小家庭。我用文學獨有的自由寬度去做文學，用影像獨有的自由廣度去做影像，兩個世界不能分享，不能共用。

當然也有德里克・賈曼（Derek Jarman）導演的那種片子，《藍》（*Blue*），通篇畫面只有藍色，沒有所謂鏡頭，沒有對白沒有場面調度沒有後期畫面剪輯。也可以看到那樣截然不同的電影，那樣的電影，它可能更接近於實驗性文學，但也只是接近，不是等同。甚至也不應該歸類它為電影，它是元電影，是純電影。

學生｜我們讀了您推薦的短篇小說〈瀕危動物至上〉，那個怪獸——它有點像恐龍，又像一個類似蜥蜴的東西。我很好奇，您當時是經過什麼樣的過程來設計這一類怪獸？

崔子恩｜那個短篇小說〈瀕危動物至上〉，收錄我的一本書叫《偽科幻故事》，2003年在珠海出版，共有十八個篇章，這是其中的一章。在火星金星木星水星月球太陽，在每一個星球上，我都會想那個星球的人是什麼樣子，地球人如果到了那個星球，會有什麼遭遇，地球人到了那個星球以後，怎麼面對那個星球的社會習俗，他們的生命、外貌，還有他們各種的慾望，那怎麼去面對。在《偽科幻故事》中，每一個星球人形象都不一樣。

　　這篇小說那個形象的靈感是來自於兒童玩具恐龍和卡爾維諾名為〈恐龍〉的一篇小說。它的中文標題叫〈瀕危動物至上〉，2000年發表在《芙蓉》雜誌上，英文譯名Endangered Species Rule，2004年刊發在杜克大學出版社（Duke University Press）的《positions》雜誌，翻譯者是我的老朋友劉奕德（Petrus Liu）。我第一次來美國，第一站是三藩市（編按：即舊金山），Petrus就幫我做口語翻譯，那時候他還是加州大學柏克萊分校的博士在讀生。現在他已經是大學教授，開始主持我的文學翻譯了。

　　除此之外，我還寫過〈孵化小恐龍〉。在我看來，恐龍並沒有滅絕，只是人類認為它滅絕了，如同有一天，人類滅絕了，而人類並不知道自己已經滅絕。這也是呼應卡爾維諾那篇小說，他也是在講恐龍是怎麼滅絕的，是因為恐龍自己殺死了自己的種族。我把那個星球的人想像成就你說的蜥蜴或者恐龍，像爬行動物，這樣的一類動物。但是他們有

強大的智慧，無論它們的外形在地球人看來多麼動畫，他們的智慧都像神一樣，比我們的地球人更有智慧。

在《偽科幻故事》裡，我試圖毀滅地球人的「人本位」。從火星人本體水星人本體木星人本體，從月球人本體從恐龍本體從植物本體從星雲本體，就可以看到地球人本體的荒謬性。我試圖放大這種荒謬性，還原地球人的宇宙生物本色。

學生｜您很多作品都有涉及到外星人，那您真的相信外星人嗎？您覺得這種事情存在嗎，是真的在發生嗎？

崔子恩｜我相信人類是宇宙的外星人，也是地球的外星人。我們就是片段的宇宙，是宇宙構成的一部分，或者說，是類似於海浪、星雲、發光星體，有自生能源但是能源會被自我耗盡的宇宙片段。人的價值等同於一個晝夜、一點星火、一次飛翔、一種蠕動、一次喘息、一種觀看，之後就消失了，轉換了，非生命了。

學生｜在宇宙其他地方也有人類嗎？

崔子恩｜我並不在意。相當於其他星球上的人類，我們已經是「外星文明」。如果暫時我們無法證實其他星球或者空間的人類存在和存在方式

一樣，他們只不過也暫時無法證實我們的存在。

　　我用地球人的視角觀察，宇宙自身也在變化無窮，在不斷爆炸、重構，宇宙真的很忙，永遠很忙，不會止息，我們只好跟從它，不僅一生，而且永遠。這才是永遠。

　　我們現在討論的崔老師的科幻小說、科幻電影內容。所以我想問兩個問題，第一個問題就是對您來說，科幻的意義是什麼？有什麼作用？第二個問題就是現在在中國，科幻文學越來越熱、越來越受歡迎。所以我想知道您覺得自己的科幻小說、科幻電影，跟現在在大陸寫的、在中國的一些科幻作家像劉慈欣那種的，有沒有什麼相同的地方、不一樣的地方？

崔子恩｜先講我的偽科幻小說，它首先不是一種類型文學，我的偽科幻電影，也不是一種從好萊塢生長的類型片。北佛羅里達大學（UNF）的李思齊（Nick Trask），他去台灣講學，有一個台灣學生問他，崔子恩的《偽科幻故事》為什麼叫「偽科幻」？我回答：與真科幻作品劃清界限，它是類型，我是反類型。

　　講到偽科幻的作用，我覺得它最重要的作用是，讓人類從地球跳到別的星球上看地球人類的生活，這樣考察人類就會來得更加透澈而且輕鬆。有些人類議題，在地球上永遠無解，但是到了月球，遇到月球人，馬上迎刃而解。

我之外的那些不是偽的、真的科幻小說，有很強的科技時代性，可以明顯看出一部作品產生的時代，因為它無法領先於科學技術的時間水準。它們不僅依賴現代科技，而且要盡量模擬技術細節，譬如，涉及地球人星際行走，一般就以航太器作為最基本的道具，以太空艙作為基本空間，這背後NASA是開路先鋒。涉及外星人的時候，飛碟如鳥或者鳥群，外星人的身體不是史前動物就是史後動物（笑）。他們總是作為地球的入侵者，比地球人還要邪惡，或者比地球人還要善良，人類要趕走他們、戰勝他們，成就一番英雄偉業，或者誤解他們，但是也要送走他們，反正他們在地球上待不久，不可能成為地球生物。如果與未來有關，也完全是過去或者現在的翻版，拼命製作出一種假的未來感，生怕讀者／觀眾不信那是未來時空。

　　我的小說和電影，不搞生拉硬扯的時間遊戲，沒有所謂的過去、現實、未來。那在我看來，這個所謂的科幻，就是所有的人類的時間，不論過去還是現在還是未來。作為一個人，會感覺到人類會困居於我們生活這個時代，或者在古代或者在未來的某一個時代，我們只能局限在某種有時間的生活裡邊。比如說，我們這個時代只能有手機什麼，可能未來的時代，連手機都不用，我們只是隨便一說話，我在中國說，小白就能聽見，在美國。可能就這麼簡單，但是看上去我們是局限在這個時代裡邊的，我們也被這個束縛，我寫偽科幻故事，要破除我們自身的這種束縛，而不是把它推脫給外星人。

我們生活在消費與集權並存的社會。大的批量化、品牌化、名牌化、名人化都是傾銷方式。圈子包含著利益輸送和交換，我從來不參與中國文學圈的任何活動。我的文學跟其他的文學沒有任何交叉與合流，我跟中國作家完全不在一個宇宙裡面。

　　說到科幻文學，他們特別嚴肅的對待「科幻」這一個詞或者這樣一個定位，而我呢，我是偽科幻的，是嘲笑科幻故事，是嘲笑科幻小說。這個「偽」，就是偽裝，是假的，就是故意說我是一個假的科幻。

這幾年在中國大陸有學者研究您的文學作品嗎？

崔子恩｜在中國有一些碩士論文討論我的文學。但是他們寫到我的偽科幻的故事的部分時，完全沒有分析，他們就把故事抄下來，把我的故事提煉出來，就他們不知道怎麼分析。

　　紀大偉，UCLA的文學博士，他自己也寫科幻的小說，據說他的博士論文有寫到我的，他對我的科幻的思想了解得比較多。我自己並沒有看到他的論文，據說可以在某個網站上尋找。

　　好，那先感謝兩位。很多外國人想到中國，就會聯想到一些比較刻板的意象，但是兩位給我們開闊了一個更大的視野，所以特別感謝兩位！最後一個問題：接下來，是否有什麼創作領域還沒有踏進去，想試

試？是否準備走得更遠，試圖更大膽的嘗試或實驗？也許兩位都可以做一個簡單的回答。

崔子恩｜我的工作方式是平行蒙太奇式的，也就是同時開始很多的工作，讓它們同時鋪展，比如我寫小說，在書桌上同時放著四沓稿紙，每一沓稿紙是一部作品，第一沓是一部長篇小說，第二沓是另外一部長篇小說，第三沓是一篇短篇，第四沓是劇本。短篇的這一沓，可以很快寫完一篇，再寫完一篇。長篇的世界慢慢往前走，不知道哪一部可能這一部先寫完。我拍片子也差不多，經常是這個樣子，比如紀錄片很多的題材都是這樣拍，所以也不知道會走到哪裡去，也不知道哪一個會完成，可能還有很多沒完成，我就死掉了，也有可能。

寧岱｜我寫作的領域很窄，沒有那麼多豐富的創作經驗和創作體驗。創作的動機就是希望表達我自己的內心，真實有感觸，確實想表達。我記得崔健很多年前就說過一句話，「藝術家必須是自由的。藝術如果被政治控制或者商業控制，那麼這個藝術肯定是虛偽的。」他說藝術家不能僅僅做「形式上的獨立藝術家」。現在各方面都受到政府壓制，一旦有天政府大度了，允許你唱搖滾，允許什麼電影都放，甚至設立個搖滾協會讓我當主席，我們該怎麼創作？這種藝術家就不再是獨立的了，因為它已經是這個社會藝術的一部分了，它已經在很多方面好像被這個國家

收編了。真正的獨立是主觀上的獨立，是我們想怎麼創作就怎麼創作，這是一種權力，人的權力，也是藝術的權力。

我們今天介紹那麼多關於中國獨立電影的內容，順便也從過去的樣板戲講到未來的科幻故事，我也是希望學生通過您們的這次講話能夠有所感觸。也許過一段時間，他們自己就可以嘗試寫了一個劇本了，寫一本小說，拍一部電影。希望他們可以從二位的創作精神吸收一點經驗，就是要抓住時間，做一些有意義的事情。

《丑角登場》・2001年

2019年我邀請崔子恩參加UCLA的一個「中國獨立酷兒電影」的學生論壇。通過視訊，崔導演與我們上了一整天的「大師班」。內容依然是對談形式，但這次我特意邀請每一位研究生事先預備一個問題向崔導提問。三個小時的討論特別豐富也有點天馬行空，從文學到電影，從認同到權力，又從古典文化到文化先鋒。這本長篇訪談錄的最後一章也是最精彩的一章，還是由學生來帶領。

——白睿文

論酷兒影像

摒棄敘事美學／社群與權力／愛的接納與給予／古典文學的反作用力／
前台與後台／表達與身分認同／事物的「秩序」

摒棄敘事美學

今天特別榮幸請到了中國的著名作家、導演、評論家崔子恩老師和我們一起上課，雖然是通過Skype視訊，有點彆扭，但是希望整個效果不錯。我非常感動，崔子恩老師能抽出寶貴的時間和我們交流。希望每個學生能夠輪流提問，以一個對話的方式來交流。

那我先帶個頭，提一個問題。我們看了您的兩部著作，一個是《丑角登場》，一個是《夜景》。那麼您也是一個非常多產的作家，像《丑角登場》也有小說版，那您能不能先介紹一下您的電影和文學作品之間的關係？

我同時做文學和做電影，但在做電影的時候，完全不文學，而做文學的時候，完全與影像不相干。我有一個這樣的執拗。而且也是一種跟全世界電影、跟文學世界較力的意思。我的這個執拗持續了二十年，做影像十年，做文學十年，做影像就完全不文學，做文學就完全不影像。

恰好我給Michael Berry推薦的《丑角登場》是一個文學和影像互文的一個東西，先有了所謂的文學，後有了影像，但是這個影像只是文學中的一個小小片段，這部小說本身是數百個片段、幾百個碎片組成的。

電影的《丑角登場》，擷取自無數個文學碎片裡的一個碎片，拍攝的時候，再把這個碎片打碎，重組成很多大致四個章節，這和文字的《丑角登場》的文本之間有一點互文的關係，但是這個關係又是薄弱而含混的，包括人物。都是文字版本《丑角登場》中完全沒有的。

這是電影版的小標題：

小博的爸爸或者媽媽

娜娜變成女人

如夢令變成男人

小博在媽媽或者爸爸去世之後

這其中，只有陳兵扮演的如夢令使用了小說中的名字，其他人物都是在根據能夠來現場的演員創作的，名字也是根據演員的名字臨時取的。

這很有趣。我是一個沒有耐心走老路的人。讓我原原本本改編自己的小說，哪怕一個碎片，把文字影像化，對我來說，也是牢獄般的苦難。

《丑角登場》劇情梗概

小博的父親臨終之時要求他以精液為乳汁送他遠行。小博做到了。他沒有做到的是滿足變了性的娜娜與他共同生活的願望。

娜娜從此放浪形骸，與遇上的每一個男人都談情說愛，直至上床。在墓地，她陪同小博去掃墓時才幡然醒悟。不過，沒有人知道她是否能找到一個喜歡同她安居樂業的男人。

與娜娜在一個家庭聚會上擦肩而過的冬冬是一個高中學生。他的媽媽如夢令變性成了男人，但仍舊與他的繼父大宇同居在一起。冬冬體驗了一夜不歸的生活之後，幫助如夢令在家中確立了「大哥」的位置。大宇對這一切都很不滿，卻又情困如夢令，無法重新選擇女友。長久的壓抑之後，大宇強暴了如夢令。作為報復，冬冬灌醉了大宇，讓如夢令實施了反強暴。

信仰基督的冬冬來到教堂，卻既未懺悔也沒領聖體。他只是把自己的一個十字架送給了素不相識的小博。小博回到家裡，朗讀了一段有關「準天使」的寓言。寓言上說，人雖不完美，但仍舊可以成為別人的準天使，把別人送入天國。

我把一個很碎片的文字的文本打碎成影像的文本，這個工作我現在才有機會去梳理，這個互文的關係呈現出來，是這樣一個局面，這個局面背後的理由，如果大家有興趣，我們一會兒可以更深入地來講。

學生｜崔老師您好，我是白老師博士二年級的學生，研究中國電影。看完您的《丑角登場》，我感到很震撼，我有兩個問題。第一個比較寬泛，想問您在《丑角登場》中的視覺效果是怎麼設計的，因為它有很多個人風格，比如開場的第一個鏡頭，那個長鏡頭關注那個男生的對話，您製造這樣一個氛圍想表達什麼樣的情緒。第二個問題比較細節，娜娜的演員在電影中是男性變性為女性，但是她是由一個女性來扮演的，在現實當中，為什麼這樣選擇，而不是選擇一個男性的變裝？謝謝！

　　先從第一個問題開始談。首先，這位同學觸碰到電影語言的問題，雖然我做電影現場的工作，但之前的工作是觀察和研究電影現場，做理論的工作。影像語言的問題，是我特別看重的一個問題。在做《丑角登場》前，我有一個電影叫《舊約》，幾乎是同時拍攝的，是2011年的5月份。拍攝電影的時候，我用了兩個方式。第一個是跟傳統有關的、敘事的方式，用在拍《舊約》。而在拍《丑角登場》的時候，我放棄了有敘事的語言方式，甚至是有敘事的美學、哲學、和一整套可以作為傳承的

語言學，與電影語言決裂，特別決絕地拍這個片子。第一個和最後一個鏡頭是我作為宣言表達的鏡頭。第一個鏡頭，不算最長，最後一個鏡頭，小博在讀我的一篇小說，鏡頭不動，他也不動。

　　大家現在看到的是第二個版本，第一個版本就是四十分鐘的一個鏡頭，他從頭讀到尾，讀完這個小說，沒有任何所謂的趣味，如果有趣味也是小說裡的趣味，他讀的是我的另外一本書，《偽科幻故事》，講人怎麼通過天梯到達天堂。那個版本在韓國全州電影節上很受歡迎——不知道為什麼，我的影片在韓國和義大利每一部都很受歡迎。它的北美首映是在溫哥華國際電影節，那是一個觀眾很有耐心的電影節。在現場，有一個觀眾看完最後四十分鐘超長鏡頭之後，長長地舒了一口氣，像似死過復活一樣（笑）。

　　這是觀眾「接納」了這部影片。接納它其實很難。這也是影片劇作的一個重要思索。小博和冬冬都困惑於自己的容納度低下。他們都不能隨時隨地地接受人的愛意和給予。小博是拒絕了童年夥伴一直以來的愛，哪怕他／她為了愛他，變性成為女生，也是會拒絕。冬冬拒絕了荷蘭男人的愛，包括他的房子，他的錢，他能給他的一切，他就是不要，不想要、不能要，「接納無能」。冬冬是誰呢？他是《舊約》裡小博被迫與異性結婚生下的孩子，歌詞是這樣的：「小博結婚了，小博結婚了，有了孩子和一個女人，之後他死了之後他死了，死在病床上。」冬冬穿著在天主教陵園祭掃父親時穿過的襯衫，拒絕著對他一見傾心的外

國男人。小博似乎從《舊約》中復活出來，在這裡被同樣的「接納無能」囚禁著。他們都斷然拒絕，又都渴望無限接納。於是，逼出影片結尾的四十分鐘長鏡頭，逼出了通往天堂星的雲梯。要感謝所有接納《丑角登場》的人。

在原本的版本裡，我對語句的長度和修辭的使用都是反修辭和反趣味的。我期待這部影片，摒棄一切電影語言技巧，擠乾傳統電影美學的全部水分，鏡頭語言極度枯燥極度乾脆。現在審視，其實還是帶有經典電影的素養殘痕。譬如第一個鏡頭，小博的身體和睡衣會遮住鏡頭，遮擋住既在畫面內部又在畫外的臨終爸爸，這是一種過於好的影像美學，甚至可以說是電影人血液裡的至臻語境。當小博的格子睡衣完全遮住鏡頭的時候，衣服成為特寫，當這種特寫反覆幾次之後，背後發生的一切人間敘事，構成一種美學。當時，我以為這是一個反美學、反語言的鏡頭，剪完了以後卻發現沒有那麼決絕，但是最後一個鏡頭做到了。最近有一個話題，在《地球最後的夜晚》裡，也有一個四十分鐘的長鏡頭，是一個非常美學化的長鏡頭，但是我的這個長鏡頭是極盡反對長鏡頭學派的長鏡頭（笑）。所謂的只有長度，沒有調度，把長鏡頭美學的傳統完全丟棄掉了，這個是我使用這樣語言的結尾的初衷。現在我在反省哪個鏡頭做到了，哪個沒有做到。

現在UCLA看到的這個版本，是在美國發行的版本，剪短了最後一個鏡頭，後來我做一個影片叫做《誌同志》，原本五個小時，也有一個

剪短的版本，一個小時，給美國的大學用（笑）。

學生｜另外一個細節的問題是，娜娜這個角色，在現實中是一個少數民族的女演員，但是在電影裡扮演一個由男性轉換為女性的人，那我想問問您為什麼選擇一個女演員來演這個角色，而不是請一位男演員通過變裝來塑造這個角色？

　　我在角色與演員選擇方面的有一個相對固執的想法，就是用女性演變成女性的人物，用男演員扮演女跨男的角色，用變裝者演變性中的角色。這如同我用地球人扮演外星人是同樣的理念。我想突顯的是他們內在的自我認同，而不是他人看到和容易關注的外貌的特異。

　　影片有三個跨性別的角色。變裝者由亮馬來演。他的本名是孫斌，喜歡主持和做變裝秀，2018年猝死。亮馬來演一個女裝的男生。在那個階段我能夠接觸到的變裝秀的人很少，除去一個美美，她是做夜場的主持，但是作為能夠有我想要的氣質的變裝秀的人，沒有。一個是東北口音，美美有很重的東北口音，也有夜場表演帶出來的習慣，那個不是我想要的。變裝秀會有一個套路，就是要婀娜多姿裝飾繁複，那也不是我對人物的期待。於是，我把這個人物過場化。

　　娜娜的扮演者那仁其木格是中央戲劇學院表演系的畢業生，她在《舊約》中第二個段落飾演大宇的妻子。她本人歌聲高亢脾氣火爆，長

得有一點點中性氣質。要專業女演員接受這個人物，有一點不容易。原本我打算請楊青來演，是我自己顧慮她那時候有點紅，這個角色對於她在主流電影圈的生存會不會構成挑戰。我想要一個很衝、很直接的演員，能夠唱特衝的那種歌，這個歌是她自己即興編的，要一個特別直耿的、沒有修辭、沒有社交的人。我很怕這部影片有社交、有交際，《舊約》有社會關聯，但我希望這部電影像我生活的某一個部分，完全沒有社交、完全孤僻，僅只自己，如果周圍出現人的話，不管這些人是不是留在我身邊，我想說什麼就說什麼，想做什麼就做什麼，而娜娜這個角色要和全世界作戰，雖然她有點狼狽，所以我想要一個這樣的角色、這樣的演員，毫不猶豫就選擇了她。

社群與權力

學生｜老師您好，我也是亞洲語言和文化系的，八年級的學生。我想要延續您談論的社交的問題，或者說電影的語言是延續性還是記錄性的問題。我比較關注《誌同志》這部紀錄片，我們也讀了一篇討論它的學術文章，文章的論點說老師的影片打造了酷兒的網絡（network），和其他影片比起來，它是一部沒有那麼實驗性，而比較實際的電影，是為了這個社交網路，用了社交、社群、溝通這些詞，但是如果這麼看的話，（這部影片）和老師其他的作品有些不同。另一點是這位學術文章的作

者沒有看到這部影片中不是network的地方。老師在電影裡記錄了女同志和男同志比較，覺得好像趕不上、和他們是有區別的，那他們對於transsexual也會有看法，那麼我們可以看到在LGBT裡面這些字母代表的社區之間都會有對於各自的看法，更何況是他們和廣大社會之間的關係。LGBT之後也有更多性少數。我很好奇老師怎麼看待這件事，還有關於networking和community building有什麼樣的看法？謝謝。

　　首先，《誌同志》是關於一個群落的，也可以用社群這個詞，但是，中國的社群和美國的社群不太一樣。你好像是從台灣來，對嗎（笑）？抱歉，詢問這個背景，涉及到資本主義還是社會主義、民主社會還是威權社會，不同的社會建構，對社區／社群的理解有很大的差距。

　　在中國大陸，社區和社群的概念和觀念都有一個演變的過程，和台灣不太一樣，台灣可能和美國更接近。1949年建國到八○年代改革開放之前，大陸的社區被居委會所覆蓋，也就是全盤黨國化。改革開放之後，居委會的「居民革命委員會」去掉了「革命」，添加了「社區」，成為「社區居民委員會」，淡化了黨的色彩，但是依然保留特定的空間概念，和背後強大的戶籍管制。中國是世界上少有的戶口制國家，社區居委會是這種制度的頑強基石。所以，當社區概念與社群觀念重疊與交叉的初期，我是很反感「社區」的，也拒絕自己是任何社區的成員。譬

如，同志社區，就意味著有同志戶口，還有要主席批准入籍（笑）。在網上，還真的有人把我從「同志籍貫」裡開除了，儘管開除我的人不知道我有多高興（笑）。

在中國一般是通過一些沙龍、一些球類俱樂部、一些習得的理論去建立一種融合，比如說同志的身分讓大家聚集在一起，對獨立電影的追求形成以獨立影展為核心行為的聚集方式。這種聚集更貼近「社團」中國概念，而不是「社區」，也不是「社群」，在簡體中文和普通話的語境中，「社群」有社會群體和社會群眾兩個重疊語義。

在美國，資本和消費也可能構成社區，比如說亞馬遜的會員，也是一種虛擬社區中的社群，有相應的社區規則，比如說你是哪一個星巴克的會員，也要遵守它的社區規則。這是虛擬空間的社區和社群。這種語境中的社交，帶有很強的規範性。我現在居住的北佛羅里達州St. Johns郡South Hampton社區，對於購買和租住人群種族收入沒有規定，但是房屋外牆的顏色在很基督教清教徒的中產階級趣味法則中，不能有庸俗俗的大紅大紫大綠大藍，無論南美洲風格還是東南亞風格；所有的圍欄必須是深咖啡色或者木本色，郵箱是清一律的白色立柱深綠鐵皮郵筒，樹蔭率必須在55%以上。我剛剛搬過來的時候，把很多灌木叢砍掉，喬木的樹枝砍掉一半以上，包括棕櫚；我還很自我地把圍欄漆成純白色，把不喜歡的老綠色郵筒漆成漂亮的灰白色。我的這些行為馬上遭到對面鄰居的反對與前輩式教誨。她指著僻靜而陽光迷離的街道，告訴我每一

棟房子的顏色要不同，但是不能太鮮豔，告訴我規範是什麼，草坪的規範、樹冠的規範、樹叢的規範、圍欄的規範、郵箱的規範、車道的規範，瞬間讓我回到人民大會堂（笑）。我只好乖乖地把圍欄漆回與我喝的咖啡同樣的顏色，雖然故意深了一個色調，以示挑戰和與眾不同（笑）。幸虧灌木叢的根部沒有剷除，很快長出了新芽。有人甚至專門去Home Depot買了一個老綠色郵筒送給我。因為它們都是白人，我是不是可以讀解成「種族主義」？（笑）

我去奧蘭多學車的時候，短期居住在一個黑人社區，社區沒有這些規約，晚上經常響起槍聲和警笛聲，臨時居所的斜對面，不久前就發生過家族命案。不過到了白天，我還是可以安全地散步，與每一個遇到的人微笑問候，也可以看到一些大家庭在院子裡曬太陽，吃早餐，聽音樂，談笑風生。也可以看到週末的Party。同樣是獨立屋，而且很大，只是草坪沒有精心修剪，沒有園藝，電線是架在空中的，不像South Hampton是埋在地下的。也是每戶二至五輛汽車，儘管破舊一點。孩子眾多，成人與孩子同樣大聲歡笑。

South Hampton的成人比較不會大聲喧笑，泳池派對都穿著考究，也看不到酒精。社區間游泳比賽的賽季，成人都必須做志願者，比賽組織嚴謹，賽程緊湊，節奏流暢，比賽過程公開透明公平。我做志願者時負責發每個項目的冠軍錦標，錯發給一個學前男孩，他的父親就會把錦標退還給我。充分體現著奧林匹克屬於民間而不是政府。

這是所謂白人中產階級高尚社區和有色人種低產階級低端社區的大致描述。經驗有限，但是比起在中國自幼到大的居委會／革委會／政府社區的經驗，也許同樣具有典範性。

　　美國的社區建制來源於歐洲，猶太—基督教／天主教教堂堂區是現代社區的前身。作為天主教堂區前身的猶太教會堂，有猶太民族專屬性，天主教和基督教教區沒有種族屬性，或者說種族屬性的邊界一直在不斷打破，譬如彌撒用語的開放，由拉丁文擴展到各民族語言。小白老師曾經帶我參觀過Santa Barbara的一個猶太教會堂，我在美國的好幾個猶太朋友的孩子，都會上週末的猶太教課程。我沒有長期居住歐洲的經驗，都是作為短期訪問者，不足以討論歐洲的社區規範和社群文化。

　　美國的社區，典範的資本主義，有管理委員會，成員也要由社區公民選舉產生，要定期換屆。我的認知是，改革開放之前中國沒有社群、社團和社區，只有政府組織和被政府組織管理的群眾，譬如作家協會，譬如大學學生會，譬如文聯，譬如影協，從建立到章程到管理模式，一切都是自上而下的，不是來自每一個基本成員的。之後的社區，也是這個大政府模式，甚至是一黨制模式，所有的社交規範都由黨來決定和執行，其實是泯滅個人和民眾意願的，是壓制和毀滅個人權利的。嚴格說，中國沒有美國意義上的居民／公民平等權利的社區。

　　美國的社群有法律，或者說規則。僅僅從我曾經居住的St. Johns郡South Hampton社區來分析，就可以看到種族性、階級性、宗教性、地

域性、文化性等多重內涵。可以說，它是白人主體的、中產階級主體的、新教基督教主體的、南美洲和北美洲結合的、美國南方現代文化與後現代多元文化銜接的，等等。它不是義大利天主教式的，不是西班牙天主教式的，不是法國基督教式的，不是德國基督教式的，不是中國儒釋道外掛社會主義式的，不是日本明治維新式的，不是韓國民族情感高昂式的。可是，它也容納這些內容和細節，不主流化，但也不打壓，不排斥。譬如中國新年，就會有右鄰Bill從LA中國城為我帶來中國對聯和雞年掛符。而我是從小不喜歡過任何節日的人，尤其不喜歡過春節。我能怎麼辦呢？為了尊重Bill一家，我把它們掛了一天（笑）。金髮碧眼的Bill和他的三個孩子，永遠都不會瞭解春聯背後的紅包和孝禮、逼婚和幾世同堂的生育期待、累殘女性在廚房喝殘男性在餐桌，以及春運的窘迫和擁擠（笑）。

　　我在美國居住過三個社區，一個在Oregon波特蘭東南部的Clackamas，是中短期租賃公寓區，後來搬家到佛羅里達，住在古城St. Agustine附近，環繞高爾夫球場的獨立房屋區，三千多戶房子，不允許短於一年的租賃和Airbnb，現在住一個海濱Condo社區。這些社區都幾乎聞不到酒精，很少看到擁走和擁吻，更沒有公開的涉性行為，後兩個社區人人微笑，求助就會立即得到幫助。我以前熟悉的是天主教清教徒式的生活，巴西式的，義大利式的，西班牙式的，有葡萄酒的，有復活和聖誕狂歡的（笑）。

美式基督教新教的清教徒氣質，長期生活在美國才會體會。我與朋友開玩笑說，也許美國人住太大的房子開太大的SUV，有社區網球場、籃球場、足球場、高爾夫球場、五十米長泳道游泳池，還有可以走到向北走到緬因州向南走到基韋斯特的沙灘，身體慾望得到全方位滿足，把口唇慾與性器官慾的焦點渙散了。我相信這不是純粹地因為基督教教規和傳統，確實有社區依賴的地理和物理力量。但是，用這種泛佛洛伊德式精神分析，可能解讀奧蘭多黑人社區就不一定合適（笑）。

　　友愛鄰人，內在於美國社區，是廣泛的社群準則和道德，社群習俗與社區規則是一致一體的，是建設性、提升性的。但是在中國，我的個人經驗中，這種關聯則是扭曲的、反向的、損耗性的，而且是強損耗的。文革前十年，是土改風氣的延續，「共產黨」共私產，鼓勵階級對立和仇恨。文革十年是「群眾鬥群眾」。文革之後是新官僚主義蔓延和全民監視系統的進一步升級，「朝陽群眾」與無處不在的攝像頭一樣，監控、舉報、構陷著每一個人的一舉一動。沒有互利，更沒有互愛，只有互害。有兩個我們身邊的導演就是在朝陽區被「朝陽群眾」緊密監控、舉報而被拘留的。效忠黨國的那個全民體系也使民間NGO無處藏身。

　　我成年後主要生活在這個時間段，對社區管理條例充滿反感，社區工作人員也是以刁難居民為己任的，辦理任何事情都要通過不懈地戰鬥才能通行。我當時居住的北京市海淀區黃亭子社區，居民也會因為原住

民和電影學院居民的分別而割裂和對抗。這種局面在全國無處不在，大政府小區域，沒有個人權利廣泛保障，個人要在小群落中自由轉移，都要成為鬥士，但是，如果是由下而上的戶籍遷徙，譬如從石家莊遷戶口到北京，從杭州遷戶口到上海，是鬥士也沒用，只能鬥死自己。

至於獨立電影社群、LGBTQ社群，建立就是為了對抗國家大一統的法律和規則，因此沒有特別強的規則性，甚至是反規則的，是因為反規則而進入某些群落。而這些群落裡有很多情況是大家在尋找過程中找到自己合適的人或者關係，但是這個尋找的過程是試探性的，並不是結論性的。我覺得美國的社群是結構性的，在進入的時候就知道它是什麼樣的，但是在中國則是誤打誤撞地進來的，而在進來之後能夠獲得什麼樣的資源，自己體現了什麼樣的價值，離開社群之後可以和社會分享什麼收穫，大多數成員暫時都不清楚。

以個人和小眾群體為主體的社群和社團，往往是無政府的，是去政府中心的，甚至是反政府的。所以中國政府一直很警惕NGO的發生和發展，最近幾年，更是全面圍剿和強行關閉了一切有人權主張的NGO。平等、自由當然，也有撐政府甚至跪舔舊政府跪吹文革的，譬如烏有之鄉（笑）。

我參與過的唯一在政府註冊的NGO，雖然有類似議員制，但是基本上還是負責人一元制，他制訂章程，開發項目，籌款，也自己決定自己的工資額度（笑）。會議室採用長條會議桌，他坐主位還嫌不夠，在

坐席上加了個法槌，每次開會都像是法庭會議（笑）。足見中國NGO對權力的態度，到底是更關注人權還是重演官權力。中國一直是一個官僚社會，深度重度汙染無處不在。有一個詞叫「官癮」，在我看，一些獨立電影導演，一些NGO主任，一些中小學教師包括大學教授，依舊浸淫在那個癮君子的強大系統裡，陳腐可笑。

中國的LGBTQ聚攏，由沙龍開始，到有社團建立，到有廣泛的社群活動，譬如北京和上海的酷兒影展，到網路的虛擬社區建立，到北京同志文化中心這樣的實體社區出現，在漸漸地走向有政府，甚至也有親政府的。無政府、反政府、親政府、舔政府，決定著社團或者社群活動或者社群的內在人權屬性。譬如與愛滋病防治有關的社團，幾乎無一例外地與衛生部及其附屬機構下屬機構關聯密切不分割，利益輸送的成分也不小。

只有分析這些複雜的社會性，才會讓人持續湧起強大的社會變革願望。

做這部片子的時候，是我全讀傅柯的一個時候，像我現在讀齊澤克（Slavoj Žižek），就是全讀齊澤克，那個時候全讀傅柯。我在做那部片子的時候，想用知識考古學的方法，把現實或者歷史或者社會理論，一個儲格一個儲格地存放在影像流程裡，能夠儲存多少就儲存多少、就展現多少，最後剪片子的時候就把它變成一個展覽，不同的展廳，進去以後有不同的主題，但是也只是展現，提供考古，自身也考古，但是不

窮盡，留給其他討論者充分的討論空間。

我也做了一個五個小時的版本，是我自己做了一個知識考古，有我自己的分析在裡邊。但是我也沒有很滿意，所以我又另外做了一種版本，比如說張北川，我就從頭到尾，就剪了一個張北川。關於一個人剪一個片子，把它留存下來，這是我做的另一種考古，這樣有一天我或者別人感興趣的時候，就把這個原貌發掘出來，而不是讓它消失。現在放映的這個影片，原貌都是消失掉的，變成了一些碎片的組合，尤其是專門給美國製作的六十分鐘版本，就更加是給美國大學的研究者在一個小時裡迅速地搜索版圖全貌。現在這個版本我自己有很多批判，對於美國的這個版本。你探討的這些問題都在裡邊，都儲存在裡面，但是來不及細緻地討論和分析。

我們班上都是研究生，但是有一位本科生Lisa，是大學二年級電影系的學生，最近還拍了一部關於變性人的片子，妳要不要向崔子老師提一個問題？

Lisa｜崔老師您好，我是UCLA大二的學生，主修心理，輔修電影。大概兩年前我做了一個片子，主角是一個男跨女，是在中國北京的高中，關注她的故事，表達一個追尋自我的主題。這個片子我做了五個月，利用課餘時間，高中三年級的時候。做完以後也引發了很多討論和關注。

我最大的問題，結合我自己的經歷，您怎麼看待LGBT群體的人抵制、反對非LGBT群體的人來拍攝，比如說我不認為我屬於那個群體，他們也不認為我屬於他們，然後他們會很不屑於我做的東西，甚至寫文章來批評我有偏見。您怎麼看待這個問題？

　　這個偏見有點像女權的偏見，女權主義者有時會說，你是男生，你根本不知道女人怎麼想、怎樣的遭遇、歷史地位、我們和社會的關係等等，你不可以說你是女權主義者，你只是來蹭熱度的，或者說你是被直男踢出來的（笑），你一定是在這個群體裡不爽，才到我們這個群體裡來混。這個邊界起源於LGBT人首先在生活中是被排擠的，而被排擠的人在抵抗中往往會使用一種擠壓別人的方式來面對，就跟中國惡性循環的人際關係一樣，比如說擠地鐵的時候誰也不讓著誰，或者是跳廣場舞的人占領籃球場，把打籃球的人趕走，不管是不是很強壯的男生，反正我們人多。這是一種力量的重新組合，當LGBT變成一個群體以後，就會覺得自己已經成群，有點強大；你很單一，不在我們內部，又可能自戀地扮演救世主，沒有人稀罕聖母婊，哈哈哈，你懂的。

　　我覺得這種文化其實是一種動物性，需要特別強大的反思才可能解決、遮罩，不然我們很容易殘留這樣一種強者欺壓弱者的動力。唯一有可能遮罩這種強權、身體性的，是我們對於所謂弱小者的一種愛，這種愛是要在骨髓裡邊的，不要成為強者，或者說成為強者以後，要呵

護弱者。

　　還有的時候，LGBT的一些成員，由於文化的特殊性，還有跟國際驕傲活動的接軌，兩者糅合出來一種「傲嬌」，說我很弱，但是我很美，我被欺壓，但是我很驕傲，有一種由相反元素重構出來的心理。我看到很多這樣的情況，可能會比你看到的多。我自己也在這個群體裡面生存，比如說我找男朋友的時候，我從來都不找gay，我都是找直男，所以也有很多人恨我、罵我，覺得我瞧不上gay。其實我找過的男友那麼多，總有人是雙性戀，或者是gay，更多的是直男，我是用統計學的方法對抗統計學群體，是一種作戰的方法。

　　人不一定要在圈子裡面生存，世界很大，不需要在圈子裡驕傲、獲得利益。人的生存，是不一定非要活在圈子裡。我個人一直不入圈、不入群，任何，作家協會電影家協會gay協會，我哪個群都不是。永遠待在邊緣，當LGBTQ成為主體的時候，我再退到這個邊緣的邊緣。就像選座位，我永遠選最後一排，從小學開始，一直到現在（笑）。我想做這樣一個宣言，永遠不入流。

Lisa｜接下來這個問題和剛才那個有點像，就是您覺得電影對這個人群的意義在哪裡？有很多紀錄片，也有很多故事片，都會接觸到這個話題。您做這部電影的目的是什麼？在我自己做的時候，很多人關注這個片子是關注這個主題，覺得高中生做這樣的主題，他們是出於獵奇，也

有的人說這個電影擴大了大家對這個群體的認知，但其實我做這部電影的初心並不是這樣的。您是怎麼看待您做電影的態度和電影對這個群體的影響的呢？

我沒有考慮意義，我考慮的是表達。我在做文字和做影片的時候，考慮的都是表達，就像我們現在討論的一樣，我對世界有看法，我就可以跟你來交談，我對某些人某些事物有看法的時候，就和另外一些人去討論、去研究，不一定是直面那些被研究的對象。這就是所謂拍電影或者做文字，都是我有一個看法想要表達、想要交流，除去表達，暫時不攜帶其他目的。

這個不一定是通過影像，我個人並不是影像至上的，我是哪個方便就用哪個，原來沒有DV的時候，沒有數位影像的時候，我就特別瞧不上膠片影像，我覺得那個全部需要動用各種關係，特別是官方的，我必須要變成一個馬屁精才能使用電影的語言，那我也瞧不上馬屁精，所以就不想拍電影。但是突然上帝就發明了數位影像，那我就開始，那麼輕、那麼個人，幾個人吃一個飯就把片子拍了。是這樣，它變得很方便，我才開始用的。但是現在住到了美國，我就不知道，開始的時候很魯莽，像剛剛學會開車，明明知道規則，但還是急著搶行，明明知道需要獲得同意，什麼可以拍、什麼不可以拍，但是還是會拿起機器就搶拍，生怕「好鏡頭」轉瞬即逝（笑）。

我一旦魯莽拍攝，有人就擺出被拍的笑臉，一律直視鏡頭，不可能保留原有的日常形態，也有的人臉色就變了，有的就抗議了，或者悄悄告訴我不行，也有的人就很無奈地被我拍。後來我就不拍了，因為我無法適應前期契約式的拍攝方式，我習慣的記錄方法是事後契約，這直接影響著我對數位自由度的把控，我覺得我在美國把控不住那種我需要的自由度，所以這幾年我已經完全放棄拍攝流動影像，只拍一些圖片。如同在寫作工具上我停留在稿紙和自來水筆的紙媒時代，我的紀錄式影像也止步於低產階級式的、先期眼神契約或者口頭契約的影像時代（笑）。

　　談到意義和目的，我覺得是沒有目的的，從社會的層面來講，什麼改造社會，是沒有的，為某些人群吶喊、為某種利益集團做點什麼事情，往往只是小資產階級的一廂情願。LGBT有時候也是一個利益集團，就像無產階級一旦聯合起來也是一個利益集團一樣，都是非無產階級為解放無產階級奮鬥，無產階級想的只是瓜分果實，不論那果實從哪裡來，是誰的勞作付出。LGBT也一樣。你說意義在哪裡？

　　如果我要表達的時候，一定是有特別強烈的、個人的表達思想和歷練。因為我研究電影，我獲得的能量就是要掀翻已經有的好電影、好的電影語言，堅持自己的語言不美學化。我老想把語言和電影的美學砸爛，所以我叫專心致志拍爛片（笑），要各種踐踏。後來有的人說這是實驗，但我覺得我對實驗這個詞也不滿意，因為它也被階級化了，是藝術階級特有的一種資源。

Lisa│那您沒有考慮過受眾嗎？

對，我不考慮受眾。受眾是產品製作的指向，我的作品沒有受眾，只有觀眾。

我和你現在也許在討論不同的問題。這個議題是方向性的。

雖然同樣用電影這個名詞，作品和產品不同，作為作品的電影和作為產品的電影很大不同，一個是作者主體的，一個是製片商主體的。觀看群體也不太一樣，作品電影的主體觀眾是知識群落和電影節觀眾，這些觀眾也會看紀錄片和實驗性影片，參與放映Q&A，對研究電影有興趣甚至有能力。產品電影的觀眾群，以消費和娛樂為目的，除去敘事、影像和明星——也包括導演明星譬如卡麥隆（James Cameron，編按：中國譯名為卡梅隆），不太關注創作內核，受眾應該是指這些群體。

觀眾是由一個一個觀者構成的，我是影片的第一個觀者，也許加上剪輯師，就成了觀眾（笑）。於是，我自己成了第一個觀眾。為此，我還專門出版了一本書，叫《第一觀眾》，誰是自己影片的第一觀眾呢？就是自己，無論從觀看成片的時間秩序還是分析和研究秩序，編導者自己是第一觀眾。你的片子要自己看，你先考慮的是之後的人，那是關於產品的，如果你認為自己在拍作品，就不可能先去考量受眾；如果你拍的是產品，類似於廣告片或者商業片，就不僅要研究觀眾，而且要充分

考慮受眾。如果想用一個赤誠的創作方式，又要贏得市場、受眾，那就是扭曲了路線。創作與製作，兩條看似相似的道路，其實是不會也不可能交織的道路。

我對網路時代有點無所適從，有很多網紅要作秀表演，而我是要決絕地做到零交流。對自己的小說對自己的影片，都是先是要自己看完之後，自己感到驚訝，以為出自天人，我才會滿意。比如有一部影片叫《哎呀呀，去哺乳》，我要講男生不如女生，女生有哺乳器官，男生沒有，所以要變向一下，修辭地用男性的某些器官代替哺乳器官，整個影片要表達這個思想。這個動機這種啟發點，僅自己才是無比重要的，而對於受眾是不存在的。如果要拍攝之初或者放映之初要所謂的受眾與我同樣關切這種思想和行動，那是很主觀的，甚是是強姦式的。

《誌同志》不太一樣，剛才跟那個同學討論過。那個紀錄片跟其他的不太一樣，是有目的性的。它是一種研究，分享性內在於所有的工作環節。但是它也是非商業的，是研究性作品，有限分享，不是商業性的票房無限欲求。

愛的接納與給予

陸棲雰｜我也是這邊二年級的學生，研究現當代文學和電影。看了您的《丑角登場》，一方面給我很多震撼，另一方面帶給我很多思考。我覺

得您在這部影片裡，很多時候超脫了跨性別的主題去探討很多哲學問題，比如說人和人之間的相處的方式，比方說冬冬在一個男人家留宿的，他說你為什麼這樣對我，我能為你做什麼，我想探討的是一個極限的問題，一個人可以為另一個人改變自己到什麼程度。我感覺這個問題在這部電影中很關鍵，我們很多時候看到傳統的男女關係，很多時候很難逃脫出權力關係這個層面，但是當我們拋開性別來討論的時候，這個關係可以變得更加純粹。但是，同時，您在這個影片當中也展現了即使是同性之間，也存在很多暴力關係，比如說強暴，那句台詞說，「你強暴我的身體，我要強暴你的女人」，很難逃離男女的層面。您所表達的人對他人的接納，以及人為他人的改變，您在這個過程中想表達的主題是什麼？

　　那句台詞應該是「誰讓你變成男的？你就是個大避孕套」吧？

　　這是一個對我來說特別有難度的問題。我當時拍這個片子的執念，就是你剛才所討論的：一個人跟另外一個人的關係可以極致到什麼程度，可不可以帶來絕對的價值？比如說，如果你性飢渴，我跟你上床，是不是就拯救了你？有的時候，生命是由特別簡單的元素主宰的，如果用語言來表達的話，所謂的飲食男女，就是空氣、水、食物、陽光，還有性，最基本的元素。

　　可能一個核心家庭裡面，父母能給孩子帶來健康的水、空氣，比如

說你們都來了美國，家長怕你們吸霧霾，把你們都送來美國。這是家裡能夠做到的，竭盡自己愛的能力把你們送到LA這樣的地方，這是人類極致的愛。但是父母不能給予的，是我們說的性，這個在當今人類的文明裡，應該由家庭之外不同的人來給予，或者說交流。我們都要與家庭成員之外同血緣親人之外的人發生性的關係。當然，這種規約也許可以批判為生殖中心的、血統論的（笑）。

於是，涉性的議題就變得特別複雜，可以是政治學的，涉及到地位、階級、權力、法律，可以是社會學的、人類學的，涉及到性別、性取向、性行為方式、年齡、種族和膚色，可以是佛洛伊德精神分析的，也可以是榮格式的，也可以是語言學的，怎麼去文化定義，用什麼語種、什麼語境、什麼語系去定義和描述及其心理生理的影響力，等等。譬如特別社會化，除去性別的規範，還有地位、語言、趣味、年齡、種族，各種各樣的，還有審美。這就是被汙染過的觀念，性因此變得特別困難，也不是通過努力就能獲得的。這個性恰好是不能努力的，常常越努力，越適得其反，要等「天上掉餡餅」，在我的體會裡，所有和性有關的，都是天上掉下來的餡餅，無論好吃與否（笑）。

到底能有多少個餡餅砸中我們呢？所以我想得有一些人成為餡餅，主動成為餡餅，最好以餡餅為職業（笑）。

我身邊看上去像餡餅的人很多，有人把餡餅白白送人，以此為樂，為人生至高境界，也有人待價而沽，時不時把餡餅給賣掉，之後再長新

的，像一棵餡餅樹（笑）。我不想他們在我的影片裡邊是僅僅餡餅，熱動饞涎。我希望他們看到自己另外的價值，終極的價值，比如說你是一個餡餅，你是一個肌肉包子，你其實不是，你有更終極的價值。在這個時候，我回到一個價值觀，更經典更傳統的價值觀，雖然我整部電影都是反價值觀的，但在這個時候，我回到一個價值觀，以追求價值觀來處理人物。

冬冬和小博都是兩個終極符號，像遊魂一樣，不是人物，在這個世界裡，他們找不到對方，所以他們都在自言自語，所以他們說的話都像不知所云，就像每一個人最深刻的部分，說出來別人都覺得不知所云。

他們也是雲端的餡餅，雖然可以持續生長，但是丟下餡餅的時候，他們並不關注砸到了誰，被砸者多麼爽，而是繼續極端自戀地關注自己的體驗。作為餡餅本體，他們不需要被砸，這是幸運，他們不能浪擲了這種幸運，我得靠他們去追尋那些無解的問題。

我們平時講論的都是柴米油鹽，都是平常的日常的東西，而作為作者的我，恰好有很多時間和機會可以不管成敗，自言自語，十年，二十年，更久。所以我有這種衝動、也有這種特別的寬度，我就把這些使用到極限。

學生｜根據您的回答，我追加一個問題。如果您認為絕對價值是來自於內心深處的偶然，那麼這是不是導致小博這個角色在最後很難接納娜娜

為自己作出的改變，就是他覺得很難給她承諾一個永遠，因為她是通過後天的努力達到的那個標準。這個是不是也是和您剛才說的價值觀有關的一個情節呢？

對，這是很重要的一個情節。但是它的指向性不完全是娜娜，更主要的是小博的自我困惑和思考。小博自己的困惑，不是人類，不是給予的困難，而是給予的反方向：接納。他覺得接納是最大的困難。

譬如，中國的家長經常是過度地愛護我們，超過了動物性愛護的極限，有時候變成了捆綁和監牢，於是我們經常拒絕這種愛，因為它太無限膨脹了，而我們的容器太小，容納不了那麼多的愛外加約束。

小博的困惑在於，他得到的愛，他無法接納。那這個困惑也是我自己的很大的困惑，有時我覺得我是一個給予型的人，但反思過來，才發現自己是一個難於接納的人。我以為自己很會給予，所以不需要別人給予我，但是反過來，其實是因為我很難接納別人，從而形成了這樣一個狀況。這個狀況和冬冬的指向是不太一樣的。他困惑的是接納能力弱，這是一個普遍的狀況，也是我自己的一個狀況。所以在最後小博讀小說的鏡頭，我就選了一個這樣的段落，說什麼樣的人可以進天堂，成為天梯的一部分：成為別人台階的人，才可以進天堂。小博在最後既做不到完全的給予，也做不到完全的接納，但是他可能還有機會進入天國，因為他可以成為進入天國的一個台階。

一個人可能沒有那麼強大，既不是偉大的給予者，也不是偉大的接納者，就是普普通通一個台階，只要你肯把自己放在台階的位置上，給別人踩，你就進了天堂。

古典文學的反作用力

孫曉雪｜崔老師您好，我的出身是中文系的教育背景出身，現在在比較文學系讀博三，我對於中國文學的研究主要涉獵在中國古代文學，尤其是明清小說中對於同性的愛的描寫和同性文化的研究，從當時的歷史背景以及清代的立法，還有它的一個傳承，但是我一直只是做到了明清，沒有涉及過電影。所以看了您的電影後感到非常激動，也非常喜歡，因為我自己解讀到了一些和中國古代有傳承的一些符號，可能是我多餘的解讀。我有一個問題，在我看《誌同志》的時候，有一個被採訪的路人，他當時說，我不喜歡同性戀的方式，因為我喜歡中國的傳統，而這個是反傳統的。當時我就對於這個特別氣憤，因為其實中國有很多這樣的傳統，比如說《史記》中的記載，還有我們明清小說，龍陽歷史，《品花寶鑑》、《金瓶梅》還有《紅樓夢》裡都有很多關於同性戀的描寫。我的問題是，您有沒有想過在以後翻拍或者改編中國古代小說裡面這樣的一些情節？您剛才提到您拍電影主要是為了表達，而不是為了影響，但我還是想問，您會不會考慮改編一些特別傳統的中國經典的東

西，這樣的話可能會對於受眾來說，他們會理解到同性戀文化不是五四之後從西方傳播到國內的，而是傳統文化的一部分。

　　我也補充問一下，崔子老師在拍電影之前也出版了關於明清和古代文學的研究著作。我們也可以順便請問一下，古代文學對後來的電影創作帶來什麼影響？這兩個都可以同時談。

　　那是我過去的主攻專業，我的碩士是古代文學的，我的碩士論文是關於明清小說的，是研究李漁的，當然也有關於考據學的內容。因為我在社科院讀的碩士學位，所以導師要求要做考據，我也做過古籍整理，《十二樓》有一個版本就是我整理的。

　　先說改編的問題，最近有一個台灣的《紅樓夢》電視劇，全是由男生演的，男版《紅樓夢》，十二釵都是男生扮演。跟古代有關的目前我看到的華語改編全都是娛樂化的，是面向市場的，它是有原因的，因為需要比較高的成本。古裝劇的改編，背後要有很大的資本，尤其是我們能夠看到的古裝劇，都是跟宮廷、名媛、上流社會有關的東西，關於這樣的製作需要成本，如果資本不夠大的話，它就平民化了，就被說做low了。

　　在中國，這既牽扯政府審查尺度的問題，也是一個資本問題，審查和資本決定了古典改編的方向。譬如《紅樓夢》，電影版本，無論越

劇版還是普通話版本、電視劇版本，無論1987版電視劇還是2010版電視劇，包括我編劇的廣播劇版本，也都沒有寶玉與秦鍾、柳湘蓮的同志表達。這不是因為編導者的立場，而是制度的立場，資本的立場。

在中國，資本流向異性戀流向男女故事，一旦政府的審查切斷同性戀主題的作品發生，資本家的資源就不會流向這個主題。所以在中國的現行環境下，討論古典文學的同性戀主題改編，有點為時過早。

在電影行業裡面，總是有人在挖掘古人的遺產，把它炒爛，把金子全部挖出來，恨不得賣到全世界，製作者成為暴發戶。一旦電影政策和市場開發，會有一群掘金者馬上擁上來，請我做顧問做導演什麼的，但是目前這個局面沒有形成，什麼時候這個局面形成，中國像美國一樣，同性戀婚姻合法，人權進入一個民主社會的形態，那才有可能，前提是社會大跨步地進步，還有政府禁忌的解除，還有資本的成立，是改編的前提。

拋開審查和資本這個角度，我個人學完古典，是對古典完全沒有興趣的，是很拒絕的一個姿態。但是後來做文字的時候，很多人都說我的文字多麼多麼好，都是古典文學訓練出來的。這個不好說，因為我是小學二年級就開始寫東西的，所以我不知道我的文學素養是童子功、那個時候培養起來的，還是專攻古典帶來的。這個很難說清楚。現在我完全唾棄我的文字功底，在語言學的意義上，它有太多修辭，不夠純語言，過於繁華，不夠枯萎（笑）。

那我就來到小白的問題，關於文學的背景。我覺得恰好它是一個反作用，我背棄了文學的背景，成為一個推動力。我不是順應歷史的累積、歷史的台階向上走，而是背離它，跟它一刀兩斷。切斷，澈底地切斷，就是動力，斷絕本身就是一種新能源。

　　做一個比喻，跟你的前戀人一刀兩斷，然後你找到一個比他更好的戀人。你的人生會越走越好。比如說在美國，如果我們跟中國的關係一刀兩斷，我們會生活得更好。如果不是，我們千絲萬縷，每天想中國的食品，火鍋啊麻辣燙啊，每天這樣，就覺得自己在美國生活得不好，有缺失。以我自己的經歷來講，我來美國馬上就換胃，就是把胃先換掉，換成所謂美國胃，完全不想任何中國的食物。有人說這兒有中國超市，開車三十分鐘之類。我就說，不用中國超市，我旁邊就有超市啊，都可以買到所有需要的東西。我所謂的一刀兩斷包含著這些部分，我覺得我在美國活得很好。這就是一個反作用力，是我跟古典文學的關係。恰好是我能夠澈底地告別古典，才能進入所謂的現代。之後我就在跳切（jump cut），告別所謂的前現代，進入後現代，現在又告別後現代，進入所謂的後後現代。跳切。

　　我最近又跳回到現實世界，從生活的細節中感到生命重新開始，剪草坪剪樹枝，生命是從這些點點滴滴開始的。有了自己的院子，剛開始覺得那些樹都是別人的，不敢碰，因為在中國，我們從來沒有過自己的樹，突然有一天發現這些樹都是我的，我可以隨便處理它們，

就把那些樹枝全部都砍掉了，有些樹幹也砍掉，只偏愛門前的兩株棕櫚，沒去過度修剪（笑）。住得更久一些，發現原來的房主把那些樹都種得很好，符合北佛羅里達的氣候、風力、濕度與光線。但是，我的後院變得光禿禿的，只有草，變成了鹿家族最愛的地方。後來我又重新種樹，但我不會真的種植，就是把一棵樹挪一下，再挪一下，後來就有的被我移植死了。好在佛羅里達陽光和雨水充足，那些樹實又生命力旺盛，現在都已經重新成行成蔭（笑）。這真是靠天力，人力很可笑。

　　因為是家裡是「鋼軌上的居民」，從小經常搬家，我很慶幸很多次經驗死去重生的新生活。後來告別了古典，後來告別了中國，我都一去不回頭。定居地也好，愛戀關係也好，我從來都是不回頭，斬斷不回頭的態度，是我的動力。

　　小白可能要對我失望了。

　　其實我的問題是，您在拍《丑角登場》的時候，會不會直接或者間接地受到當年古典文學的影響，比如說人物啊、故事關係、或者情節方面，受到當年研究的著作的影響，或者有直接的關係？

　　《丑角登場》的如夢令，就是詞牌的名字，被我挪用為人物的名字（笑）。《偽科幻故事》的貫穿主角就叫花木蘭，源自《木蘭辭》。選

擇花木蘭，就等於識別出一個自古以來的跨性別人物。但是，「代父從軍」本身又是對父權系的維護，我的花木蘭，非彼花木蘭。

我的作品裡還有些中國古典的符號，比如花子虛，《金瓶梅》裡面的人物。但是《紅樓夢》我就不會用，或者《西遊記》，他們的典故性過於強大了。我會用一些語義與寓意跟我要表達都有關聯的文辭，尤其要沒有性別固化，譬如花子虛，有花兒，但子虛烏有，很否定性。我喜歡似是而非和否定性元素。古典不只是作為語文而存留於現代，我得逃離任何屬於帝王專制的基因。越古代越危險。當然，也不是越現代越進步，譬如沈從文，就既關注女性命運又對女性有特別苛刻的飲食和身材限制，不能吃太多，不能胖（笑）。

小白很厲害，一下就揭穿了我的文化脈絡。

前台與後台

學生｜我是UCLA電影系導演系的研究生。我有一個小問題，關於《夜景》，我也做了一些調查，您是一個紀錄片、也是有劇本的，這樣兩種形式，穿插訪談。我想聽您聊一聊當時是怎麼做這個事情的，多少是記錄、多少是導演，導演的部分是您自己寫的、還是說通過採訪後，把別人的故事用演員的嘴說出來。還有，您找的演員是社群裡的人呢，還是專業的演員、學生、還是您的朋友？所以想聽您聊聊這部片子的

製作過程。

　　我先從製作方式開始說。我是特別有創作衝動的人，一拿起機器，就放不下，只有換帶子的時候才會休息，所謂廢寢忘食，都能把自己拍出心臟病來。我自己掌機拍攝的時候，只要有人在，我就會一直拍。

　　拍《夜景》的時候，我當時也沒想著我是在拍什麼，沒想過是在拍紀錄片呀、故事片呀、還是學術論文片呀，和在拍《誌同志》的時候完全不同，那個是所謂社會學的著作，上來就是社會學的框架背景，還要有社會人類學的田野跟上。

　　《夜景》開始於2002年，2003年完成，最開始剪輯成的，是一部很長的影片。準備送去鹿特丹電影節放映的時候，我認為太長了，文體和思想太過複雜，需要過多的解讀。如果按照那個版本來放映，它更接近實驗影像，而不是電影。我偶爾寫藝評，但是始終沒想成為實驗藝術家。我身邊的藝術家朋友都過得太好、太有錢，也有點從文本到文本，我的說法是，漂浮於中產階級生活方式的浮雲之上。那不是我的選擇。於是，我把現場紀錄的部分和與性工作者的部分單獨剪輯出來，成為《夜景》的主脈。

　　當時我身邊的人大多數都是那些最早的中產階級，明星呀教授呀開了酒吧的老闆呀，國際機構的負責人什麼的。他們要消費的地方是什麼呢？我不關心他們怎麼獲得成功的，而是消費的時候，服務

於他們的對象。所以我就發現了Money boy這個人群，就是男妓這個人群。最開始的時候只是想寫一本書，把他們的生活記錄下來，做一些文本的分析，就是想法特別大，特別宏遠。但是後來寫那本書放棄了，因為很多人，剛開始跟我訪問的人，突然就消失了，他們其中有一些人要爭取男妓的人權，要做男妓解放運動的，也一夜之間消失得無影無蹤。

那個時候，2001年、2002年，還比較早，他們想的比較超前，有這樣思想之後，就去跟gay吧老闆爭取自己的權力，老闆是我的朋友，我知道那幾個男妓受到了打壓，但是沒想到他們那麼快被清除了，或者自己撤離了。我就決定再進入夜場的時候，帶上攝影師和攝影機，把能夠接觸到的內容先「掃描」下來。

Money boy在進入男妓館的時候，身分證都要被收藏在老闆手裡，接客開房要用才可以「借出」，之後要「歸還」，收入也是交給夜場來管理，吃什麼、住什麼樣子，自己完全沒有權利來決定。

我深入下去，想觸碰到這個部分，當我就往深入走的時候，受到了很大的反彈。夜場老闆一直跟著我們，遇到不想曝光的場景他就說，這個你能不能不拍？譬如Money boy的宿舍，餐食。他只希望我拍攝酒吧最絢爛的部分，夜場表演，有肌肉舞，有盛裝秀，有小品，有流行歌。

那些Money boy向我「訴苦」說，頓頓吃白菜，你應該拍，這就是我們的生活，你跟老闆是朋友，他有我們的身分證，你應該拍，我們就

是這樣，我們都出不去，每天憋在地下室裡，白天沒有工作也不能出去逛街。

　　攝影機進入之後，他們彷彿看到了光明，會對我有這樣那樣的期望。有人把我等同於CCTV新聞聯播導演，出於上訪的人對記者和媒體的迷信，可以為他們伸張正義。也有點人有明星夢，以為遇到一個導演，等於省略了星探那個環節，已經熬到出頭之機，很快可以從男妓成為明星。

　　於是，我就虛構了一個敘事文本，由他們扮演電影學院的學生，而且是表演系的學生，將來會成為「恩男郎」，像「謀女郎」一樣（笑）。（編按：「謀女郎」意指導演張藝謀的電影捧紅的女明星，前面「恩男郎」則以類似的方式戲稱這些期待成為明星的男妓。）那部分鏡頭都是在電影學院實景拍攝。他們想要的生活，用劇情的方式來表達。但是，這無關性工作者解放。

　　在所謂的影像語言方面，我也放鬆導演功能，不是那麼導演，給攝影師更多的自主性，譬如他要怎麼取景、怎麼看待現場，而不是我怎麼看待現場，也許這可以有我之外的另一個視角，使觀察和語言更多元。比如說那些時不時遮擋鏡頭的魚和魚缸。我的攝影師很喜歡透拍，就是電影語言裡被專業性視為最好之一的拍攝方式，透過前景拍後景，很有迷幻的美學特質（笑）。

　　我對這類所謂電影美學不屑一顧，但是我的攝影師很迷戀這些東

西，後來到現場就發現這個美學的依據，他就馬上抓住。這個時候，我沒有像拍《丑角登場》的時候，刻意擠乾傳統電影語言的水分，讓它變得乾燥、乾癟、枯萎。攝影師要濕潤就濕潤，要豐富就豐富，我沒有去擠壓它，我做了一種鬆弛態度。

關於性工作者平權這個議題，不只是Money boy自己在探討，社會學和公共衛生的圈子，也在探討這樣的議題。以我的背景就認為，可以開一個研討會，把大家都召集過來，有男妓，社會學、公共衛生、博士教授什麼的，來開一個研討會。後來我覺得那不對等，就像我去日內瓦參加的一次研討會，邀請了巴西跨性別人士出席，把她們／他們作為標本、靶子，作為一個文案舉例；也像美國小學上課，一個印第安人來課堂上講歷史，給孩子化妝、穿上衣服之類的。於是我創造了「街頭圓桌」的學術會議方式，讓探討性工作者議題的專家學者身處鬧市，可能是街邊，可能是小餐館，可能是日常辦公的工作室，可能是他們去消費的夜店。他們不會聚在一個莊嚴的會場，也沒有他們的「聽眾」，他們與那些Money boy一樣，孤單地面對鏡頭。之後，我在後期的時候，再把他們的討論連續或斷續地剪輯成「圓桌」，顯現出一種獨特的學術而又反學術的氣質。

這個「街頭圓桌」的好處是，大家都草根化，儘管某個人是社科院所謂的著名學者，某個人是某某領域的權威學者，我都會把他們放在街上，一個嘈雜的地方，一個餐館，放在一個和男妓的階層對等的地方。

反而是男妓的劇情開始的時候，我會讓他們的社會地位升級，升級到大學，可以成為未來的明星。

後期剪輯的撕碎、打亂，比前期拍攝工作量要多很多。

學生｜想問一下，您說這部電影的後期做了很久，您還記得當時被剪掉的東西是什麼嗎？為什麼沒有把那些東西放進去？

最初它們是同一部影片，成片六個多小時，很多變調變奏那種複雜的結構。剪輯完成停了幾個月，我就改變主意，要構架簡單一些。成片鏡頭已經完全割捨不下，只能一部變兩部了。於是，就把男生愧不如女發掘自身哺乳潛力的主題突顯出來，再把類似基督教救世的主題線剪輯出來，成為《哎呀呀，去哺乳》的主脈。在《哎呀呀，去哺乳》裡，由職業演員為線索，去構成一個追問「人為什麼要往高處走」的世界。而《夜景》則保留了男妓主線的全部紀錄鏡頭，以及相關性工作者的街頭式公共討論。《夜景》與《哎呀呀，去哺乳》混在一起拍攝，之後剪輯成兩部影片的。

學生｜您這個片子剪出來之後，當時去採訪拍攝的那些男妓有看到這個片子嗎？

有一些人看過，他們有一些現在還是我的朋友，他們現在經商，還做得挺好的企業。男妓人群變化特別快，很多人用的都是化名，等我片子做好之後，很多人都消失在茫茫人海中了。他們是最喜歡消失在茫茫人海的，因為只有這樣他們才可以把過往的身分抹掉，如果他們不覺得自己這樣是光彩的，尤其是他要回到自己的家鄉的話，那段歷史就更不能展現出來了。所以看到完成影片的人不是那麼多。

　　還有另一部片子，《我們是共產主義省略號》，那部片子拍一個打工子弟學校，那個學校被政府關閉之後，學生們就沒有學上，他們與部分老師、家長一起抗爭，希望能夠回到被政府封鎖的校園上課。拍完那部片子，我就很快就剪出一個版本，去給他們放，是在一個臨時教室的白牆上。不過，那個時候大部分學生已經失學在家，或者轉去附近其他學校，看到的人只有影片中出現的部分學生和一個老師。

學生｜您好，接著這個話題，我也有一個問題，是關於男性性工作者的。您說有一個背景，是他們在爭取勞工權益，所以我想請教您一下，我們知道目前中國的勞工運動此起彼伏，但是在性工作者裡並不常見，所以我想知道他們當時是怎樣的，有怎樣的抗爭。其次，他們的服務對象並不局限於LGBT群體，也為女性提供服務的，那麼從這個角度去看，這個群體和LGBT群體的關係是怎樣的？他們有直接的某種社會層面的聯繫嗎？

我拍的這個群體主要是服務於同性的，也就是服務於男性的。當然我拍這個片子的同時，恰好在另一個劇組做編劇。那個劇組，有很多機會接觸類似於名為天上人間高級會所那樣的地方。有很多的男妓在裡面，雖然那些夜場性工作者以女生為主，但也有幾家以經營男妓為主。我身邊的女性朋友，叫來的都是成排成排的男妓，比我在《夜景》裡拍到的場面要浩大。那些主要服務女性的男妓我並沒有去拍。

　　《夜景》時期，勞工權益剛剛萌醒。那時候，招聘廣告打的侍應生或者藝人，後來就有了「男公關」、「公關先生」的名目。大部分進入gay吧工作的男生，有人意識到自己的性取向，進入gay吧就是進了一個LGBT的群體，與「自己人」在一起，不僅會得到工作，而且可以展開愛情（笑）。也有人並不認同同性戀文化，自身也不是gay，僅僅是找一份工作，等他們進入gay吧以後，不斷地被等級和金錢所引導，從級別低的侍應生到當紅「頭牌」之間必須跨越性取向這道坎兒，於是，他們就成了雙性戀（笑）。但是，金錢社會的冷酷性在於，資本家才是最大的獲利者。如果他們每天吃饅頭白菜，出台帶回來的錢70%、80%進了老闆的腰包，就會不滿，就想抗爭。最初以為可以邊玩邊掙錢，結果是人財兩空，又賣了身，又得不到錢，人身自由又失去了，與富士康流水線上的工人沒什麼兩樣。

　　他們開始抗爭的想法，和所有底層階級的運動一樣，感受到被欺

壓，覺得這個世界不公平，是來自於這樣的動力。那個時候和現在不一樣，沒有學者沒有律師沒有左翼青年在理論和行動上去聲援他們、支援他們。所以我一出現，他們覺得我是他們的理論支援，他們把我當成一個後援團，覺得我的文字我的攝影機都是一種力量，有點類似於CCTV（笑）。所以剛開始我們去的時候，他們特別興奮，當然他們的興奮度不斷地被資本家打壓，尤其夜總會本身就是地下的，老闆、資本家也被打壓，生活在底層的底層。他們還不像廣東工廠的員工，有一個合法或者半合法的身分，他們連合法身分都沒有，他們的工作本身就可能構成犯罪，因為性工作在中國並不合法。

這個運動的第一個層面是性工作合法化，這與中國的街頭運動是否能夠走上街頭一樣困難。不僅LGBT的法律保護缺失，更缺失性工作的法律保護。這就是中國革命的遺產，只認領表面的、外在的激情，而否定內在於革命的性的激情。在中國，相關於性的大多是律法的、政治的、道德化的懲罰，婚姻之外，性的多元化、性的養育、性權的尊重，很少，或者說完全沒有。

這跟現在勞工運動形成的國際輿論完全不一樣，所以中國性工作者的維權完全看不到。包括一些不是這樣的性工作的、脫口秀表演的人、跨性別的夜場藝人，也完全沒有維權的空間。比如說美美，她們做夜總會的主持人，人身自由沒有被剝奪，但是也被任意剝削，比如說演出一個晚上本來說好給五百人民幣，最後只能拿到兩百塊錢，老闆會藉口客

人少或者酒水銷量不足等剋扣她們的工資。她們的生活比別人的品質要差，就容易生病，大家有機會可以去看《美美》這部片子，是高天拍的，關於美美的一部紀錄片。美美已經在丹東老家去世了。

說到勞工這個問題的時候，這些跨性別的表演者，不一定是性工作者，她們受到的剝削，她們這種看似早已有定論的結局，都有悲劇色彩。我這些拍攝對象，沒有那麼悲劇，一個是年齡小，一個是做這一行沒有那麼久，還有一個就是，這家店後來被關閉了，所以他們很快就恢復自由身分了。老闆後來去做別的行業了，最後去做了情色旅館，也是祕密的。最重要的是，他們不是跨性別。在所有情色業的工作者裡，跨性別最弱小，最容易被霸凌，肉體、金錢、情感、文化，不僅全方位得不到社會支援，而且全方位受到社會盤剝。

學生｜崔老師，我也是學電影的一個學生。您的電影裡很重要的一個因素和宗教有關係，我知道您信奉的也是基督教。我自己也在拍片子，去年在北京找演員的時候，有一個演員，他是十八歲，從小父母都是信基督教的，他沒有上過正經的學校，都是教會學校長大的，現在他十八歲，他自己感覺心理上面出現一些問題，之前是憂鬱症，之前爸媽給他找過很多醫生。但是我跟他聊的時候感覺他的圈子非常局限，思想非常局限，他會給我發一些基督教傳媒的影視網站，做一些影片，說基督教拯救了跨性別的人群，通過基督教能把這個轉換過來。所以想問問您對

這些的看法。

　　猶太─基督教是我的文化背景很關鍵的一個部分。一部分是古典文學是我的大的源頭，還有一個大的源頭是羅馬天主教。我家庭背景是天主教，這和基督教的差異還是滿大的。我這裡不討論兩者的區別。天主教在中國和它在西方的背景是不太一樣的，比如說在義大利，在梵蒂岡，在西班牙，在巴西，那種教權至上的傳統依然受到中世紀政教合一的影響，這種影響也傳遞給馬丁‧路德（Martin Luther）改革後的基督教。在美國，基督教人口的數字是占比例很高的，高於天主教，美國的信條之一是「信神」。

　　在中國，天主教和基督教是被邊緣化的，是非法的、被地下化的，那跟一些所謂的中國的少數群體的生活形態是一樣的。我很小的時候，1966年5月16日開始，文化大革命淹沒了全部的基督教話語。那時候我小學一年級，關於天主教基督教的一切活動都消失了，哪怕在家庭裡，父母的祈禱也是避開我們孩子的。

　　我的家庭並沒有試圖把我們保護在「太空艙」式的生活裡，我爸爸對我們的成長有足夠的自信，因為他就是風雨無阻地成長和成就自己的。我媽媽則是避免讓我們過信仰生活，完全把我們驅趕到現世生活形態中。那時候我已經可以分辨，富足、有節日和儀式、有經典有禱告的教會活動，是一種歷史遺產，而貧窮、充滿鬥爭的社會主義才是我們的

現實世界。儘管媽媽無限留戀那份歷史，但是出於母親的天性和天職，也還是把我們放逐到現世的洪流裡。

對我來講，我不會產生隔絕感，不會焦慮，它的影響就是，會去探討隱祕的、歷史與現實的縫隙，西方與東方衝突的閃電邊緣。比如說，為什麼我的家族有一個政治底線，就是不入黨，我的爸爸由於參加八路軍而必須入黨，之後他逃離軍隊，也逃離了黨，態度黑歷史就是「自動脫黨」，並因此由主治醫師被罰去打掃廁所。儘管如此，他都閉緊嘴巴，不會說一句假話，不會給其他人貼大字報，不會為了自己免於懲罰而去舉報別人。他只是做一個好的醫生，養家餬口，別的事情都不是他要做的。脫黨之後，歷經多次政治災難，他也沒有任何再次入黨的意願和行動。

不能放棄信仰，所以我們的遭遇有悲催但是不絕望，有煩亂但是不妥協。這樣的家庭文化給我帶來很多態度。從小我就討厭沒有憐憫、趨炎附勢的人，堅決不做侵犯別人的事情。這些準則不是來自於教會，因為教會已經坍塌。這些東西對我影響很多。比如說，我對語言的理解，是反技術、零技術，因為我覺得中國語言的技術有趨炎附勢的奴隸氣質，朝向大眾也好、朝向資本也好，這個部分來自於利益和交換，這個語言的豐富性。電影是這樣，文學也是這樣，說得好、賣得好，我可能不在乎賣得好，但是在乎評價好，比如說有的人說這個很深刻等等。所謂中國人的諾貝爾情結奧斯卡情結，都是社會過度偽菁英化的結果。所

以當自己有機會做文字和影像工作的時候，我的很大一部分工作都是去清洗被汙染的功利化的部分，這個部分是對於上帝的熱情帶來的。現在的我不一定是一個有神論者，但是我會相信一個人他所講出來的一些話是完全反對世俗、反對功利心的，那麼那樣的語言就是神一樣的語言，我也會去用那樣的語言去生活。但是我的影片裡也有反基督教的精神，比如說在《哎呀呀，去哺乳》裡面，大濱和文文隨便找一個地方大聲呼喊，操場上、看台上、街上，隨處可以聽到他們的警世呼叫：「世界末日就要到了，你們還不醒悟嗎？」

當然這個也是基督教的傳統，所以我會讓演員很真誠地去說，但是在說的時候，有真誠的部分，也有對「末日論」諷刺的意味。這算一個口號，聽到的人會警醒，沒有聽到的人覺得特別空洞，而且有的時候基督教用這個方法來傳教，是威脅，用怕的方法，不是用愛的方法來傳教。我對這個有一些批評，我在我的影片中也有體現。現在我不能說我是教會的成員，或者是教會的信徒，我自己做了宗教改革，對《聖經》做了刪減，現在對我來說，只有四個福音書是我的基督教的，三位一體的十字手勢也我被我改寫為「因耶穌及耶穌及耶穌之名」或者「因子及子及子之名」。現在我的這個團隊只有兩個信徒，就是我和一個十歲的孩子。

同性戀的地下化是從地上化開始的，但是天主教─基督教的地下化也是從地上化開始的，只不過，同性戀在歷史上從來都是「無名」的，

而天主教從唐代的景教開始已經形成鮮明的合法化歷史。文革對於教會來說是「教難」，十年文革之後，這場教難還一直持續著，迄今沒有結束的跡象，可謂曠日持久。我的整個家族、我家族身旁的朋友，一直在與這場教難搏鬥。你說的那種基督教家庭，不信任世俗學校和社會，把孩子留在家裡，我完全可以理解。其實也有一些非教會家庭，把孩子送去國學院，也是同樣的原理。我以前在北京的一戶鄰居，把小男孩送去國學院之前，諮詢過我，我堅決反對，理由充沛，但是她送子入學。之後我就眼看著那個叫霖霖的男孩兒從自由活潑充滿創造性，日益枯萎，十幾歲已經老態龍鐘。

基督教文明把人類的生死都做了關懷：出自主懷歸諸主懷。上帝既是初日創造也是末日救援。這種閉環狀的文明給人以強大的支撐和信心。由救濟粥衍生出現代歐洲—北美的福利制度，由教區志願者衍生出社區志願者乃至志願服務型社會，由大黑彌賽衍生出安樂死。但是，天空科技和新科技帶來的新宇宙學之後，基督教並沒有跟進認知，依舊把死亡教育放置於神本／人本主義的封閉框架下，動物式的、太空式的死亡依然得不到肯定。我個人則認為，要學習動物的死亡態度，還有外星人的死亡觀（笑）。動物和外星人的死亡觀是什麼呢？不怕獨自迷散於宇宙（笑）。其實踐方式是基於環保的，也就是去除墓地文化，把有限資源留給自然界，不因為生兒過多占用其他生物資源，更不要因為死而繼續占據地球資源。當然，我這樣說，很多人會罵我（笑）。

表達與身分認同

學生｜我是電影系一年級的博士生，我是做電影研究的。我的主要問題是，聽您講您的表達的慾望，我覺得非常感人。這讓我聯想到在您的四、五部影片中，您是自己出鏡的，在研究西方的LGBT學生提問：這個群體裡，很多導演非常注重探討自我身分的認同，他們在導演、編劇的同時，也是片子的主角，我想問，您在過去的作品裡出鏡，是源於表達慾的延續，是到達一個高潮，我需要出現在片子裡，還是簡單地來說，這個片子現在需要一個這樣的角色，我現在來演。我想問一下您的動機。

拍我第一部導演片《舊約》的時候，我沒有單獨去考量演出的問題，而是立意把拍攝當成一種生活方式。之前我參與過很多劇組的工作，有前期籌備的，有拍攝階段的，有後期剪輯和聲音加工的，總體來講，電影攝製組就是一個小型的專制社會，而且是紫禁城式的，我最厭惡的宮鬥戲每天都在上演。有時候導演與製片人是夫妻檔，一旦不是，導演和製片人就是一對天敵，劇組其他成員加工加點無限被剝削，不舍晝夜，影片殺青，很少有人能拿到完整片酬。殺青是什麼意思呢？就是我們現在說的割韭菜（笑）。

於是，我的理念就是否定傳統劇組模式，組建團隊式劇組，party
式工作方式。具體操作上，就是食宿行第一位，而且人人平等，譬如打
車都報銷，紅酒所有人都可以喝，吃同樣的飯菜，沒有明星與非明星差
別，譬如不僅都是零酬金，而且有錢的會請劇組人吃大餐，自願的、志
願的（笑）。當然，性方面自由選擇，沒有強迫性共產主義（笑）。

　　好朋友聚在一起，邊工作邊吃吃喝喝，也因此聚攏來一些朋友的朋
友，譬如小博的同學于小宇，攝影師袁德強的女友那仁其木格，孟浩的
朋友，他們來了就安排一個角色給他們扮演。只要我們劇組一開機，就
有人來買單，今天這個朋友請我們吃飯，明天那個朋友請我們吃飯。我
是這個party裡的一個人，我是發起者，但是party沒有主角，我也是在
party裡吃吃喝喝、走來走去的一個人，所以自然而然地在鏡頭裡穿插
一下、走動一下。我是在這個拍攝party裡面，不是外在於party的一個
人，這個跟我對導演編劇身分的考察有關係。因為一到我出現的時候，
我其實是一個很有破壞力的一個人，因為我啊，我生活裡邊沒有那麼喜
感，但是我出鏡很帶喜感。很多人說我應該去演喜劇，是一個天生的喜
劇演員。現在我在北佛羅里達，到我們社區中心去玩兒，就會有中學男
孩兒超級喜歡我，覺得我一出場就極其歡笑，一見到我就說好久不見
你、我很想你，有一對兄弟，哥哥喜歡我，弟弟也喜歡我，弟弟比哥哥
還黏我（笑）。其實他們都是我喜歡的類型，很帥的小帥哥，但是僅僅
是喜歡，我不能碰他們，未成年我從來不惹（笑）。所以說我是天生帶

感，我一出來就把高大上都破壞掉了，但是我的電影常常有特別深刻的主題，跟維根斯坦（Ludwig Wittgenstein，編按：中國譯名為維特根斯坦）的行動哲學，跟我自己行動有關的主題，我出來就會稀釋掉那種端正的電影形態，讓它對正統的主流電影形態有批判。當然，我們遠離主流也不只有這一種手段。

因為我們劇組的party形態，有的時候會與電影語言之間產生衝突。譬如，現場拍攝的時候，所有人都要靜音，保障演員的台詞和環境聲準確，如果繼續有人聊天喝酒吃吃喝喝，就會干擾拍攝。這種時候，party就不得不暫停。我們像似可控的裝置，一旦按下拍攝鍵，立即就成就了電影（笑）。

電影語言裡潛伏著一個夜魔，無論我們是否追求殿堂級別，無論怎麼做都不能擺脫觀影時刻那種黑夜儀式——把燈熄掉，讓黑暗統治一切。我從幕後突然走到幕前，有可能會驚奇到那種黑暗，讓黑夜有了縫隙（笑）。

學生｜崔老師您好，我是碩士二年級的學生，辛苦您和我們分享了這麼多。我一直聽到您提到在拍攝的時候的一種企圖想要反作用力、反美學，這讓我聯想到《誌同志》採訪中說到的在LGBT群體中的一種新文化的形成，比如說同性戀婚姻合法化的問題，大家會認為在想要它合法化的同時，其實也不想讓它合法化，因為對於這個群體來說，有另外一

種生活方式，可以隨意地、更釋放天性的交際方式。也有人說合法化會進一步把權力交給婚姻制度，我想問您是怎樣理解這種新的文化和文化系統的？在紀錄片中，是很容易表述這種對新文化的看法的，我想問您是怎麼把這種看法投入到故事片中的？比如說在《丑角登場》的中的小博和娜娜，娜娜在變性之後，告訴小博她要找很多男人，讓他們愛上她，但是她一個也不愛，這是不是一種新的文化體系？我想問的是，這種新的文化是不是建立在反對同性的基礎上產生的？

首先，在《誌同志》裡，羅麗莎是UCSC的人類學教授，她的思想是美國酷兒理論的重要組成部分。儘管她講中文，但是這部分思想是她自己從自己的英文思想裡翻譯過來的（笑）。

麗莎是美國酷兒文化的經典表達。她執教的UCSC我去過幾次，與她的學生有過很多次面對面的交流。UCSC有好幾個酷兒理論家，她把酷兒理論與人類學方法融合，形成對標準化的、模範白人男同性戀運動的深刻反思。她也通過對亞洲女性和同性戀者的人類學研究，省察北美LGBT政治和文化的狹窄性，她認為同性戀婚姻合法化既不是LGBT運動的起點也不是終點。LGBTQ運動如果有方向性的話，那就是流動性，而不是找到一個終極目標的僵化政治。

在中國的語境裡面，目前還會把同性戀婚姻的合法化作為一個終極目標，或者說起碼是一個階段的相對終極目標。包括台灣，一直把同性

戀婚姻合法化作為運動的大方向，一旦部分受阻，就彩虹隕落，天空變灰，人群沮喪。這有點遠離我讀到的台灣酷兒文本。紀大偉《膜》的寫作，超絕性遠遠大於現實性。陳俊志《台北爸爸，紐約媽媽》滿是酷兒的韌性與彈性。要求婚姻的合法化，這個文化可以說是從異性戀一夫一妻婚姻模式借鑑過來的，沒有新意，不酷兒。單純從國家政治與立法來講，這是一個簡便易行成功有期的路線。我在丹麥、瑞典、英國、北美都接觸過同性戀婚姻家庭，都很穩定中產，但是不會是我的選擇，我不選擇婚姻這種生活形態。（編按：台灣已於2019年5月經立法院三讀通過、總統蔡英文公布《司法院釋字第七四八號解釋施行法》，完成同性婚姻合法化的階段性任務。）

　　羅麗莎的主張是，自由大於法律。有一些人無論婚姻法律如何，也會選擇多伴侶，就算同性戀婚姻在歐美合法化以後，也會有人選擇多於兩個人一起生活的模式，儘管這並不是同性戀婚姻法能夠保護。有的人會選擇一個社區式的，就是一個公社，有點像前社會主義時代的公社狀態，比如說一群人老了，住在一個老人社區裡，但是這個社區是通過同性戀人士集資開發的，在這個公社裡面，把所有的財產放在裡邊去，大家可以互相自由選擇跟誰睡等等，這也是一種選擇。也有人宣導這樣的模式。香港大學司徒薇，她也是UCLA東亞系畢業的Ph. D，就在和她的朋友在努力開發香港同志的養老社區，未來希望能夠建成這樣的一個模式。

羅麗莎的主張裡面還包括去除身分確定，跨越性別性取向，多變的、多極的、跨性別的模式，比如說一個人從男變女，再從女變男，是一個反覆的身分構成。也確實有的人在身體上去嘗試和實現這樣的轉換和跨越，這種跨性別文化也對傳統同志文化有很大的挑戰，雖說是同志運動的一部分，但也是對由同性戀婚姻確認的、標準的、夫夫和妻妻模範的反省和批評，尤其是對gay權中心的批評。

　　跨性別是我影像創作中比較重要的符碼，有兩個符碼，一個是跨性別，還有一個是公共廁所。《公廁正方反方》、《丑角登場》、《男男男女女女》、《WC呼呼哈嘿》，我有好幾部影片探討公廁議題。有一段時間，我和楊瑾經常去各大公園的公共廁所，觀察和訪問那些住在公共場所裡的清潔工人。他們常常是一家人住在裡面，孩子就在附近上學，有清潔員身分的有女有男，青壯年為主，男廁所和女廁所之間的工具間兼收費間，就是他們的家，孩子放學就在那樣的「家裡」寫作業。他們一律是外地來北京打工的農民工，很多人過得很高興，因為不用住在擁擠的公棚，住「單間」還不用交房租，水電費也由市政管理部門負擔。我們準備拍攝一部紀錄片《住在廁所裡的人》，田野工作做了很久，最終沒有拍，因為大多數人不敢接受拍攝，怕丟掉工作，除非我們獲得園林局的拍攝許可。

　　我很小的時候就在質疑，為什麼女廁所那麼小，與男廁所一樣，但是沒有小便器，沒有專門的小便空間，這樣很不公平。女生用廁所的

時間比較長，總是要排隊，而男廁所卻小便池那麼多，那麼寬大，男生上廁所不用完全脫掉褲子，而女生需要，費時費力，可是女廁所不比男廁所更大。對我來說，公共廁所是人類世界很重要的一個獨有符號，鳥不需要廁所，狗不需要廁所，人為什麼需要，而且要分別成男廁所和女廁所，為什麼男生只能去男廁所，女生只能去女廁所？雖然在現實生活中，我是兩個廁所都去，很多男人躲在廁所裡吸菸，煙霧很嗆人，我喜歡女廁所，比較沒有菸味兒（笑）。

酷兒理論是在同志本體論之後逐漸漫入中國的。我剛開始拍攝影像的時候，同志們還在努力把gay、lesbian這些問題梳理清楚，還沒有對queer／酷兒有很多暸解。那時候讀紀大偉主編的《酷兒啟示錄》、《酷兒狂歡節》，更多是把書讀為台灣的酷兒經驗，沒有那麼理解背後的酷兒理論。在中國和香港，真正關注酷兒理論的人不多，沒有像台灣那樣形成一個文化脈絡，主要因為大學的相關課程還聚焦在LGBT的社會學範疇。在我看來，酷兒理論完全是一個新的學科。也不用擔心這是後殖民，它真的不是中國的土特產，也不是美國的，不存在殖民化的前提（笑）。這個新學科的基石是現代語言學和解構主義，尤其是傅柯的著作和德希達的著作。在中國大陸的文化圈，迷傅柯迷德希達的人不少，但是很少有人邁進酷兒理論，因為傅柯說過「同性戀監獄」，所以他們就安安全全地一邊堅守異性戀立場一邊做傅柯粉（笑）。

因為酷兒論，我在疏離同志論，包括那些想把香港做成華人同志首

都的人，一直說龍陽斷袖古已有之的。酷兒論與同志論爭議之後，我現在也與那些「模範同志」絕交了。也可以說，我不是同志（笑）。

學生｜崔老師您好，我是大三的交換生，我非常喜歡您的電影，非常佩服您拍攝時一直保持一種作戰的姿勢，而且您對統治群體在社會中獲取資源的方式有非常清楚瞭解，然後拒斥這樣的方式，反而去追求一種反作用力。我想問的是，在《夜景》中有兩個場景，一個是您剛才提到的，關於男男口交的場景，有一個男性性工作者說出來的，他說，人是哺乳動物，女性需要哺乳，男性不需要，而在男性身體中發現其他的器官產生代替品。我想問在《夜景》裡面這個場景是不是您想加入到紀錄片中的台詞？同樣還有一個場景，在一個非常女性化的、坐在舞台上的舞者和一個赤裸上身的、男性化的去舞廳的人，您是否刻意把這兩個人並置在一起，去體現一種同志化的男性和女性的不同的氣質？後面有一個小孩子的鏡頭，您挪到小孩子再挪回去，我想知道這個是否是您刻意安排的，還是拍攝時剛好出現的？

　　謝謝，這個問題很細緻，也很重要。一些符號性元素的使用，先從後面的問題來說，男生女生的範式，是夜場表演時的規範，比如有一個人長得健壯、有肌肉，他就要被夜場領班安排去裸露上身，那樣會誘惑到喜歡肌肉男的客人，而女裝女性化的則要吸引喜歡跨性別者的客

人，因為夜場表演實際上是情色消費的前奏，最後要賣出去，把身體賣出去。有一些人喜歡肌肉男，有一些人喜歡女性化的小女生，有一些喜歡清秀的、沒有肌肉的男生，有人喜歡美少年、小鮮肉什麼的，但是沒有人喜歡大叔。領班像半個導演，對角色進行配置。你說的那個易裝者藝名叫小紅，她內心真正把自己當成女孩子，平時就很害羞那種，但是內心如火，當時想在店裡紅，賣得好，將來想成為明星。她在夜店裡面有一個男朋友，男朋友那天出台了，男朋友的男朋友負責在店裡保護她（笑）。我就請他站在她旁邊，這樣她會勇敢一點，面對鏡頭來說話。

這部影片，所有「看鏡頭」的訪問鏡頭，我都刻意使用雙人鏡頭，或者三人鏡頭。單人鏡頭是有點訪問式的、比較學術式的片子的常規，一個人很中心化地在那兒說。拍攝《夜景》中紀錄式鏡頭的時候，我有意規避這樣的影像文化弱點，也就是紀錄片的常規性文化弱點。我讓現場的「閒散人員」，沒有被記錄意義的一個人，在主要受訪者旁邊待著，傻待著，如果他想表演就表演。為了避免沒有「閒散人員」，我就請演員賈戈一直跟隨我們的拍攝，一旦周圍沒有「閒人」，他就出鏡，坐在受訪者身邊，閒極無聊地傻坐著，破壞鏡頭語言的專注力。現在的影片裡，他是唯一貫穿的人物，但是還沒有被識破，我很得意（笑）。

這關乎於「看鏡頭」的理論。當所有人都看著鏡頭，被鏡頭逼著說話、說深刻話語的時候，有另外一個人就是傻呆呆地看著鏡頭，或者不看鏡頭，在旁邊待著，像個明晃晃的竊聽者，會不會分散講述人的注意

力，會不會迫使她／他講謊話，或者把普普通通的話語講成格言警句。「看鏡頭」是雙向性的，被鏡頭看，也看鏡頭，這是媒介時代人們習見的語境。突然看鏡頭的人旁邊出來一個「圍觀者」，看鏡頭的人被多重性地、多向性地「看」，他／她是完全無視圍觀還是會悄然改變話語方式和策略呢？

有的雙人鏡頭是一個人扶著另外一個人的肩膀，或者被另外一個人的手扶著肩膀，雖然沒有兩個人出鏡，那隻手是我（笑）。總有另外一個人在場。這是對紀錄片的反監視。電影鏡頭既是紀錄性的、闡釋性的、解放性的，同時監視的內涵也始終沒有消除。有另外一個人或者一隻手入畫，就可以反解這種監視性，他不僅僅是看著「看鏡頭」的人，也看著鏡頭本身，機器與人，都被他／她旁觀著，不介入，但是在場。這多可怕，攝影機不能與「看鏡頭」的人共謀，因為有「他者」在場（笑）。

在《夜景》裡，「真理性鏡頭」是不存在的，一切真切的講述，一切學術性、單一話語、關懷性、權威性話語，都已經被預設的「閒置元素」所干擾和顛覆。

那個小男孩兒是老闆的兒子，他就住在地下室夜店裡，那裡有他的家庭單獨一個房間，我偶爾也會遇到他的媽媽。一個很小很小的學齡前小孩子，住在夜店裡，住在一個情色場所裡，而且是他的家，對於生活於大學區域的我來說，這有多麼不可思議。後期剪輯的時候，我就直接

把這個鏡頭保留下來了。其實這個孩子延伸出另外一部電影：一個住在夜店裡的家庭，老闆是gay，但是有妻有子，妻子和孩子都把男男情色看作日常生活的一個部分，妻子完全被男性世界所淹沒，也懂得迴避，孩子則不，也許他還是男妓們的寵兒，或者仇恨老闆的男妓伺機報復的對象。這就是虛構與非虛構，儘管我自己一點都不喜歡「非虛構」這個流行詞。

《夜景》背後可以解讀出很多。比如說，所有的那個時代之前的北京同性戀活動場所，大部分取景在裡面。影片試圖收藏一種空間的歷史，關於同性戀的夜生活，跟性有關的，有一個歷史的串聯，同時也試圖把中國更複雜的、街頭的、辦公室的社會狀況置放到裡邊去。影片中有一個男生說，他是從內蒙古來的，白天在上下線酒吧對面的寫字樓上班，晚上到gay吧兼職做性工作者。這個人是我從酒吧裡拉出來的「臨時演員」，用紀錄片人喜歡用的術語，他是被「擺拍」，他說的是我輸出給他的台詞。我想描繪的是，性與性工作無處不在，只是被革命與民主的正義所遮蔽而已。

像今天這樣的機會，我們可以解讀一下，那個學齡前小孩子是誰，他怎麼會跑到魚中魚這樣一個男男情色場所，而且是地下的，無論是建築空間還是政治地位。還有他所索隱出來的「同妻」的現象，就是男同性戀的妻子，還有同夫，還有深櫃。它包含了多重的謊言、欺騙、欺詐，與男權主流中的人沒有任何不同。中國造假盛行，LGBT並沒有獨

善其身。特別是在這個被忽視被歧視的階層裡，造假也許會更嚴重。

現在來到你的第一個問題，人是哺乳動物這個話題。其實這是一個很本質主義的開端，為了批判的方便，我就假裝不知道這是本質主義的，堅持使用了一下，在《夜景》和《哎呀呀，去哺乳》裡，而且有點核心化（笑）。

事物的「秩序」

學生｜崔老師，我也是東亞系二年級的學生。我有兩個問題，第一個問題您之前已經討論過，就是剛剛您說自己之前是學古典文學的，您對中國古典文化中的一些符號有接納，也有拒斥，您也講對歐洲一些電影語言有明顯的反抗，我想問您對社會主義的文學傳統是怎麼看的？您剛才講廁所，還有在《誌同志》和《夜景》中的一些區別，您實際上已經有談過一些反思和拒斥了，但我想問問社會主義美學傳統對您有什麼影響？我的第二個問題是，比較小、比較具體，我對《夜景》中最開始採訪男妓的時候，中間放了一個魚缸，一條魚在不斷地游動，有時會把他的眼睛擋住，我覺得這個意象非常美，而且魚這個意向也很有深意，聞一多寫過一篇文章寫魚在整個中國文化傳統中是什麼樣的，在《詩經》裡是怎麼用的，在《戰國策》裡是怎麼用的，在《戰國策》裡講汝陽君在內蒙的第一段故事就是他們一起在釣魚。我想知道這之間是不是有直

接的關係，包括蔡明亮電影中有很多水的意象，我想問問魚、水這些和同性戀文化之間有什麼關係。

好，我先討論第二個問題，因為第一個問題我記得很清晰，因為很尖銳（笑）。

《夜景》這部影片叫做有修辭影片，在我的影像作品中絕無僅有，其實是因為攝影師張暉林很喜歡電影修辭，我只想要純語言。我一點兒也不想把鏡頭拍出美來，只想拍得很枯乾（笑）。

我告別古典，或者說告別文學的一個最重要動作叫做「告別修辭」。做《夜景》的時候我放鬆了這個成分，第一因為我們拍攝的主場景和現場音樂本身就是一系列大大的修辭，第二是負責拍攝的張暉林終於得到施展他豐富修辭手段的機會，在此之前，他被我曬倒在語言的河床上，沒有用武之地（笑）。我和張暉林一起拍過好幾部影片，每一部我們都會為了類似專業不專業、美學不美學的立場差異而爭論。我要的就是反專業反美學，而他死要專業感美學性（笑）。

你說的關於魚的美學，是場景預設的，我的拍攝方法是把那些斑斕的魚與魚缸放逐在後景，張暉林喜歡把它置於前景，也就是最美學的「遮擋拍攝」，不僅遮擋，而且是用透明的遮擋物，不僅用透明遮擋物，而且是各種名貴觀賞魚種配置光怪陸離燈光的遮擋物。對於你說的社會主義中國，男妓本身已經足夠獵奇，加上這樣的修飾，就更容易眼

《夜景》，2003年

花撩亂，看不到真相，只看到色相（笑）。

　　我當時同意張暉林的某些美學運作，是基於他有充分的影像依據，他借助現場的趣味性，打敗了我的枯燥乏味。他確實其實也是尊重了田野，抓住了「魚中魚」的魚這個符號，是它的入口，我也通過這個入口進入魚缸的世界。

　　那麼到底有沒有藉助聞一多說魚的故事，汝陽君的故事呢，我完全沒有借鑑，我挺怕借鑑的，其實也來不及，我們的工作很快節奏，中國社會也變得特別快節奏，沒有辦法特別悠閒地借鑑，像寫古體詩那樣，「無一字無來處」（笑）。我們真心完全來不及，在中國大踏步地朝向資本主義的時候，我們也大踏步地去接近國際化、全球化，真心來不及去對舊中國進行引經據典（笑）。也許它恰到好處地觸碰了一些經典。魚中魚的前身是盤絲洞酒吧，開在海淀路上。紐約曼哈頓也有個盤絲洞，一個姓周的華人開的bar，用的是蜘蛛的意象。我認識他，也去過曼哈頓的那家gay吧，去吧裡消費的主要是一些喜歡亞洲男孩的白人，bar裡的表演者和服務生，清一色瘦弱亞裔年輕男生。北京海淀路上的盤絲洞，對應的是曼哈頓盤絲洞，不過客人和性工作者，都是華人，沒有語境進行種族劃分（笑）。

　　魚中魚搬家到官園橋東南角的時候，老闆已經在海淀花卉市場經營起一家觀賞魚店面，《哎呀呀，去哺乳》有一部分鏡頭就取景於那裡。老闆很帥也很會經營，他租下官園橋的地下室開酒吧，一邊用地下室養

魚，由侍應生負責換水給氧餵食，人工和場地都是一體兩用（笑）。這就是中國目前的現狀縮寫，社會主義，加上資本主義，一種政治和經濟的雜交混血兒，也許可以叫社會資本主義，或者資本社會主義（笑）。

魚的意象在甲骨文時代青銅器時代就很多見，但是用古典符號闡釋現代化的性比較難，因為從秦漢開始，它們很多都被宮廷化、被帝王政治所占用，庶民／百姓在那個符號帝國中，擔當的僅僅是書寫工具，而不是文本。國學的考據和義理兩種所謂研究方法，歸宗於那種帝王制，我個人早已經完全拋棄。反而是用西方理論解讀比較直截了當，比如說佛洛伊德的符號體系裡面，魚意味著男性生殖器。魚中魚是gay與gay口交與肛交身體隱喻，是身體裡含著生殖器的意象。

水的意象裡面，蔡明亮是2018年才出櫃，有人故意說，用水是直男的用法，直男喜歡水，那是調侃他。同樣是水，海水與江湖河流的水意象就很不同。海洋一般都陽光大好，不那麼適合亞洲的陰鬱。所以亞洲導演喜歡用的是海水之外的其他水源，譬如潮濕溽熱的髒河，譬如可以當鏡子的湖面（笑）。同性戀者約炮的地方叫「漁場」，與水有關。以前的漁場是在公園的男公廁，或者在三溫暖，或者gay吧。公園男公廁的漁場中心制，在全世界都是一樣，比如在柏林，黑森林角落裡的一個公廁作為輻射中心，把gay的性活動放射到整個公園。在洛桑，我住的酒店旁邊就有個樹林，我和程裕蘇導演去散步，就意外被捲入了漁場（笑）。美國的城市不是那樣的形態，比如說在紐約的中央公園，就只

有一個男廁所是漁場，不會放射出去。洛杉磯我就不知道有沒有公園，只是去過西好萊塢的gay吧。加州和佛州，漁場貌似只有gay吧和浴池。魚中魚bar也有漁場這個諧音在裡面。

因為時間有限，我們現在回到社會主義這個議題。你提出來一個很厲害的問題，要好好討論。

我有幾種元素是混合的，一個是社會主義審美，一個是清教徒經驗，這兩個和物質的極度節儉和極度匱乏有關，也和天主教的潔癖，以及資本主義的極簡主義有關。

清教徒式的，我媽媽王靜梅是這樣的，她對我影響很多。她小時候想當修女，父母不支持，沒有成功，但是一直對自己有修道院式的要求，很自律，很規範，無論冬夏無論健康還是生病，都在早上5點準時起床。這也影響到我，我也5點起床，我寫小說那十年，是夜裡1點起床（笑）。夜裡面1點起床，晚上8點睡覺，我有十年都是這樣過。夜裡1點到下午1點要獻給文學，午休後的時間要獻給世俗，寫爛文章，給報刊雜誌寫約稿，掙稿費的那種。當然，也不寫紅包文章，就是拿了紅包失去寫作底線的那種文章，我也沒寫過。有報紙和雜誌發表，有稿費，我就很滿足了。

我爸爸崔天祥是鐵路醫院的外科醫生，以十五分鐘完成一台闌尾炎手術為榮，以最開出小刀口為榮。我問他為什麼追求這些，他說，時長短和刀口小，可以減輕傷口暴露感染的風險，利於癒合。他一度長年住

在另外一個城市，每週一次坐火車往返，必須精準地掌握火車時刻，錯過一班火車就會錯過預約患者的救治。他從不錯過。這是來自於我爸爸的自律性。

我和我的家族一起幾乎經歷了中國社會主義的全部政治經濟文化階段，我個人沒有經歷建國和三反五反。從小我聽到的都是聖經故事，我爸爸每年給我們講一段《魯賓遜漂流記》，他太忙太累了，儘管他是講故事的能手。天主教，修道院，每個人都有一個聖名，直接通達上帝（笑），西醫外科，資本家遺產的鐵路網路，我們的家庭結構從根本上就不東方，也很難與東方社會主義體系融合。

中國最初的社會主義主體是工農兵的，是貧下中農的，是黨領導一切的，「最高指示」的發行者不是上帝而是黨主席，我們當然不信服。在現實社會空間，我父母階級成分都不是貧下中農，一直被邊緣化、被批鬥，我爸爸經常很瘋狂，跑到鐵路線上要臥軌自殺。我上小學一年級，半夜裡，就要跟著姊姊去鐵路上找他，也不知道找回來的是不是活著的爸爸。那樣生活了很久。

社會主義貌似反封建、反專治、反獨裁、反崇拜、反美帝，反對所有強大的、近乎神的對象，尤其是來自西方世界的。但是文革袒露出這個主義要樹立新神、新偶像的真面目：每天早晨所有的人都要手捧紅寶書，聚集到街道上，一起背誦《毛澤東語錄》，晚上睡覺前再來一次。那種日子被稱為「早請示晚彙報」，是天主教禱告的世俗版本，

街頭版本。

　　剛剛上小學，學校以前的畢業生做了紅衛兵，回到小學來批鬥過去教過他們的老師。我就躲到批鬥會最後面去，摀住耳朵，不想聽那些聲嘶力竭的叫喊，也不忍看那位要盡力保護尊嚴的女校長。那次批鬥會以後，我再也沒有見過她。這就是我的社會主義經驗，無緣無故的狂熱，崇拜最高領袖以及由低而高的層層拜服，清肅異己，普遍的日常生活物資匱乏，用全面化的赤貧製造對一無所有的恐懼，無論肉身還是「政治生命」。最後，繁衍出來的還是特權：領袖權，黨權，黨幹部權，工農兵權，紅衛兵權。我的家族沒有人去擁抱那些特權，也就一直遭排擠。好在我媽媽和爸爸都相信流動性，我們就經常搬家，沿著鐵路線，從省城搬到地區級的縣城，等大城市帶來的光環消失以後，再搬家到非區級縣城——在社會主義中國，大城市人總是比小城市人多一些特權，城裡人總是比農村人多一些特權（笑）。

　　我個人堅定地相信讀書有用。一上學就如魚得水，而且我遺傳崔天祥，很會考試，這就給了我一點點權力，可以與工人子弟同樣。一點權力就夠了，所以我現在對LGBT的權益的考量的時候，我都覺得不需要太多，一點權力足夠了，其實就是實力，有一點實力就夠了（笑）。

　　我一直不太理解「爭取權利」。因為要爭取權利，就要成為紅衛兵，就要入黨，就要成為馬屁精，一直成為政協委員人大委員黨中央委員，也許還要當副主席之類，向上爬得多麼複雜曲折呀（笑）。

藐視權利無視權利的這種後遺症，也帶到了文學工作、電影工作和LGBT活動中。有文學獎政治，有電影節政治，也有LGBT政治，我就從來不去進入那種政治遊戲。譬如大電影節的所謂大獎，必須一個團隊去精心去運作，從入圍競賽，到成為得獎熱門，到得獎，要宣傳的費用，要人脈，要在幸運銀行裡儲存的幸運額度超過其他人（笑）。我都覺得那些可有可無，拍一部零成本的影片，帶著走遍歐亞洲南北美，已經完全出乎意外（笑）。我在自己創立的各種活動中，從來都是力行主席輪值制，儘管如此，我從來沒有做過輪值主席。小學一年級，老師選我當班長，我就拒絕了，自己選了個文藝委員，上課前負責「起歌兒」（笑）。學齡前我已萌醒，權利是一種負擔，一種拖累，我的人生不能被它弄得拖泥帶水（笑）。輕權力與藐視權威，不知道這算不算與生俱來。輕物質，是我的另外一種品質，也不知道算不算與生俱來（笑）。其實這些都與影像工作很衝突。戀物和戀權力，是很多導演的特質，而我沒有（笑）。我從不羨慕富人和官僚，以前如果有人告訴我市長是誰、總統是誰、誰最有錢之類，我都會反應過激，警告對方不要對我說起那些「不在身邊的人」。住到佛羅里達以後，每天在海灘看那些富得流油的Beach house，首先想到的是很不環保（笑）。

我影片的極簡主義，首先是我對電影語言的超簡主義持有，而且有零成本製片體系的支援（笑）。肯定不是社會主義審美，社會主義審美是十分中心化的，表面上滅絕人欲，實則把人欲的溫度全部上調到領

袖崇拜的狂熱核心裡。貧窮不是極簡，極簡主義的文化背景是反對宮廷風，反對天主教／東正教教堂風，打有新教基督教教堂的印痕。

作為觀者和評論者，我偏愛歐洲電影，也深知那些電影語言的豐富性，影像結構的古典建築化，對大型機器的控制能量，都有國家、區域或者說資本主義電影實業的強大後援力量。屬國的導演們，會獲得所在國家的體制支援。在各種電影節，我出席過好多國家為電影造勢的活動，譬如「瑞士日」、「日本之夜」、「德國之夜」、「台灣之夜」。有一次還遇到韓國整個代表團為本國影片獲首獎施壓評審團最後成功獲獎（笑）。也有人開玩笑說，歐洲的三大電影節都要看美國人的臉色。

安哲羅普洛斯（Theodoros Angelopoulos）是我很喜歡的導演，《霧中風景》（*Paysage dans le Brouillard*）中，有一個震撼我的鏡頭：一隻從上帝身上斷裂掉的右手，在早上，自地中海的海面上被捕撈起來，捕撈工具是一架直升飛機。上帝死了，沒有人可以拯救上帝，現代工業文明藉機奪取神位，顯現出高於上帝的身分：直升飛機操控著那隻代表權威力量的右手。誰可以在那個早晨在霧氣瀰漫的港口進行布景、調度巨型道具、完成拍攝？上帝死了，影片結尾是小亞歷山大成為上帝，如上帝般復活，在電影拍攝現場，是安哲羅普洛斯自己成為了上帝，導演著亞歷山大、烏拉和流浪藝人奧瑞斯提斯，導演著他們目睹上帝之死的場面。

講讀這部影片時我開過玩笑，說那一個鏡頭，足夠我拍一百部電

影。如果是零成本，就不止一百部（笑）。我永遠都不可能調度直升飛機拍電影，除非我臥倒在海灘上，拿著手機拍攝那些沿著海岸線飛翔的各種富人飛機，或者追著螺旋槳的節奏邊瘋跑邊拍攝，像一個直升機拜物教的信徒，之後剪輯到臥倒零成本影片中（笑）。

1949年之後的中國電影一直舉國體制，九〇年代以後逐漸演化出黨領導的暴發戶製片人制度，這兩種體制都與我的個人政治相牴觸，一旦發現居然可以低成本零成本拍自以為是的電影，我就立即投身進去，而且迷途忘返（笑）。我也對生產於自己身邊的、優良的、一夜成經的影像製品充滿質疑。

無論在北京還是在佛羅里達，我都對自己的家有廣場化的要求，拋開一切不用或者無用的物品。在中國都是房子小小的、擠擠的，不可能有廣場感，是不是突然到了美國，到處都是很大很大的地方，折射了另一種被壓抑的慾望？顯然不是。有人房子再大也會堆滿垃圾。我從不吸菸，以前也拒絕酒精，不喜歡自己的衣服上有任何logo，反對名牌。好像現行的社會體制無論社會主義還是資本主義，都在我的批判和拒絕扇面裡（笑）。但是，我也不認為世界上真的會出現理想國，除非人類不再是動物，升級為神類（笑）。

學生｜您剛才提到了您的一本書《第一觀眾》，第一個章節的標題很有意思，叫〈用《丑角登場》把電影強暴得一無是處〉。這部電影裡觸動

我比較大的兩個片段，就是兩次強暴，一個是在如夢令變成男性以後，還是被她／他以前的丈夫強暴了，接著就是他進行了反強暴，強暴了他／她的前夫。我們對強暴的理解是被迫的，但是書裡和影片裡的強暴是一種決裂式的，您是否把強暴作為電影的一種符號。

我確實是用強暴作為一個武器，不是法律或者道德的行為模式裡的，而是一種武器、一種壓迫強大到無以復加的時候，能夠翻身、能夠戰勝它的尖銳的力量。強暴對我來講是一個錐子，然而這個世界，無論是資本主義還是社會主義，無論文學還是電影，無論大學還是小學，都是厚重的、壓在人類身上的體制，每個社會的蓋子都是揭不開的，所以只能刺痛它，所以強暴是一個武器。實際上這也只能是一種反強暴，能夠有力量翻身反強暴，也是十分個人的動機和行動，從外部看上去，沒有成功者（笑）。

學生｜老師您好，我的問題也是關於《丑角登場》的，我想問您對性別的概念是怎樣去理解的，您剛才提到受傅柯哲學的影響。在電影裡很多人經歷了性別的轉換，在這樣性別的轉換中，他們的權力位置關係也是有顛倒的，接著剛才強暴和反強暴這個武器說，他是不是覺得成為男性以後，就能夠擁有男權社會裡的權力，但還是被強暴了，所以用反強暴作為武器去回擊社會？在影片中有很多次性別的置換，所以我對性別的

概念產生疑惑，看到最後已經不知道性別是如何去定義這些人的身分了，他們都是在用性別表現自我，我想知道您是怎樣運用性別這個概念的。

要回到語言學。我就不講語言學的背景了。關於性別和身分的界定，我們認為是關於身體的，但其實是一個詞，界定了我們的身體，「詞」的制度化。我們的身體和靈性，是沒有辦法被制度化的，我們的體液，是奔流不息的、跳躍的，是以秒為基本單位時時更新的。性的慾望也是波瀾起伏，消隱又高潮的。到了性別這個檔位，就固化了、僵化了，也許是古人不夠聰明，也許是古人假裝愚笨，固化性別利於編隊，譬如皇帝怕男人暴動，就讓男人多上戰場，多死掉一些，譬如皇后仇視所有女性，因為她們層出不窮，遲早會淹沒她的后位，於是她就鼓動皇帝打造全民厭女，皇帝同意皇后的陰謀弱化女性，其目的與專挑男性送上戰場一樣，方便統治。如果性別可以反覆置換，一向懶政的國王們皇帝們就會增添很多麻煩，要為選擇「被迫害者」的次序大費周章。

女男對立，並不是基於性別，那個「性別」原本沒有，是用「詞」來構建的。性別也不是建設性的、生殖主義的，而是帝王制的、庶民登記制的，如果皇帝選妃，送來的全是有陽具的，他一是有可能不懂肛交，一是擔心所謂的江山社稷無法同血緣傳遞。由此鏈推，異性戀同性戀的對立，也不是基於性取向，還是基於血緣論的利益，是基因主義

（笑）。

在《丑角登場》中，這種繁複的置換，就是人類文明中「詞與物」繁複的置換，只是在現代語言學、在傅柯以前沒有被關注而已。它也是一種「科技」，一種是明確的器官移植、器官再造外科手術，一種是可佩戴塑膠工具，譬如胸、頭髮，一種是扮裝，一種是內部意識跳躍和挪移。詞與物直接的轉換已經流動起來，而且隨著跨性別人權通過跨性別廁所的標誌性實踐，已經潮流洶湧。

關於性與性別的真理性在哪裡？詞的真理性在哪裡，物的真理性又在哪裡？

真理性也許有，在一時一地。當你的身體是被註明男性的時候，你的真理性「男」有關。當你向「女」跨越的時候，無論過程還是結果，「男」的真理性就坍塌了。即便你獲得了乳房和陰道，你的「女」也不是真理性的，至多是再造真理性的。你到底是擁有還是沒有擁有過「男性」，你到底是不是正在擁有「女性」？人類真的有性別嗎？科技和跨性別意識和廁所建制，像萬花筒一樣，一搖就把固若金湯的性別亂變了。所以我在影片中對跨性別如此狂熱（笑）。

《丑角登場》，2001年

讀後記　人與事與詞與物

　　二十年前，我在北京家中，對著王靜梅說，我畢業了，天主教會是一所母校。她震驚至極。對於媽媽來講，信仰是終身制的。

　　2020年底，世界閉鎖的時局，小白睿文發來這部書的樣稿，初讀並沒有料到會有半年校改之後，一個文字的典禮：我從《共產黨宣言》（*The Communist Manifesto*，1848）——布爾什維克（Bolsheviks，1917年俄國十月革命的勝利派別）——前／後社會主義國家陣營，畢業了。

　　這是我生來依存的兩個龐大體系，自家自國。

　　畢業與肆業的不同在於，畢業生可以自由自在地選擇新學校，也可以理直氣壯地去創立自己的學校，研究建立自己的體系，而且足力與家國的知識譜系相遠離。是的，是遠離。我滿足於個人擁有這樣的力量，在家國的遠方，只是偶一回顧，更多的是，一直向前。

　　民主，人權，社區，上帝，宇宙，具體為日常的每一個皺褶與細紋每一個長度與高度每一時每一刻，我前所未有地感受著其實在性，如赤腳下的沙礫，如海洋中的魚豚龜蟹，如飛鳥與長風，如雲如鏡。

　　前方是什麼？是自由的細節。母校的禁錮，使我一直以為那是虛構，是風訊，從未幻想過其真實性，更不曾想過會有今日，理解宇宙，無鄰而居。

一隻蜻蜓飛，從古老的封建內陸帝國飛過太平洋飛越北美大陸來到大西洋，棲落在最最邊緣的地帶，看上去已經乾瘦枯萎精疲力竭。但是她看到蝰蛇，看到鱷魚，看到白鷺藍鷺，看到河龜，看到烏黑烏黑的小烏鴉，鴿子，還有滑翔的鷹準，都來補充鹽。

　　水與鹽，替代了家與國。她獲得了新生。也許是死而復活。

　　這部書，如此之重要。感謝小白，和書中一一浮泳而過的人與事與詞與物。

崔子恩

2021年6月5日17:23pm

北佛羅里達Ponte Vedra Beach

崔子恩作品

影像

1999
《男男女女》（*Men and Women*，89分鐘，編劇／演員）

2001
《MASS》（8分鐘，編劇／導演）

《公廁正方反方》（*The Positive and Begative Paries of Poblic Toilet*，20分鐘，編劇
　　／導演）

《丑角登場》（*Enter the Clowns*，80分鐘，編劇／演員／導演）

《舊約》（*The Old Testament*，74分鐘，編劇／導演／音樂）

2002
《目的地，上海》（*Welcome To Destination Shanghai*，86分鐘，演員）

《臉不變色心不跳》（*Keep Cool and Don't Blush*，70分鐘，編劇／導演）

《一隻花奶牛》（*The Black and White Milk Cow*，90分鐘，製片人）

2003
《哎呀呀，去哺乳》（*Feeding Boys, Ayaya*，70分鐘，編劇／導演）

《夜景》（*Night Scene*，61分鐘，編劇／導演）

2004

《死亡的內景》（*An Interrior View of Death*，61分鐘，編劇／導演）

《霧語》（*The Narrow Path*，73分鐘，編劇／導演）

《蔓延》（*Pirated Copy*，90分鐘，編劇）

《星星相吸惜》（*Star Appeal*，86分鐘，編劇／導演）

2005

《WC呼呼哈嘿》（*WC Huhu Ha Hee*，80分鐘，編劇／導演）

《少年花草黃》（*Withered in a Blooming Season*，90分鐘，編劇／導演）

《短句》（*Duan Ju*，14分鐘，編劇／導演）

《石頭和那個娜娜》（*Shitou and That Nana*，92分鐘，編劇／導演）

《我如花似玉的兒子》（*My Fair Son*，90分鐘，編劇／導演）

2006

《水墨青春》（*Empty Town*，90分鐘，編劇）

《二冬》（*Er Dong*，105分鐘，製片人）

《副歌》（*Refrain*，109分鐘，編劇／導演）

《獨生子，向上向下向前向後向左向右》（*Only Child, Upward, Downward, Forward, Backward, Rightward and Leftward*，70分鐘，編劇／導演）

2007

《鍍金時代的試金石》（導演，未公開）

《我們是共產主義省略號》（*We Are the ...of Communism*，94分鐘，導演／攝影）

2008

《誌同志》（*Queer China, Comrade China*，189分鐘和60分鐘兩個版本，導演）

2009
《一葷三素》（*Meat and Three Veg*，84分鐘，編劇／導演／攝影）

2010
《野草莓》（*The Wild Strawberries*，96分鐘，編劇／監製）

2011
《GAY+HIV+=大瑋？》（*GAY+HIV+=David?*，導演，未公開）
《山海經》（*Shan Hai Bible*，90分鐘，編劇／導演，未公開）

2013
《浮雲》（*Zero Thousannd Li Under the Clouds and Moon*，86分鐘，演員）

書籍

1988
《青春的悲劇：世界文學中的一個人類主題》（中國和平出版社，北京）

1989
《李漁小說論稿》（碩士論文，中國社會科學出版社，北京）

1993
《欲念、毒品和玫瑰：世界電影羈旅》（華夏出版社，北京）
《藝術家的宇宙》（生活·讀書·新知三聯書店，北京）

1997

《桃色嘴唇》（香港華生書店）

1998

《我愛史大勃》（小説集，華夏出版社，北京）

《玫瑰床榻》（花城出版社，廣州）

《丑角登場》（花城出版社，廣州）

《三角城的童話》（小説集，香港華生書店）

2003

《第一觀眾》（現代出版社，北京）

《偽科幻故事》（珠海出版社，崔子恩文學作品集）

《紅桃A吹響號角》（珠海出版社，崔子恩文學作品集）

《桃色嘴唇》（珠海出版社，崔子恩文學作品集）

《舅舅的人間煙火》（小説集，珠海出版社，崔子恩文學作品集）

2004

《藝術家萬歲》（《藝術家的宇宙》修訂版，廣西師範大學出版社，南寧）

2005

《光影記憶》（《世界電影羈旅》增訂版，生活・讀書・新知三聯書店，北京）

2007

《胭脂的下落》（小説集，雲南人民出版社，昆明）

《桃色嘴唇》（L VRES P CHE）法文版（Editions Gallimard伽利瑪爾出版社，巴黎）

2012

《北鬥有七星：我家族的精神傳記》（花城出版社，廣州）

期刊

劇本

〈破碎的神話和未出場的少年主人公〉刊在《電影文學》1991.6

〈火車火車你快開〉刊在《電影文學》1992.2

〈歲月〉刊在《電視・電影・文學》1994.6

〈關於初戀〉刊在《電視・電影・文學》1995.4

〈長長的遊戲〉刊在《電影文學》2000.1；《潮聲》偉南文學獎特刊，2001

〈裸體政治〉刊在《傾向》10，1998，美國

中短小說

〈受到監禁的的預期和鎂〉刊在《花城》1995.4

〈拋核桃的極限〉刊在《花城》1996.1

〈冥王星曲折文本〉刊在《莽原》1998.5

〈土星時間零點整〉刊在《花城》1998.6；《美國世界日報》1999.5.23-6.18；《花城90
年代優秀中篇小説選》，花城出版社2000

〈孵化小恐龍〉刊在《作家》1998.11

〈履歷表的恥辱〉刊在《山花》1999.3；《山花優秀作品選》，中國文聯出版社2000

〈破譯天書〉刊在《花城》1999.4

〈火神星菌生人〉刊在《花城》1999.4

〈太陽系電影大獎〉刊在《花城》1999.4

〈月亮上的童伴〉刊在《花城》1999.4

〈氟也許是一種視點〉刊在《花城》1999.4

〈桃色嘴唇〉刊在《莽原》崔子恩小説專欄，1999.1

〈日本遺民〉刊在《青年文學》1999.6

〈坐在三角城冬季最冷僻的角落裡〉刊在《莽原》1999.6

〈我愛史大勃〉刊在《歲月》1999.5

〈白露〉刊在《東方文化週刊》1999.24

〈妹妹的頭髮〉刊在《文學世界》2000.6

〈額頭上的洞穴〉刊在《莽原》2000.5

〈木衛3通行證拼貼〉刊在《北京文學》2000.6

〈天堂星雲梯最下端〉刊在《花城》2000.5

〈瀕危動物至上〉刊在《芙蓉》2000.2；英譯本Endangered Species Rule刊登在 *positions east asia cultures critique*, volume 12, number1 spring2004 , pp.165-180 (Duke University Press)

〈星際郵局〉刊在《花城》2000.5

〈享有每一種豪華服務的窮人〉刊在《花城》2000.5

〈每一個人都是國王〉刊在《芙蓉》2000.2

〈哥哥去遠方〉刊在《青年文學》2000.4

〈倉皇逃遁與良機與夢想〉刊在《花城》2002.4；《當代小說》2000.1

〈有人讚美聰慧，有人則不〉刊在《山花》2000.2

〈火星上的耶穌〉刊在《花城》2000.5

〈蝴蝶〉刊在《山花》2000.7

〈懸垂著和高舉著的器官哲學〉刊在《花城》2001.5

〈光之河〉刊在《山花》2001.6

〈舅舅的人間煙火〉Uncle's Elegant Life刊在《現代文明畫報》2002.1；德文版《人間煙火》德國之聲文學大獎獲獎作品集，外國語研究與教學出版社2001；英文版《NANG 7》2019瑞典

〈有誰上過我的床〉刊在《開放》2002.4；《鳳凰週刊》2001.16

〈胭脂的下落〉刊在《城市畫報》2002.9

〈姐姐現在時，姐姐過去時〉刊在《芙蓉》2001.5
〈公廁白金寶典〉刊在《點GS》文學專號2017
〈敘事人有火星口音〉刊在《花城》2002.4
〈花腔女高音〉刊在《山花》2002.11

傳記
《北斗有7星》（節選版）刊在《花城》2010.1

白睿文訪談錄02　PH0257

 丑角登場：

崔子恩的酷兒影像

作　　　者	白睿文
圖　　　片	崔子恩
責任編輯	尹懷君
圖文排版	蔡忠翰
封面設計	劉肇昇

出版策劃	釀出版
製作發行	秀威資訊科技股份有限公司
	114 台北市內湖區瑞光路76巷65號1樓
	電話：+886-2-2796-3638　傳真：+886-2-2796-1377
	服務信箱：service@showwe.com.tw
	http://www.showwe.com.tw
郵政劃撥	19563868　戶名：秀威資訊科技股份有限公司
展售門市	國家書店【松江門市】
	104 台北市中山區松江路209號1樓
	電話：+886-2-2518-0207　傳真：+886-2-2518-0778
網路訂購	秀威網路書店：https://store.showwe.tw
	國家網路書店：https://www.govbooks.com.tw
法律顧問	毛國樑　律師
總 經 銷	聯合發行股份有限公司
	231新北市新店區寶橋路235巷6弄6號4F
	電話：+886-2-2917-8022　傳真：+886-2-2915-6275

出版日期	2022年6月　BOD一版
定　　　價	550元

國家圖書館出版品預行編目

丑角登場：崔子恩的酷兒影像 / 白睿文著. --
一版. -- 臺北市：釀出版, 2022.06
　　面；　公分. -- (白睿文訪談錄；2)
BOD版
ISBN 978-986-445-665-9(平裝)

1.CST: 崔子恩 2.CST: 傳記 3.CST: 中國

782.887　　　　　　　　　　　111006174